労働経済学

大森義明

[Labor Economics]

日本評論社

はしがき

本書で労働経済学を学ぶ学生の皆さんへ

　本書は、応用ミクロ経済学としての労働経済学を解説したテキストです。理論の解説に終始することなく、スペースに余裕のある限り、応用例を紹介し、理論が現実の理解に役立つ強力な分析道具であることを示すよう努めました。

　本書は、理論と実証の橋渡しとなるテキストを目指しました。労働経済学の重要な目標の1つは、データを経済学的に解釈することです。第1章では、いくつかの代表的なデータが紹介されています。労働経済学者らはこの種のデータを経済学的に解釈するために、後続の章で紹介される理論モデルを考案しました。各章の章末練習問題は、その章で学習した理論によりデータを解釈することを求めているので、是非、挑戦してみてください。読者は、学習を進めるに従い、同一データを複数の異なる理論により解釈できることに気づくことでしょう。

　実証研究の重要な目標の1つは、同一データの複数の解釈のうち、どれが正しいかを判断するに有益な証拠を見出すことです。本書は、統計学、計量経済学の高度な知識を要求することなく、現代的な実証研究で重要視されている「識別問題」を直感的に理解させるよう努めました。ただし、他の多くの労働経済学のテキストと同様に、推定や検定の解説はしていないので、実証研究をしたい学生は、さらに統計学と計量経済学を学ぶ必要があります。

　本書は、経済学専攻の学部3・4年生を対象とする労働経済学（4単位）のテキストとして書かれました。本書が想定する学生は、1・2年生の間に中級ミクロ経済学を履修済みの学生です。本書の理論の解説では、一次関数、対数関数などの初歩的関数、微分などの知識を前提とします。識別問題の解説では、確率変数、分布、相関、条件付期待値などの知識を前提とします。経済数学・統計学の高度の知識は不要ですが、これらの基礎知識がある学生は、本書からより多くのものを学び取ることができるはずです。

　本書は第1章から順番に読むことにより読者が最大のベネフィットが得られ

るよう構成してあります。理論と応用を理解するには、理論の解説をていねいに読むことが大切です。実証研究における識別問題に関する部分（第 4 章および後続章の＊が付いている節）が高度に感じられる場合には、それらを読み飛ばしても後続の章の理解に支障がないように全体を構成しました。＊付きの節を理解するには、第 4 章を理解する必要があります。

本書で労働経済学を講義なさる先生方へ

　本書は、応用ミクロ経済学としての労働経済学を解説した学部中上級レベルのテキストです。今日、日本の労働経済学研究は、欧米の優れた労働経済学研究の強い影響を受けながら発展しています。労働経済学研究のボーダーレス化が進む中で、労働経済学の講義で学生達に教えたい内容も変化しています。そうしたニーズに応えるべく本書を執筆しました。

　全体の構成や扱う理論に関しては、国際標準を意識し、Borjas（著）*Labor Economics* [26] や Ehrenberg and Smith（著）*Modern Labor Economics:Theory and Public Policy* [40] 等のテキストに従いました。日本に関する応用例も国際標準的な理論による説明を心がけました。

　本書は、理論と実証の橋渡しとなるテキストを目指しました。第 1 章で代表的なデータを紹介し、後続の章で紹介する理論モデルは、これらを経済学的に解釈する道具として位置づけています。各章末の練習問題は、各章で扱った理論によりデータを解釈することを求めているので、学生に挑戦させてください。

　第 4 章と後続章の＊が付いている節は、実証モデルにおける因果的効果の推定、検定の前提となる識別戦略を扱っています。統計学や計量経済学の高度な知識を要求することなく、識別問題と識別戦略を直感的に理解させることが目的であり、推定、検定は扱っていません。識別問題と識別戦略を理解させることにより、学生が要旨を理解できる参考文献の選択肢は一気に広がります。各章末の参考文献リストを充実するよう努めたのもこのためです。統計学を履修済みでない学生を対象とした講義で第 4 章を扱う場合には、確率変数、分布、相関、条件付期待値などを説明する必要があります。なお、第 4 章と＊付きの節を扱わなくとも後続章の講義に支障のないよう、本書は構成されています。＊付きの節を扱うには、第 4 章を扱う必要があります。

　日本で用いられるテキストとして次のような配慮をしました。第一に、国際

標準的テキストと比較し、理論の解説に用いる数学や統計学の難易度を高めに設定しました。米国の大学の経済学部では、労働経済学は、中級ミクロ経済学を履修し終えていない2年生も対象としていることが多いのに対し、日本の大学の経済学部では、労働経済学は、1、2年次に中級ミクロ経済学を履修し終えた3年生以上が履修する科目として設定されていることが多いからです。数学や統計学の潜在的能力が比較的に高い日本の大学の経済学部3、4年生が物足りなさを感じない程度にしました。第二に、参考文献については、学生達の語学力に配慮し、日本語文献を中心に紹介するよう努め、英語文献は最も重要なものに限定しました。第三に、データ、応用例、練習問題では日本に関するものを積極的に採用しました。第四に、高価なテキストにならないようにページ数を抑えたため、奨励給（incentive pay）、労働組合、差別、失業を扱うことができませんでした。

謝辞

本書は横浜国立大学の倉澤資成先生、日本評論社の守屋氏、鴇田氏のお力添えなしには実現しませんでした。とくに、倉澤先生から頂戴した、学生の視点に立った数々のコメントは、本書をよりわかりやすいものにする上で有益でした。皆様に感謝いたします。

安部由起子先生（北海道大学）と安達貴教先生（名古屋大学）からは第1刷に関する数多くの貴重なコメントをいただきました。残る誤りは著者の責任です。

●目次

1章　イントロダクション　1
- 1.1　労働経済学　1
- 1.2　データで見る日本の労働　2
- 1.3　理論分析　12
- 1.4　実証分析　14
- 参考文献　18

2章　労働供給（基礎編）　19
- 2.1　静学的労働供給モデル　19
  - 2.1.1　制約条件　20
  - 2.1.2　選好　22
  - 2.1.3　制約条件下の効用最大化問題　26
  - 2.1.4　余暇に対する需要量、消費財に対する需要量、労働供給量の決定　26
  - 2.1.5　比較静学分析　30
- 2.2　市場の労働供給曲線・労働供給の弾力性　40
- 練習問題　41
- 参考文献　41

3章　労働供給（発展編）　42
- 3.1　静学的労働供給モデルの応用　42
  - 3.1.1　生活保護制度の労働供給に対する効果　42
  - 3.1.2　年金制度改革の退職年齢に対する効果　45
- 3.2　家計内生産モデル　48
- 3.3　家計内生産モデルの応用　51
  - 3.3.1　子育て支援政策の効果　51
  - 3.3.2　家族の形成と崩壊　52
- 練習問題　56
- 参考文献　56

4章　実証研究における因果的効果の識別　60
- 4.1　実証モデル　61
- 4.2　実験データと識別問題・識別戦略　63

	4.2.1	実験データ	63
	4.2.2	差の差推定法	64
4.3	観察データと識別問題		67
	4.3.1	観察データの特徴	67
	4.3.2	脱落変数バイアス	68
	4.3.3	サンプルセレクションバイアス	70
	4.3.4	測定誤差バイアス	71
4.4	観察データと識別戦略		72
	4.4.1	ナチュラルエクスペリメントからのパネルデータによる差の差推定	72
	4.4.2	パネルデータによる固定効果モデル推定	73
	4.4.3	双生児データによる固定効果モデル推定	76
	4.4.4	クロスセクショナルデータによる操作変数推定	76
4.5	集計データの問題点		77
4.6	因果的効果の識別戦略の応用		78
	参考文献		79

5 章　労働需要（基礎編）　　80

5.1	生産技術		80
5.2	利潤最大化問題		83
5.3	短期の労働需要		84
	5.3.1	限界原理	84
	5.3.2	操業停止条件	85
	5.3.3	限界原理の他の解釈	85
	5.3.4	操業停止条件の他の解釈	86
	5.3.5	比較静学分析	87
	5.3.6	0 次同次性	88
5.4	長期の労働需要		89
	5.4.1	利潤最大化と費用最小化	89
	5.4.2	費用最小化の限界原理	90
	5.4.3	利潤最大化の限界原理	92
	5.4.4	限界原理の他の解釈	93
	5.4.5	比較静学分析	95
	5.4.6	0 次同次性	99
5.5	市場の労働需要曲線・労働需要の弾力性		99
5.6	静学的労働需要モデルの応用		100

	5.6.1	補助金	100
	5.6.2	アファーマティブ・アクション・プログラム	101
練習問題			103
参考文献			103

6 章　労働需要（発展編）　　104

- 6.1　調整費用モデル　．．．．．．．．．．．．．．．．．．．．．．．．．．．　104
- 6.2　調整費用モデルの応用　．．．．．．．．．．．．．．．．．．．．．．．　107
  - 6.2.1　解雇規制政策の効果　　107
- 6.3　準固定費用モデル　．．．．．．．．．．．．．．．．．．．．．．．．．　107
- 6.4　準固定費用モデルの応用　．．．．．．．．．．．．．．．．．．．．．．　109
  - 6.4.1　生産物価格上昇の効果　　109
  - 6.4.2　労働者派遣法改正の効果　　110
- 練習問題　　110
- 参考文献　　110

7 章　労働市場の均衡　　113

- 7.1　労働市場均衡モデル　．．．．．．．．．．．．．．．．．．．．．．．．　113
  - 7.1.1　競争均衡の効率性　　114
- 7.2　労働市場均衡モデルの応用　．．．．．．．．．．．．．．．．．．．．．　116
  - 7.2.1　給与税（payroll tax）の効果　　116
  - 7.2.2　移民受け入れの効果　　118
- 7.3　複数労働市場の競争均衡モデル　．．．．．．．．．．．．．．．．．．．　121
- 7.4　複数労働市場の競争均衡モデルの応用　．．．．．．．．．．．．．．．．　122
  - 7.4.1　最低賃金法の効果　　122
- 7.5　買手独占　．．．．．．．．．．．．．．．．．．．．．．．．．．．．．．　124
  - 7.5.1　最低賃金法の効果：買手独占　　125
- 7.6　独占　．．．．．．．．．．．．．．．．．．．．．．．．．．．．．．．．　126
- 練習問題　　127
- 参考文献　　127

8 章　補償賃金格差　　129

- 8.1　単純な補償賃金格差モデル　．．．．．．．．．．．．．．．．．．．．．　130
  - 8.1.1　労働者の選好　　130
  - 8.1.2　労働供給　　131
  - 8.1.3　企業の技術　　132

		8.1.4	労働需要	134
		8.1.5	市場均衡	134
	8.2	ヘドニックモデル		135
		8.2.1	異なる労働者の無差別曲線	135
		8.2.2	異なる企業の等利潤曲線	136
		8.2.3	市場均衡	137
		8.2.4	仕事の属性と補償賃金格差	140
	8.3	ヘドニックモデルの応用		140
		8.3.1	補論：人命の価値*	140
		8.3.2	労働者の安全と健康	141
		8.3.3	ファミリーフレンドリー政策	142
	練習問題			143
	参考文献			143

9 章　人的資本投資　　145

	9.1	教育と労働者のパフォーマンス		146
	9.2	大学進学の意思決定モデル		146
		9.2.1	教育の便益と費用	146
		9.2.2	現在価値	147
		9.2.3	教育と労働所得	148
	9.3	教育投資モデル		151
		9.3.1	教育—労働所得プロファイル	152
		9.3.2	教育の限界収益率	153
		9.3.3	他の資産の利子率	153
		9.3.4	教育投資の最適停止条件	154
		9.3.5	比較静学分析	154
	9.4	補論：教育の限界収益率（因果的効果）の推定*		157
		9.4.1	因果的効果の識別問題	157
		9.4.2	識別戦略と応用	161
	9.5	教育のシグナリングモデル		166
		9.5.1	一括均衡	167
		9.5.2	分離均衡	167
	9.6	教育の社会的限界収益率		170
	9.7	教育終了後の人的資本投資		170
		9.7.1	訓練の基礎モデル	172

	9.7.2	一般的訓練モデル	174
	9.7.3	企業特殊訓練モデル	176
	9.7.4	OJT と年齢―労働所得プロファイル	178
9.8	補論：賃金関数の推定 *	180
	9.8.1	ミンサー型賃金関数	180
	9.8.2	公的訓練プログラムの効果	181
練習問題			184
参考文献			184

10 章　労働移動　　　　187

10.1	サーチ		187
	10.1.1	単純なサーチモデル	187
	10.1.2	経験年数、勤続年数、賃金	191
	10.1.3	経験年数、勤続年数、離職率	193
	10.1.4	失業保険のモラルハザード効果	194
	10.1.5	ジョブマッチングモデル	194
	10.1.6	補論：訓練モデル、サーチモデル、観察不可能な属性 *	195
10.2	地域間労働移動	196
	10.2.1	単純な地域間労働移動モデル	197
	10.2.2	家族の地域間労働移動モデル	198
練習問題			200
参考文献			200

11 章　賃金プロファイル　　　　202

11.1	労働者の観察不可能な属性	202
11.2	準固定費用回収策としての後払い賃金（自己選抜モデル）	203
11.3	サボタージュ防止策としての後払い賃金	207
11.4	後払い賃金の特徴と応用	211
	11.4.1 暗黙の貸借契約	211
	11.4.2 定年廃止法の効果	213
	11.4.3 日本版 401K プラン	214
11.5	補論：勤続年数の賃金への因果的効果の識別 *	215
練習問題		217
参考文献		217

参考文献リスト　　　　220

索引　　　　239

●図表一覧

1.1	総人口・15歳以上人口・労働力人口の推移	3
1.2	年齢毎労働力率の推移	4
1.3	性、年齢階級別労働力率	5
1.4	合計特殊出生率の推移	6
1.5	年齢別未婚率の推移	6
1.6	年間総実労働時間と年間所定内労働時間	7
1.7	雇用者に占める短時間労働者の割合	8
1.8	決まって支給する現金給与額：正社員・正職員	9
1.9	決まって支給する現金給与額：非正社員・非正職員	10
1.10	進学率の推移	11
1.11	組合組織率の推移	12
2.1	時間制約と予算制約	21
2.2	無差別曲線図	24
2.3	右下がりの無差別曲線	24
2.4	凸型の無差別曲線	26
2.5	制約条件下の効用最大化	27
2.6	端点解	29
2.7	非労働所得増加の効果	31
2.8	賃金上昇の代替効果・所得効果	36
2.9	賃金上昇の労働力率に対する効果	38
2.10	市場の労働供給曲線	41
3.1	生活保護制度の効果	43
3.2	生活保護制度のディスインセンティヴ効果	44
3.3	年金制度の効果	47
3.4	等量曲線図	49
3.5	補助金の効果	52
3.6	家計内生産：予算制約	53
3.7	家計内生産：特化	55
3.8	家計内生産：均衡	55
5.1	等量曲線	81
5.2	労働の総生産物曲線	82
5.3	労働の限界生産物曲線と平均生産物曲線	83

5.4	総収入と総費用	84
5.5	短期の労働需要曲線	87
5.6	短期の労働需要曲線	88
5.7	等費用線図	91
5.8	費用最小化	91
5.9	総収入と総費用	93
5.10	賃金上昇の効果	97
5.11	生産物価格上昇の効果	98
5.12	資本価格上昇の効果	99
5.13	アファーマティブ・アクション・プログラム	102
6.1	可変調整費用と最適調整労働者数	105
6.2	固定調整費用と最適調整労働者数	106
6.3	準固定費用と最適調整労働者数：生産物価格上昇の効果	109
7.1	労働市場の競争的均衡	114
7.2	企業に課された給与税の効果	117
7.3	労働者に課された給与税の効果	118
7.4	給与税の効果：非弾力的な労働供給	119
7.5	給与税の効果：非弾力的な労働需要	119
7.6	移民受け入れの効果：完全代替的ケース	120
7.7	移民受け入れの効果：補完的なケース	120
7.8	複数労働市場の競争的均衡	121
7.9	最低賃金法の効果	123
7.10	最低賃金法の効果	123
7.11	買手独占	125
7.12	最低賃金法の効果：買手独占	126
7.13	独占企業の労働需要	127
8.1	無差別曲線図	130
8.2	危険な仕事の労働市場	132
8.3	等利潤曲線図	133
8.4	異なる労働者の無差別曲線	135
8.5	異なる企業の等利潤曲線	136
8.6	市場均衡 (1)	137
8.7	市場均衡 (2)	139
8.8	安全基準の効果	141
8.9	ファミリーフレンドリーなフリンジベネフィットと補償賃金格差	142
9.1	年齢－労働所得プロファイル	149
9.2	教育－労働所得プロファイル	152

9.3	教育の限界収益率	154
9.4	割引率の教育年数に対する効果	155
9.5	割引率の年間労働所得に対する効果	155
9.6	能力の教育年数に対する効果	156
9.7	能力の年間労働所得に対する効果	156
9.8	シグナルとしての教育年数	169
9.9	一般的人的資本	175
9.10	教育年数別の賃金プロファイル	179
10.1	提示賃金分布	188
10.2	賃金と勤続年数	193
10.3	家族の移動	199
11.1	準固定費用と後払い賃金	205
11.2	サボタージュと後払い賃金	208

1章

イントロダクション

　この章では、労働経済学を概観し、学習を進めていく上で必要な専門用語や概念を説明します。労働経済学は、**理論分析**と**実証分析**から成ります。労働経済学は経済学の中でも実証分析のウエイトが最も重い分野の1つです。本書の目標は、高度な数学を用いずに、労働経済学を学ぶ上で必要なミクロ経済学を応用した労働者の行動、企業の行動、市場機能の理論を解説し、高度な計量経済学を用いずに、マイクロデータと回帰分析による推定と仮説検定に必要な識別問題と識別戦略の基本的な考え方を解説することです。識別問題とは、実証モデルにおける未知のパラメータ値をデータから一意的に決定できるかという問題です。実証モデルにおける未知のパラメータの多くは、理論的に関心のある変数の他の変数に対する因果的効果、または、それに関連するものです。識別戦略とは、どのように識別問題を解決するかに関する研究戦略です。

1.1　労働経済学

　労働者と企業は、さまざまな意思決定を行っています。労働者は、労働供給、出産、育児を含む家庭内生産、教育、訓練、地域間移動を含む人的資本投資、仕事探し、労働組合加入などに関する意思決定を行います。企業は、労働需要、採用、解雇を含む雇用調整、労働者数と労働時間、職場の安全対策、フリンジベネフィット（賃金以外の労働報酬）、訓練、賃金制度、定年、労働組合との交渉などに関する意思決定を行います。労働者と企業が取引を行う労働市場は、均衡賃金、均衡雇用を決め、労働者と仕事との間のマッチングなどを行います。

経済主体の意思決定に影響を及ぼす諸要因を**決定要因**と呼びます。また、経済主体の意思決定の結果と決定要因の間に成り立つ関係を**行動**と呼びます。例えば、賃金、フリンジベネフィットなどの雇用条件、政府の政策などは、労働供給の決定要因です。また、他の条件を一定としたとき、非労働所得の増加が労働供給を減らすことが知られています。これは、労働供給行動の例です。

労働経済学は、労働者の行動、企業の行動、市場の機能を分析対象とする社会科学の一分野です。他の分野の科学者と同様に、労働経済学者は、労働者の行動、企業の行動、市場の機能など、観察される現象を説明できる諸仮説を打ち立て、データと回帰分析などの計量経済学的手法により諸仮説の現実妥当性を評価します。評価された仮説は、理論として私達の新たな知識となり、政策に応用され、私達の生活を豊かなものにします。

労働経済学は、労働者の行動を効用最大化により説明し、企業の行動を利潤最大化により説明する点で、労使関係論などの労働を分析対象とする他の社会科学と異なります。また、今日の労働経済学は、多数の個人や個々の企業に関するマイクロデータと適切な計量経済学的手法を用い、識別条件（識別問題を解決するのに必要な仮定）に注意を払いながら、競合する諸仮説を厳格に評価する点で、かつての労働経済学と異なります。

本書は、ミクロ経済学を応用した労働者の行動、企業の行動、市場機能に関する基礎理論を解説します。また、マイクロデータと回帰分析による仮説検定に必要な識別問題と識別戦略に関する基礎理論を解説します。本章の残りでは、まず、政府公表の集計データを用い、日本の労働市場を概観し、テキストの残りの章との関連を述べます。その後、理論分析と実証分析について例を用い、詳しく説明します。

1.2 データで見る日本の労働

この節では、日本の労働に関する主要なデータを見ます。これらのデータで観察される事実は、労働経済学者の理論研究、実証研究を動機付けてきました。

図 1.1 は、日本の総人口、15 歳以上人口、労働力人口の推移を示しています。**労働力人口**とは、15 歳以上人口のうち、働いている人（就業者）と働いてはいないが仕事を探している人（失業者）を足し合わせた人の数です。労働力人口

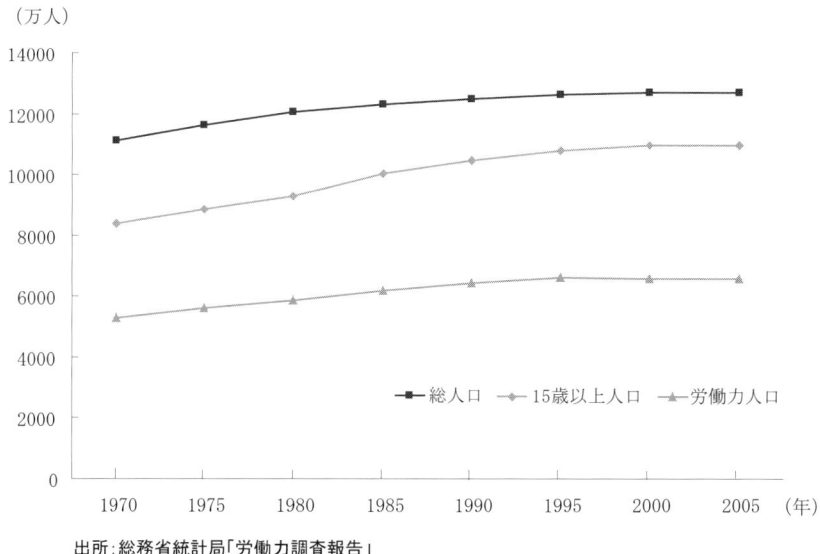

出所:総務省統計局「労働力調査報告」

図 1.1　総人口・15 歳以上人口・労働力人口の推移

の推移を見ると、1998 年の 6793 万人をピークに減少し続け、2004 年は 6642 万人となりましたが、その後、増加に転じ、2005 年には 6650 万人となっています。定義から明らかなように、労働力人口は、他の条件を一定とすると総人口、15 歳以上人口の増加により増えます。したがって、労働力人口の変化は、総人口の変化、15 歳以上人口の変化により部分的に説明できます。少子化の原因は、労働経済学の重要な研究テーマです。本書の 3 章の家計内生産モデルなどが関連します。

　労働力人口の変化は、総人口と 15 歳以上の人口の変化のみでは説明できません。図 1.2 は、労働力率と年齢毎労働力率の推移(総務省統計局「労働力調査報告」)を示しています。15 歳以上人口に占める労働力人口の割合を**労働力率**と呼びます。各年齢の人口に占める労働力人口の割合を年齢毎労働力率と呼びます。まず、同一年の年齢毎労働力率は年齢間で大きく異なります。例えば、年齢毎労働力率は、45〜49 歳、40〜44 歳で最も高く、15 歳〜19 歳、65 歳以上で最も低くなります。したがって、15 歳以上の人口が同一であったとしても、その年齢構成比が変化すると、(全体の)労働力率が変化することになります。壮年層の労働力率が高く、若年層の労働力率が低いといったように、労働力率

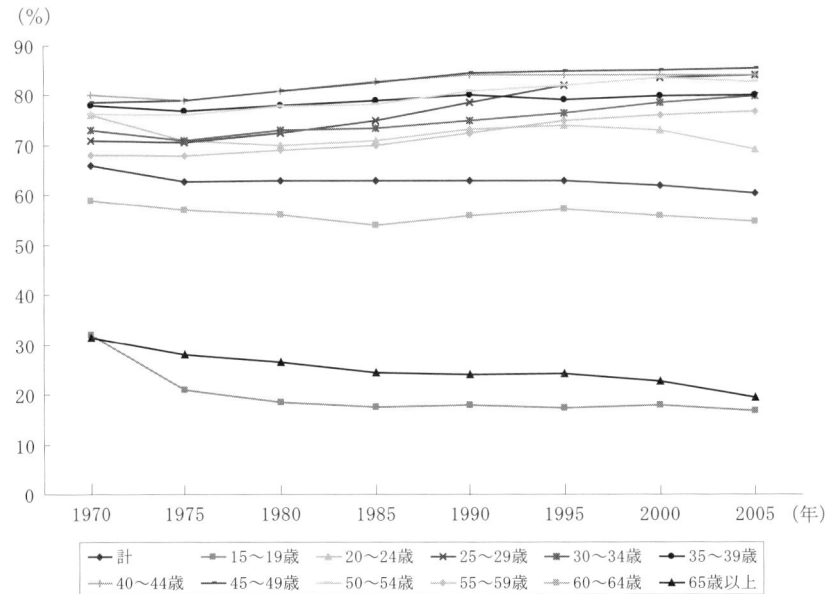

出所:総務省統計局「労働力調査報告」

図 1.2　年齢毎労働力率の推移

が年齢とともに変化する原因を探るのは、労働経済学の重要な研究テーマです。9 章の教育、訓練などの人的資本投資モデル、11 章の離職を抑制する後払い賃金プロファイルなどが関連します。

　次に、年齢毎労働力率を異なる年の間で比較すると、年齢毎労働力率はほとんどの年齢で上昇していますが、近年では、20〜24 歳と 65 歳以上で下降しています。したがって、15 歳以上の人口、年齢構成比が同一であったとしても、(全体の) 労働力率が変化することになります。年齢以外の要因でなぜ労働力率が変化するのかは、労働経済学の重要な研究テーマです。2 章の静学的労働供給モデル、3 章の家計内生産モデルなどが関連します。

　労働力率を男女間で比較すると、大きく異なります。図 1.3 は、横軸に年齢をとり、1970 年と 2005 年について各年齢の労働力率を男女別に描いています。男性の労働力率を同一年・年齢間で比較すると、20〜24 歳まで上昇し、それ以降 50〜54 歳まで安定的で、それ以降下降しています。女性の労働力率を同一年・年齢間で比較すると、20〜24 歳まで (2005 年では 25 歳〜29 歳まで) 上

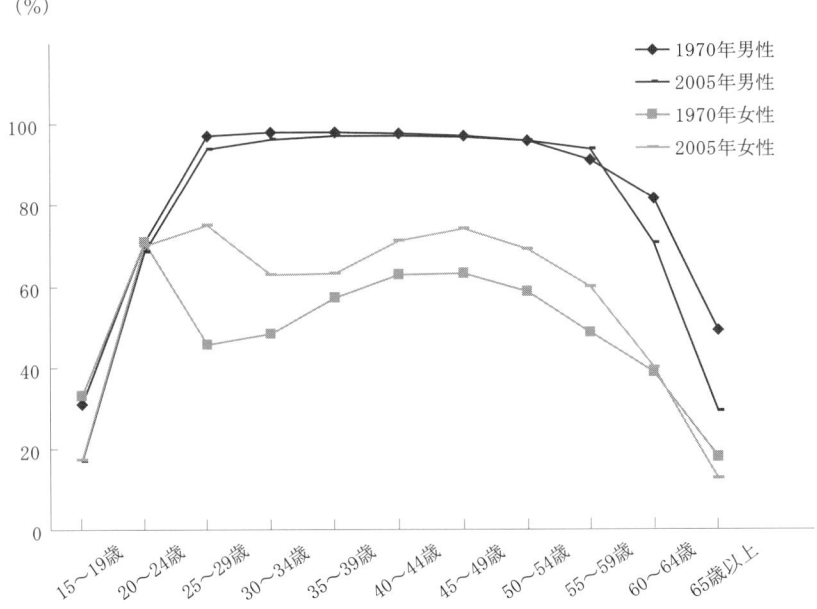

出所：総務省統計局「労働力調査報告」

図 1.3　性、年齢階級別労働力率

昇した後、30 歳〜34 歳で下降し、それ以降は 45 歳〜49 歳まで上昇し、それ以降は下降しています。男性のプロファイルは、逆 U 字型をし、女性のプロファイルは、M 字型をしています。次に、労働力率を同一年・同一年齢・男女間で比較すると、女性の方が男性よりも低いことがわかります。また、男性のプロファイルを 1970 年と 2005 年の間で比較すると、労働力率が 15 歳〜19 歳と 60〜64 歳以降で下落し、逆 U 字型の横幅が狭くなっています。女性のプロファイルを 1970 年と 2005 年の間で比較すると、労働力率が 25 歳〜29 歳以上 55 歳〜59 歳以下で上昇し、M 字型の中央の凹みが小さくなっています。なぜ年齢と労働力率との関係が男女間で異なるのか、また、なぜ男女差が推移するのかは、労働経済学の重要な研究テーマです。3 章の家計内生産モデル、9 章の教育、訓練などの人的資本投資モデル、10 章のサーチとジョブマッチングなどが関連します。

　図 1.4 は、出生率の推移を示しています。合計特殊出生率は、1 人の女性が一生に生む子どもの数を示しています。合計特殊出生率は、長期的な低下傾向

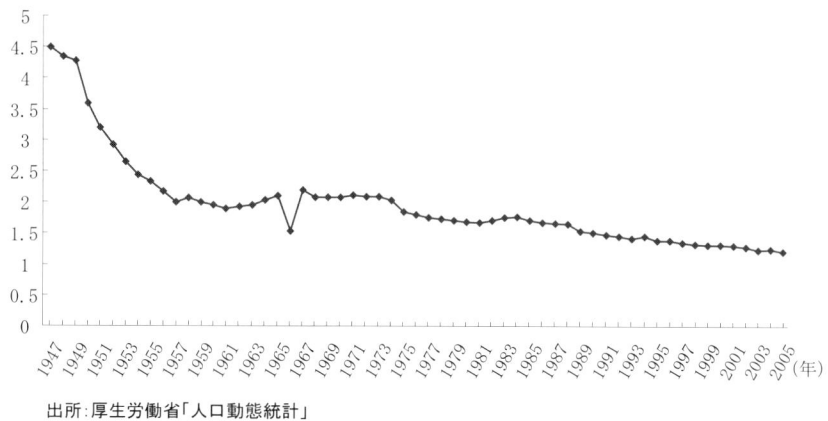

出所:厚生労働省「人口動態統計」

図 1.4 合計特殊出生率の推移

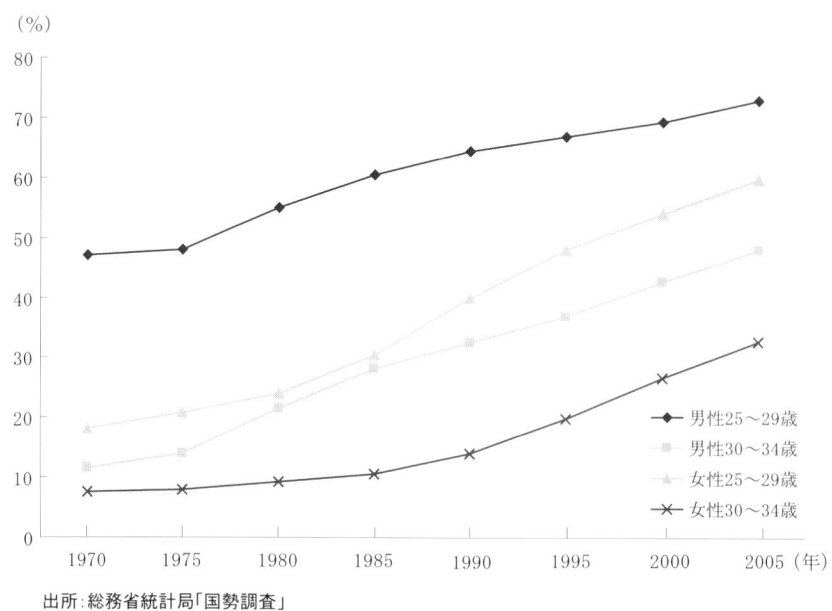

出所:総務省統計局「国勢調査」

図 1.5 年齢別未婚率の推移

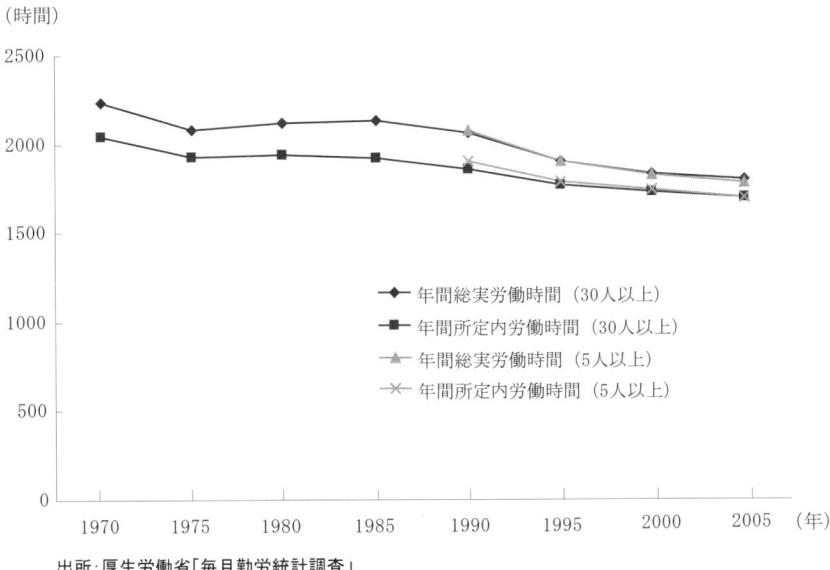

図 1.6　年間総実労働時間と年間所定内労働時間

にあり、例えば、1970 年の 2.13 に対し、2005 年は 1.26 となっています。なぜ出生率が低下するのかは、労働経済学の重要な研究テーマです。3 章の家計内生産モデルなどが関連します。

　出生率の低下の一因は晩婚化・少婚化と考えられています。図 1.5 は、年齢別未婚率の推移を示しています。年齢別未婚率は長期的な上昇傾向にあり、例えば 1970 年には 25～29 歳の男性の 46.5％が未婚でしたが、2005 年に 72.6％となっています。30～34 歳の男性の数値は、1970 年が 11.7％、2005 年が 47.7％です。女性についても、1970 年には 25～29 歳の女性の 18.1％が未婚でしたが、2005 年に 59.9％となっています。30～34 歳の女性の数値は、1970 年が 7.2％、2005 年が 32.6％です。なぜ、未婚率が上昇するのかは、労働経済学の重要な研究テーマです。3 章の家計内生産モデルなどが関連します。

　労働サービスの量を測るには労働者数を示す労働力と各労働者の労働時間数も考慮する必要があります。図 1.6 は、年間総実労働時間と年間所定内労働時間の推移を示しています。総実労働時間とは、労働者が実際に労働した時間数を指し、所定内労働時間とは、会社の就業規則で定められた正規の始業時から

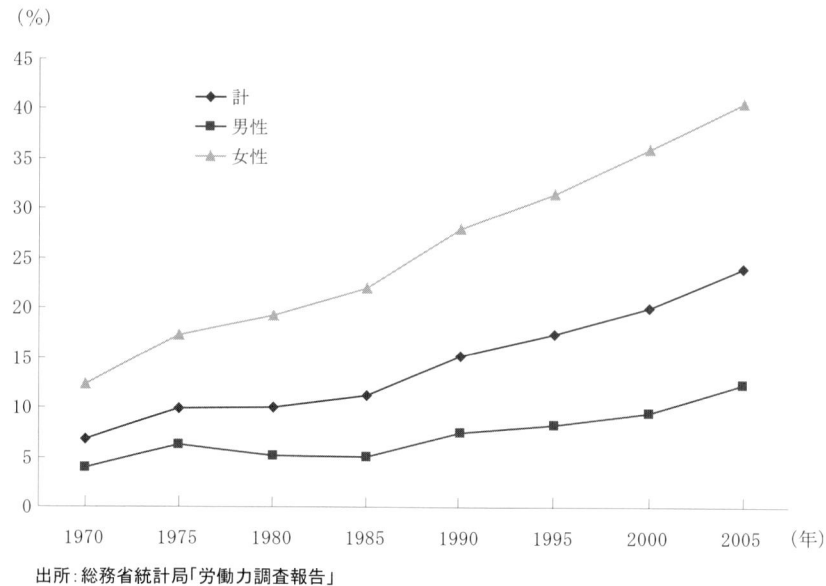

出所:総務省統計局「労働力調査報告」

図 1.7　雇用者に占める短時間労働者の割合

終業時までの時間数を指します。どちらも下降しています。これは週休 2 日制の普及によると考えられています。

　労働基準法は、1 日最長 8 時間、週 40 時間の最長労働時間（法定労働時間）を定め、企業がそれを超過し、労働者を使用する際には、割増賃金を支払う義務を課しています。残業手当ての支払いのない違法なサービス残業の存在については、政府による企業を対象とした統計調査ではうかがい知ることができません。

　図 1.7 は、雇用者に占める短時間労働者（週 1 時間から 34 時間）の割合を男女別に示しています。雇用者に占める短時間労働者の割合は、女性の方が男性よりも高いだけでなく、男女ともに上昇しています。例えば、1970 年には男性雇用者の 4.0%が短時間労働者でしたが、2005 年には 12.4%を占めています。1970 年には女性雇用者の 12.2%が短時間労働者でしたが、2005 年には 40.6%にも達しています。なぜ女性の方が男性よりも短時間労働をするのか、なぜ男女ともに短時間労働が増えているのかは労働経済学の重要な研究テーマです。3 章の家計内生産モデル、6 章の労働需要の準固定費用モデル、8 章の補償賃金格差などが関連します。

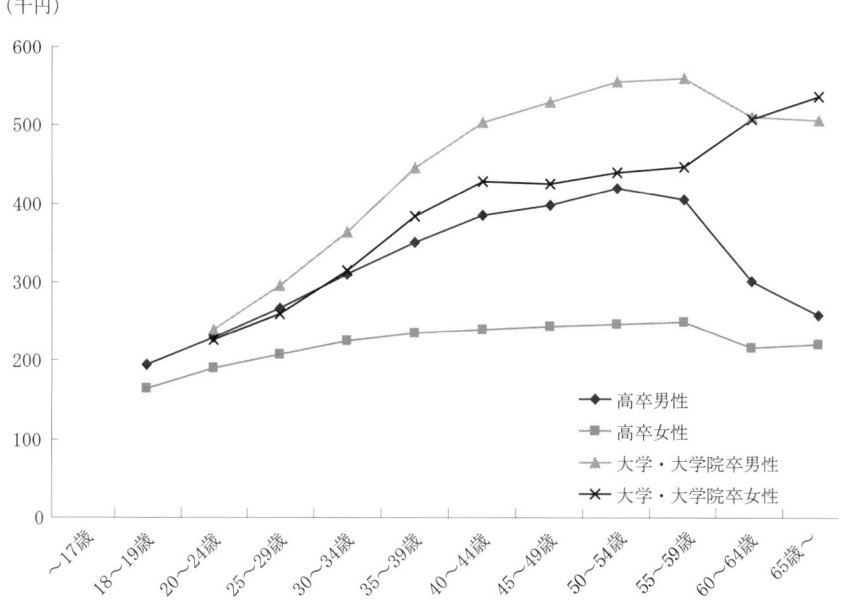

出所：厚生労働省「賃金構造基本統計調査」(2005年6月)

図 1.8 決まって支給する現金給与額：正社員・正職員

　図 1.8 は、正社員・正職員に対し決まって支給する現金給与額を男女別、学歴別、年齢階級別に示しています。この曲線を**年齢—労働所得プロファイル**と呼びます。正社員・正職員の年齢—労働所得プロファイルには、いくつかの重要な特徴があります。第一に、同一性・学歴間で比べると、学歴の高い労働者は、他の労働者と比べ、労働所得が高くなっています。第二に、同一性・学歴間で比べると、年齢—労働所得プロファイルは、年齢とともに上がりますが、上昇率は低減し、大学・大学院卒の女性を除き、最終的には下降します。第三に、同一性・学歴間で比べると、年齢が上昇するに従い、異なる学歴グループの年齢—労働所得プロファイル間の距離が広がっています。学歴が高いグループは労働所得の成長が大きくなっています。第四に、同一学歴・男女間で比べると、男性のプロファイルは女性のプロファイルよりも高い位置にあり、男女間の距離が、大学・大学院卒の女性を除き、広がっています。

　図 1.9 は、非正社員・非正職員の年齢—労働所得プロファイルを男女別、学歴別に示しています。非正社員・非正職員の年齢—労働所得プロファイルにはい

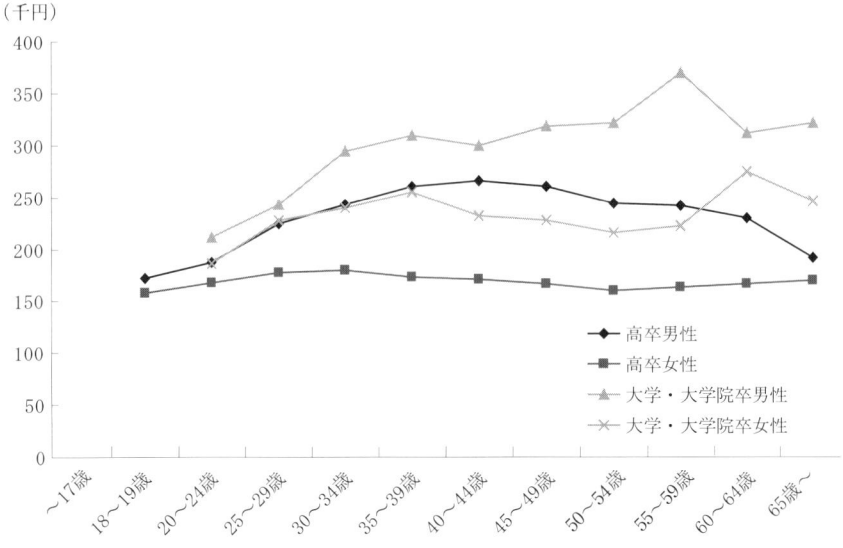

図 1.9　決まって支給する現金給与額：非正社員・非正職員

くつかの重要な特徴があります。第一に、同一性・学歴間で比べると、学歴の高い労働者は他の労働者と比べ、労働所得が高くなっています。これは正社員・正職員の場合と同じです。第二に、同一性・学歴間で比べると、年齢―労働所得プロファイルは、年齢とともに上がりますが、上昇率は低減し、大学・大学院卒の男性を除き、最終的には下降します。正社員・正職員の場合と比べ、大学・大学院卒の男性を除き、プロファイルが下降し始める年齢が早くなっています。高卒男性は、40～44歳以降で下降し、高卒女性は、30～34歳以降で下降しています。大学・大学院卒女性は、35～39歳以降で下降し、55歳～59歳以降で上昇した後、再び下降します。第三に、男性については、学歴間で比べると、年齢が上昇するに従い、異なる学歴グループの年齢―労働所得プロファイル間の距離が広がっています。これは、正社員・正職員の場合と同じです。しかし、女性については、正社員・正職員の場合と異なり、35～39歳まで広がりを見せた後で、50～54歳まで狭くなっています。第四に、同一性・同一学歴の正社員・正職員と比べると、年齢―労働所得プロファイルは低い位置にあります。なぜ、年齢―労働所得プロファイルがこれらの特徴を持つのかは、労働経済

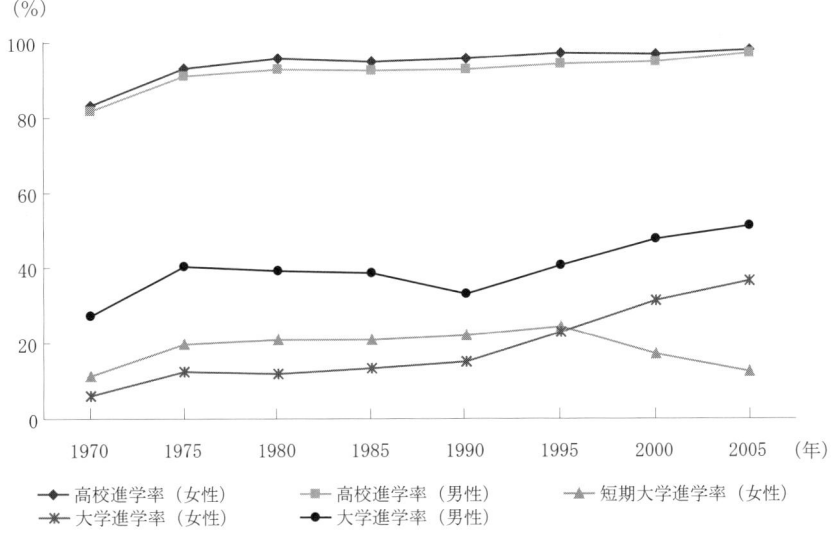

図 1.10 進学率の推移

学の重要な研究テーマです。9章の教育、訓練などの人的資本投資モデル、10章のサーチとジョブマッチング、11章の離職を抑制する後払い賃金プロファイル、8章の補償賃金格差などが関連します。

図 1.10 は、中学卒業生の高校進学率、高校卒業生の短大進学率、大学進学率の推移を男女別に示しています。第一に、男女ともに、高校進学率と大学進学率が上昇しています。例えば、男性の高校進学率は、1970年の81.6％から2005年の97.3％へと上昇し、女性の高校進学率は、1970年の82.7％から2005年の97.9％へと上昇しました。男性の大学進学率は、1970年の27.3％から2005年の51.3％へと上昇し、女性の大学進学率は、1970年の6.5％から2005年の36.8％へと上昇しました。第二に、男性の短大進学率は、非常に低い率で安定していますが、女性の短大進学率は、低下しています。男性の短大学進学率は、1970年に2％、2005年に1.9％で、非常に低く、ほとんど変化がありません。女性の短大大学進学率は、1970年の11.2％から1995年の24.6へと上昇した後、2005年の12.5％へと下落しています。第三に、男性の方が女性よりも高い学歴を目指しています。高校進学率に男女差がほとんどないのに対し、短大進学率は

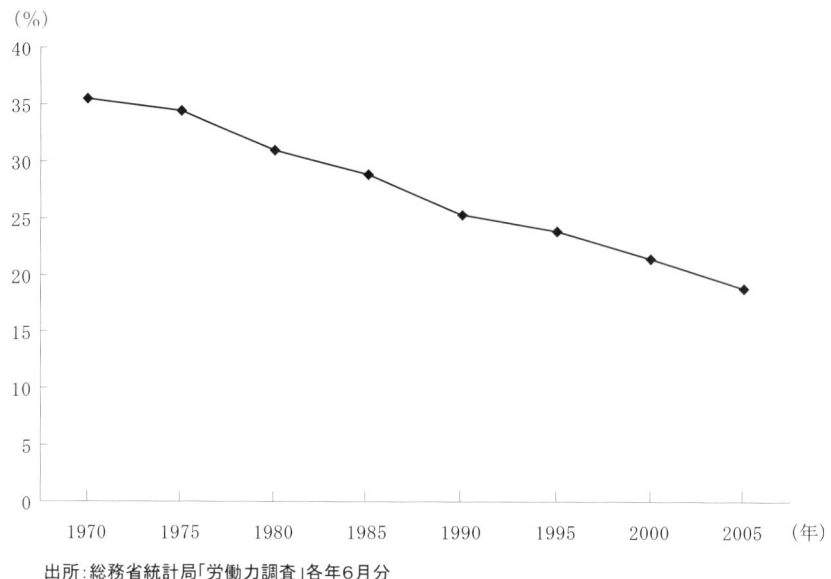

図 1.11　組合組織率の推移

女性が男性よりも高く、大学進学率は男性が女性よりも高くなっています。なぜ、進学率がこれらの特徴を持つのかは、労働経済学の重要な研究テーマです。9章の教育、訓練などの人的資本投資モデルが関連します。

図 1.11 は、労働者の組合組織率の推移を示しています。労働者の組合組織率は、雇用者に占める組合員数の比で推定しています。組織率は低下しています。その理由を解明するのも労働経済学の重要な研究テーマです。

以上のように、労働経済学者は、データで観察される現象に対し多くの疑問を投げかけてきました。労働経済学者は、現象を説明するために理論モデルを構築し、その現実妥当性をより詳細なデータと適切な計量経済学的手法で評価するために実証分析を行います。次節では、理論分析について概観します。

1.3　理論分析

理論分析は、労働者と企業は合理的な意思決定を行うと単純化して考え、政策や市場環境の変化に反応して両者がとる行動や市場現象を説明、予測します。この節では労働供給を例にこれを説明します。

労働者と企業の**意思決定問題**を単純化して捉えるのが理論分析の第一歩です。労働者は賃金、消費財価格、非労働所得、総時間など、**制約条件**の下に置かれているものの、労働供給時間、余暇時間、消費を自由に選べるとします。制約条件は、環境、機会とも呼ばれます。労働者は、選択可能な労働時間の各選択肢の**便益**と**費用**を比較します。その上で**純便益**（＝便益と費用の差）を最大化する労働時間（労働供給時間と呼びます）を選ぶと考えます。つまり、制約条件下で労働者は合理的に意思決定を行うと単純化して考えます。経済学では意思決定問題を数学的に表現し、**理論モデル**と呼びます。

トレードオフ（資源制約）は意思決定問題の大きな特徴です。現在の例では総時間が一定なので、長時間の労働をすれば、より多くの消費ができる一方でより多くの余暇が犠牲となります。トレードオフがなければ意思決定問題はありません。

理論分析では、労働者の意思決定が及ぶ**内生変数**とその他の**外生変数**を区別して考えます。賃金、消費財価格、非労働所得、総時間は、外生変数、労働供給時間、余暇時間、消費は内生変数です。制約条件は、労働者には変更不可能ですが、市場の力、政策の変化、技術革新などにより変わると考えます。例えば、少子高齢化による市場全体の労働供給の減少が均衡市場賃金を上げます。また、政府による生活保護費支給などの所得移転は非労働所得を増加させます。これらの変化は労働者の意思決定が及ばないので外生的です。それに対し、制約条件の変化により生じる労働供給時間の変化は、労働者の意思決定の結果なので内生的です。

労働者が純便益を最大化する労働供給時間を選ぶときには、労働供給時間を1時間増やすことの追加的便益（**限界便益**）がそのことで生じる追加的費用（**限界費用**）に等しくなることが知られており、これを**限界原理**と呼びます。この限界原理が成り立つ理由を考えてみましょう。いま、労働時間を週35時間に決めたとします。このとき、限界便益が限界費用を上回るのであれば、労働時間を増やすことで純便益を増やせます。逆に、限界費用が限界便益を上回るのであれば、労働時間を削減することで純便益を増やせます。つまり、ある労働時間の下で限界便益が限界費用に等しくない場合には、その労働時間は最適でありません。したがって、労働時間が最適であるためには限界便益と限界費用が等しい必要があるのです。

理論分析の重要な目標の1つは、労働者の労働供給「**行動**」を予測することです。労働経済学では「行動」という言葉を日常語とは異なるニュアンスで用います。外生変数の変化は、制約条件の変化を介して、内生変数（例えば労働者により選択される労働供給時間）を変えます。「行動」とは、内生変数の値と外生変数の値との関連を指します。例えば、賃金や非労働所得などの外生変数が変われば制約条件が変わり、内生変数の労働供給時間は変わるはずです。外生変数の増加が内生変数を増やすか、減らすか、変えないかが理論分析の関心事となります。言い換えると、外生変数の内生変数に対する効果が正であるか、負であるか、ゼロであるかに関心があります。

　限界原理を見れば、労働者の労働供給「行動」を予測できます。限界原理を見れば、労働供給時間の変化を予測できます。労働供給時間は常に限界原理に従って決定されています。賃金、消費財価格、非労働所得が変わるときに労働供給時間が変わらないと、限界原理が満たされなくなります。再び限界原理を満たすように労働供給時間が調整されるはずです。限界原理を見れば、その調整方向を予測できます。

　理論分析のもう1つの重要な目標は、市場構造や政策が厚生に与える効果を分析することです。労働者の限界原理を用いることにより、労働者余剰の定義と計測ができるようになり、また企業の限界原理を用いることにより、生産者余剰の定義と計測ができるようになります。競争市場の効率性や、政策が労働者、企業、社会全体の余剰に与える効果を分析できます。

　本書では、意思決定問題を表現し、限界原理を導出し、分析する際に簡単な数学を用います。後の章で見るように、数式、グラフの傾き、切片などには、言葉により経済学的解釈を与えることができます。理論は、数式、グラフ、言葉の3つの角度から理解する姿勢が大切です。

1.4　実証分析

　理論分析は、単純化された思考実験に基づくものなので、ある理論が真実である保証はありません。1つの行動や1つの現象を説明できる理論が複数あることも稀ではありません。そこで、**競合する理論**の予測をデータと計量経済学的手法を駆使し、現実妥当性を検証する必要が出てきます。これが実証分析の

重要な目標の1つです。現実妥当性があるとき、データは理論と**整合的である**、データは理論モデルで**説明される**と表現します。労働供給を例にこれらを説明します。

反証可能な命題が何かを明らかにしておくことが、実証分析の第一歩です。経済変数間の間に成り立つと理論モデルにより予測される関係を命題と呼びます。ある命題が反証可能であるとは、その命題が正しくないことが実験データや観察データにより立証される可能性があることを意味します。理論は、その他の条件が一定のときに、外生変数の内生変数に対する効果が正であるか、負であるか、ゼロであるか（外生変数の値の変化が内生変数の値を増やすか、減らすか、変えないか）を予測します。例えば、労働供給の理論は、**その他の条件が一定のときに**次の6つの予測をします。

1. 賃金の上昇は労働供給を変える。増やすか減らすかはわからない。
2. 消費財価格の上昇は労働供給を変える。増やすか減らすかはわからない。
3. 非労働所得の増加は、労働供給を減らす。
4. 賃金の上昇は、労働力率を高める。
5. 消費財価格の上昇は労働力率を変える。高めるか低めるかはわからない。
6. 非労働所得の増加は、労働力率を低める。

6つの命題のうち、データにより反証される可能性のあるのは、3番目、4番目、6番目の3つです。1番目、2番目、5番目の命題は、どんなデータとも整合的なので、理論の妥当性を評価するには役立ちません。

実証分析では、外生変数の内生変数に対する因果的効果をデータで検証する必要があります。実証分析では、理論分析の外生変数の内生変数に対する効果に相当するものを外生変数の内生変数への**因果的効果**と呼びます。実証分析は適切なデータと適切な統計的手法により因果的効果を推定し、それが理論の予測と整合的であるかを検定します。重要なのは、「その他の条件が一定」に保たれねばならないことです。理論分析では、労働者は賃金、消費財価格、非労働所得のみで決まる制約条件の下で純便益を最大化すると単純化して考えます。しかし、現実には賃金、消費財価格、非労働所得以外にも制約条件となる要素が数多く存在します。例えば、職業、産業、通勤費用、通勤時間、賃金以外の報酬（社宅、企業年金、団体保険など）、労働環境、職業訓練の有無、家事、育

児、介護といった家庭のニーズなどです。数多くのその他の条件が一定のときに、上の6つの命題が成り立つというのが理論分析の予測なのです。実証分析では、賃金と非労働所得の値を一定に保つだけでなく、理論モデルで考慮されていない労働供給の決定要因の値も一定に保つ必要があります。

　実証分析では、選好のように、分析者には**観察不可能な労働者の属性**も含め、「その他の条件を一定に保つ」必要がありますが、それができず、かつ観察不可能な労働者の属性が理論分析の外生変数と相関する場合には、命題の厳密な実証はできなくなります。ここで、2つの（確率）変数が相関するとは、1つの変数が増加するときに他の変数が増加する傾向がある（正の相関関係を持つ）、または減少する傾向がある（負の相関関係を持つ）ということです。例えば、上の命題3で述べられている非労働所得の労働供給への因果的効果を見るためには、選好も含め、その他の条件を一定に保った上で非労働所得の差が労働供給の差を生むかを見る必要があります。ところが、選好は観察できませんから、異なる労働者間で選好を一定に保つことはできません。また、後述する理由により、労働に対する選好は非労働所得と正の相関関係を持つと考えられます。このような場合には、労働供給の（労働者間の）差は、非労働所得の（労働者間の）差による貢献（因果的効果）と選好の（労働者間の）差による貢献（見かけ上の効果）の双方を反映するため、因果的効果の識別は困難です。

　数値例を用い、このことを詳しく見てみましょう。例えば、労働者 A と B の週当たり非労働所得がそれぞれ15万円と10万円、週当たり労働供給がそれぞれ30時間と40時間であり、賃金やその他の制約条件は同一であるとしましょう。また、労働に対する選好は、非労働所得の多い A の方が強い（より長時間の労働を好む）としましょう。労働供給の $A \cdot B$ 間の差（マイナス10時間）は非労働所得の $A \cdot B$ 間の差（5万円）による貢献と選好の $A \cdot B$ 間の差による貢献の双方を反映するため、非労働所得の差（5万円）が何時間の労働供給の差を生んでいるか（因果的効果の大きさ）をデータから1つの値に定めることができません。つまり、因果的効果を識別できません。選好の差による貢献を無視し、労働供給の差（マイナス10時間）と非労働所得の差（5万円）との比をとり、「非労働所得が1万円増えると労働供給が2時間減る」と計算すれば、因果的効果を絶対値で過小評価してしまいます。このような状況では、データが命題3と整合的か否かを厳密に検定することはできません。

上の議論では、労働に対する選好が非労働所得と正の相関関係があると仮定しましたが、それは次のような理由からです。他の条件が一定のとき、労働に対する選好が B よりも強い A は、労働供給と労働所得が B よりも多くなります。これは、現在のみでなく、過去にも当てはまります。他の条件が一定のとき、過去の労働所得が B よりも多い A は、その所得を用い、株式、債券への投資や貯金を B よりも多くしています。現在の非労働所得の一部は過去の株式、債券への投資や貯金からの配当や利子ですから、他の条件が一定のとき、A の現在の非労働所得は B よりも高くなります。

　労働経済学が、因果的効果の識別に細心の関心を払うようになったのは、比較的に最近のことです。多くの個々の労働者の賃金、非労働所得、その他の条件に関するデータの平均値を記録した**集計データ**では、変数間の関係を正確に観察できないので因果的効果の識別は困難です。労働経済学の発展初期には、集計データに基づく命題の実証が許容された時代もありました。現在では、それは厳密な因果的効果の識別からは程遠いと考えられています。多くの個々の労働者のデータを平均することなく生の状態で観察できる**マイクロデータ**が必要です。マイクロデータには、多くの労働者を一時点で観察した**クロスセクショナルデータ**と多くの労働者を複数時点で観察した**パネルデータ**があります。近年は、経済の中で稀に生じる純粋実験に類似した**ナチュラルエクスペリメント**から得られるデータの有用性が注目されています。因果的効果の識別問題は、これらのデータと適切な計量経済学的手法を用いることで、部分的に解決できます。

　日本では一般の研究者が利用できる労働関連のマイクロデータが限られており、日本の労働経済研究の発展の大きな障壁になっています。一般の研究者が利用可能なパネルデータは、財団法人家計経済研究所の「消費生活パネル調査」しかないのが現状です。このデータは、女性を主な観察対象としているので、女性の労働供給の実証分析などに適しています。ただし、20～30歳代の女性を調査対象としており、各年齢階層をカバーするわけではありません。また、米国のパネルデータのように経歴が詳細に記録されているわけでもありません。さらに、男性は女性の結婚相手となった場合のみ観察されるので、男性の実証分析には適していません。このテキストではこの点を補うために主として米国の重要な実証分析の成果を紹介します。

参考文献

　財団法人家計経済研究所の「消費生活に関するパネル調査」は、多くの研究者により利用されており、このデータを利用した研究論文のリストは、同研究所のホームページ上にあります。このデータを利用した最近の実証研究を集めた文献として、[263] [275] などがあります。また、現在、慶應義塾大学が家計パネル調査を行っています。その詳細は [261] にあります。

　[122] は、理論と応用のバランスのとれた初学者向けの優れた計量経済学のテキストです。労働経済学の実証研究例を豊富に採用し、マイクロデータを用いた因果的効果の識別問題を重視しています。また、例で使用されるマイクロデータとソフトウエアのコマンドのほとんどをインターネット上で入手できます。[175] は、パネルデータ分析に特化した日本語で書かれた計量経済学のテキストです。

2章

労働供給(基礎編)

　この章では、労働者の労働供給行動を説明する理論モデルを紹介します。実証研究からは、その他の条件が一定のときに、非労働所得の増加は労働供給を減らすことがわかっています。例えば、日本でも、年金給付の増加が高齢労働者の労働供給を減らすことや、夫の所得の増加が既婚女性の労働供給を減らすことが多くの研究で明らかになっています。また、その他の条件が一定のときに、賃金の上昇は労働力率を上げることもわかっています。この章と3章で紹介する理論モデルの予測は、これらの結果と整合的です。

　理論モデルは基礎モデルから複雑なモデルへと発展します。この章では労働供給の基礎モデルである静学的労働供給モデルを紹介します。3章ではそれを拡張した家計内生産モデルを紹介します。上で述べた実証結果は静学的労働供給モデルにより説明されますが、家計内生産モデルは、静学的労働供給モデルでは説明が困難な他の実証結果を説明できます。

2.1　静学的労働供給モデル

　労働者は制約条件の下で便益を最大化すべく労働供給時間を決めるという考え方を表したのが、静学的労働供給モデルです。後で見るように、この考え方は、労働から得る消費の便益と労働により失う余暇の費用を比較し、純便益を最大化すべく労働供給時間を選ぶという考え方と同じです。

　以下では、意思決定問題を制約条件、便益の基礎となる選好、意思決定問題に分け順に説明します。後の分析で重要となる概念も説明します。議論は抽象

2.1.1 制約条件

まず、労働者が置かれている制約条件について考えましょう。最も重要な経済的要因にのみ焦点をあてるためにその他の要因は捨象して考えます。労働者が労働するのは、労働所得により消費財を購入・消費できるからです。労働をしたくないのは、労働により余暇が犠牲になるからです。これから、労働者は2つの制約条件下に置かれていることがわかります。1つは**時間制約**、もう1つは**予算制約**です。

時間制約は、労働者の余暇時間と労働時間の和は総時間の範囲内でなければならないという制約です。一定期間中の総時間を T、余暇（leisure）の時間を ℓ、労働（labor）の時間を L とすると、時間制約は (2.1) 式で表せます。

$$\ell + L \leq T \tag{2.1}$$

余暇は総時間のうち、労働しない時間と定義します。日常用語の「余暇」ではありません。このため、厳密には (2.1) 式は等号で成立し、次のようになります。

$$\ell + L = T \tag{2.2}$$

一方、予算制約は、労働者の消費財に対する支出は労働者の所得の範囲内でなければならないという制約です。単純化のため、将来を考慮しません。したがって、貯蓄と借入はありません。消費財支出は、消費財の数量 (C) と消費財の価格 (P) との積です。所得は、労働所得と非労働所得 (I) の和です。非労働所得とは、利子所得や移転所得など、現在の労働によらない所得です。労働所得は、賃金 (w) と労働時間 ($L = T - \ell$) との積です。賃金とは時間当たりの労働報酬です。これらの変数を用いて予算制約を表すと (2.3) 式になります。

$$PC \leq w(T - \ell) + I \tag{2.3}$$

モデル分析ではモデルの外で値が与えられる外生変数と最適解としてモデルの中で値が決まる内生変数を区別します。外生変数は T, P, w, I、内生変数は ℓ, L, C です。内生変数のうち、ℓ の値が決まれば (2.2) 式から L の値が決まる

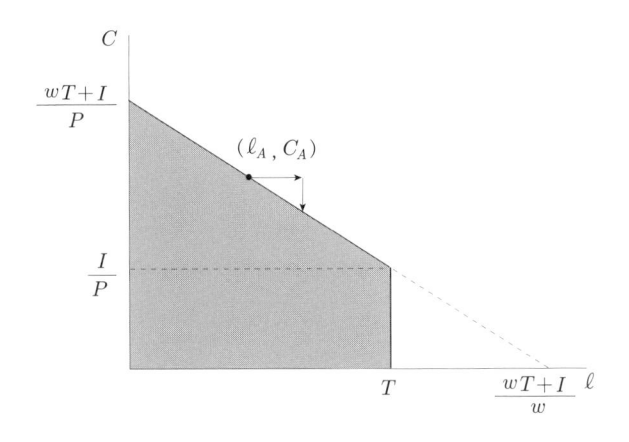

図 2.1 時間制約と予算制約

ので、以下では ℓ と C に着目します。

図 2.1 は、横軸に内生変数 ℓ、縦軸に内生変数 C をとり、時間制約と予算制約を示しています。この平面を**余暇・消費財平面**と呼びます。余暇・消費財平面上の非負領域内の各点は、横軸の座標の量の余暇と縦軸の座標の量の消費財の組み合わせを示します。斜線部分にある (ℓ, C) の組み合わせは、時間制約と予算制約を同時に満たします。なぜならば、まず縦軸の切片 $(WT+I)/P$ と横軸の切片 $(WT+I)/w$ を通る直線上、または、その下に位置する (ℓ, C) は (2.3) 式を満たし、次に、横軸の切片 T を通る垂直線の左側に位置する (ℓ, C) は (2.2) 式を満たし、最後に、横軸上かその上側、かつ、縦軸上かその右側にある (ℓ, C) は非負であるからです。斜線部分を**機会集合**と呼びます。労働者は、機会集合から便益を最大化する (ℓ, C) の組み合わせを選択し、同時に労働供給時間 $L = T - \ell$ を決めます。

機会集合の右上縁の直線を**予算制約線**と呼びます。余暇と消費が効用（便益）を増す「財」であれば、最適な (ℓ, C) の組み合わせは必ず予算制約線上にあります。「財」とは多いほど好まれるもののことです。したがって、(2.3) 式を (2.4) 式で置き換えられます。

$$PC = w(T - \ell) + I \tag{2.4}$$

予算制約線を書き換えると、予算制約の異なる解釈ができます。この式を C と ℓ が左辺に来るように整理すると次式になります。

$$PC + w\ell = wT + I \tag{2.5}$$

右辺の第 1 項は総時間を賃金で評価しているので、総時間の市場価値です。これは、総時間をすべて労働に費やせば得られる潜在的労働所得であるとも解釈できます。右辺の第 2 項は非労働所得です。これら右辺の総額が左辺の支出にあてられます。左辺の第 1 項は、消費財価格 P × 消費財数量 C ですから、消費財への支出です。同様に、賃金が余暇の価格であると解釈できれば、左辺の第 2 項、賃金 w × 余暇の数量 ℓ は、「余暇への支出」であると解釈できるはずです。事実、総時間が一定のとき、余暇をもう 1 時間楽しむには労働を 1 時間減らし、賃金 w を犠牲にする必要があるので、賃金は余暇の機会費用（余暇の価格）であると解釈できます。ℓ 時間の余暇を楽しむときには、$w \times \ell$ の労働所得を犠牲にしているので、この額の「余暇への支出」を潜在的労働所得 $wT + I$ から行っていると解釈できます。

次に、予算制約線の傾きの絶対値は、**余暇の限界費用** (を消費財の単位で測ったもの) と解釈できます。これを理解するために予算制約式を満たす (ℓ_A, C_A) という組み合わせを考えましょう。(ℓ_A, C_A) は予算制約式を等号で満たすので、所得を消費として全額支出している状態です。ここで、図 2.1 上の右向きの矢印が示すように、労働者が仮にもう 1 単位の ℓ を楽しみたいと考えたとします。(2.4) 式から明らかなように、右辺の労働所得が w 円減るので、左辺の消費支出も w 円だけ削減しなければなりません。これが余暇の限界費用（を貨幣単位で測ったもの）です。さらにこれを消費財単位に換算するために消費財価格 P で割り算すると、余暇の限界費用（を消費財の単位で測ったもの）は消費財 w/P 単位であるとわかります。図 2.1 上の下向きの矢印は、この量を示します。実際に、(2.4) 式を整理すると、(2.6) 式になり、$-w/P$ が予算制約式の傾きになっていることが確認できます。

$$C = -(w/P)\ell + (wT + I)/P \tag{2.6}$$

余暇の限界費用 (を消費財の単位で測ったもの) は余暇と消費財との間の**相対価格**とか**実質賃金**とも呼ばれます。

2.1.2 選好

労働者の便益を効用と呼びます。労働者の効用を測る際には、次の 2 点に注意する必要があります。第一に、労働者の効用は労働者間で比較できません。同

じ組み合わせから得られる効用は主観的なものであり、労働者により異なるので比較できません。したがって、労働者の効用を比較する共通の尺度を作ることはできません。第二に、1人の労働者が2つの異なる組み合わせから得る効用の大小関係は述べることができても、一方の効用が他方の何倍であるか、他方の効用よりどれだけ少ないかを表す尺度は作れません。

　経済学では、上の2点を踏まえ、1人の労働者の**選好**を表すために**効用関数**を用います。選好とは異なる組み合わせの間の好みを指します。いま、任意の2つの組み合わせを考えましょう。(ℓ_A, C_A) の組み合わせを A、(ℓ_B, C_B) の組み合わせを B とします。効用関数とは、より好まれる組み合わせの数量が代入されたときに高い値を返す関数です。現在のモデルでは、組み合わせは2変数からなるので、効用関数の説明変数は2つあります。労働者が A を B よりも好むときには $U(\ell_A, C_A) > U(\ell_B, C_B)$ であり、B を A よりも好むときには $U(\ell_A, C_A) < U(\ell_B, C_B)$ であり、A を B と等しく好むときには $U(\ell_A, C_A) = U(\ell_B, C_A)$ である関数 U が効用関数です。効用関数は、一般には単純な関数形をしていません。関数形がわからなくても労働供給行動に関する理論的予測ができます。

　ある労働者の効用関数は、選好に関する基本的な仮定の下で存在することが証明されています。それは**完全性の仮定**と**推移性の仮定**です。労働者が2つの任意の組み合わせ A と B を提示されたとします。このとき、労働者が「A を B よりも好む」「A と B を同等に好む」「B を A よりも好む」のいずれか1つが該当すると明言できれば、選好に関する完全性の仮定が満たされると表現します。さらに、3つの任意の組み合わせ A、B、D について労働者が A を B よりも好み、B を D よりも好むとき、A を D よりも好むならば、選好に関する推移性の仮定が満たされると表現します。

　効用関数の余暇・消費財平面上の等高線図を**無差別曲線図**と呼びます。図2.2には無差別曲線図が描かれています。地形図の等高線は、標高が一定であるすべての点を示す曲線です。同様に、無差別曲線は一定の高さの効用を生むすべての点を示す曲線です。ある無差別曲線は、一定の効用を生む余暇と消費財のすべての組み合わせを示します。地形図では、複数の等高線からなる等高線図によりある地形を表します。同様に、複数の無差別曲線からなる無差別曲線図によりある労働者の選好を表します。

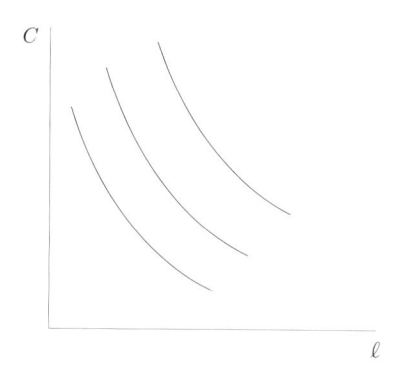

図 2.2 無差別曲線図

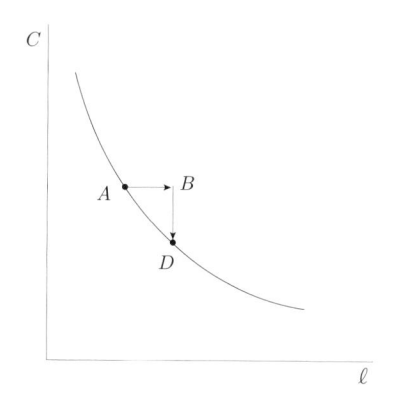

図 2.3 右下がりの無差別曲線

　労働者の選好は、制約条件とは独立であり、無差別曲線図は制約条件とは独立に描けます。ある地形を描写する等高線図の各等高線が移動することは（地形に変化がない限り）ありません。同様に、ある労働者の選好を描写する無差別曲線図の各無差別曲線が移動することは（選好に変化がない限り）ありません。

　無差別曲線図にはいくつかの重要な性質があります。まず、余暇と消費財が「財」であれば、各無差別曲線は右下がりです。無差別曲線が右下がりになることを理解するために図 2.3 に描かれた組み合わせ A を考えてみてください。組み合わせ A に余暇を 1 単位だけ追加した組み合わせを B とします。財である余暇が増えれば効用が上がるので、B は A よりも好まれます。B の余暇の量を変えることなく、A と同等に好ましくするには、「財」である消費財の量を B から十分に減らします。この調整を経た組み合わせが D です。A と D は同

等に好ましいので同一無差別曲線上にあります。D は A の右下にあるので、無差別曲線は右下がりです。

ある無差別曲線よりも上にある点は、その無差別曲線上の点よりも好まれます。これは、図 2.3 の B が A や D よりも好まれることから明らかです。同様に、ある無差別曲線よりも下にある点は無差別曲線上の点ほどには好まれません。

無差別曲線の傾きの絶対値は、**余暇の限界効用**（を消費財の単位で測ったもの）であると解釈できます。図 2.3 で BD 間の距離は、もう 1 単位の余暇を得られるときに、労働者が（同一の効用が得られるので）あきらめてもかまわない消費財の量です。これは余暇の限界効用（を消費財の単位で測ったもの）です。

(ℓ, C) での無差別曲線の傾きの絶対値は**余暇の消費財に対する限界代替率**とも呼ばれ、$MRS_{\ell C}(\ell, C)$ と表されます。MRS とは Marginal Rate of Substitution(限界代替率) の略で、添え字の ℓC は「ℓ の C に対する」という意味です。上で見たように、限界代替率の経済学的意味は、余暇の限界効用（を消費財の単位で測ったもの）です。

経済学では、多くの場合、選好に関する**限界代替率逓減**を仮定します。これは数学的には、ある無差別曲線上に沿って左上から右下へ移動するときに、無差別曲線の傾きの絶対値が逓減することを指します。経済学的には、効用を一定に保ちながら余暇を追加していくときに、余暇の限界効用（を消費財単位で測ったもの）が逓減することを表します。限界代替率逓減の仮定の下では、2 つの同等に好ましい組み合わせの加重平均をとった組み合わせがより好まれます。限界代替率が逓減するときには**原点に向かって凸型の無差別曲線**になっています。図 2.4 で無差別曲線上の左上の点 A、右下の点 B、AB を直線で結んだ線分上の点 D を見てください。点 A は余暇が少なく消費財が多い組み合わせ、点 B は逆に余暇が多く消費財が少ない組み合わせです。それに対し、点 D は両者を加重平均して「バランスをとった」組み合わせです。D は無差別曲線よりも上に位置するので A や B よりも好まれています。

無差別曲線図は余暇・消費財平面を埋め尽くします。言い換えれば、余暇・消費財平面上のどの点をとってもその点を通る無差別曲線があるということです。これは前述の選好に関する完全性の仮定により成り立つ性質です。

どの 2 つの無差別曲線も交わることはありません。これは無差別曲線が効用関数の等高線であるという定義から成り立つ性質です。ある地形を描写する等

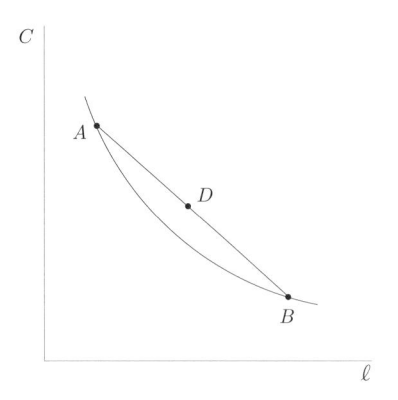

図 **2.4** 凸型の無差別曲線

高線図で等高線同士が交わることはありません。同様に、無差別曲線同士が交わることはありません。

2.1.3 制約条件下の効用最大化問題

効用関数を用いることにより、労働者の意思決定問題を次のような**制約条件下の効用最大化問題**として定式化でき、分析も比較的に簡単となります。

$$Max \ U(\ell, C) \tag{2.7}$$
$$\text{subject to} \quad PC + w\ell = wT + I$$
$$0 \leq \ell \leq T$$

ここで「Max 〜subject to…」とは「… の制約条件下で〜を最大化する」という意味です。労働者は、制約条件下で効用を最大化するように、ℓ と C の値を選びます。ℓ と C は、モデルの解としてその値が決まる内生変数です。

2.1.4 余暇に対する需要量、消費財に対する需要量、労働供給量の決定

以上で労働者の意思決定問題を記述し終えました。以下では、労働者がこの問題の解である余暇の需要量（したがって労働供給量）と消費財の需要量をどのように決めるかを分析します。その結果、予算制約式の他に、限界原理と呼ばれる重要な**行動方程式**が成り立つことが明らかになります。

制約条件化下の効用最大化問題は、機会集合と無差別曲線図を重ね合わせ、

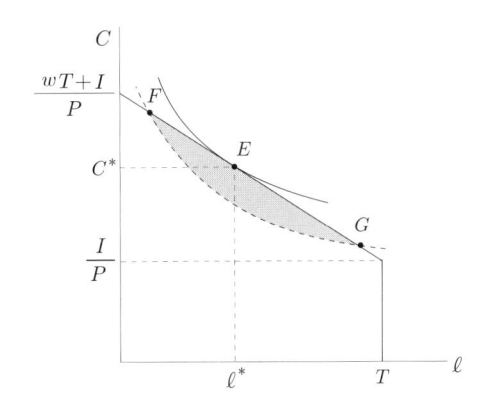

図 **2.5** 制約条件下の効用最大化

図による分析もできます。本書では、機会集合・無差別曲線図を用いた分析を主として行います。

図 2.5 は機会集合と無差別曲線図を重ね合わせています。労働者の意思決定問題は、機会集合に属する点の中から最も高い効用を生む点を選ぶことです。上述したように、機会集合に属するすべての点を見る必要はなく、予算制約線上の点のみを見れば十分です。労働者の効用は無差別曲線図により見られます。余暇・消費財平面は無数の無差別曲線で埋め尽くされています。そのうちの 1 つが予算制約線と接する点が E です。そのような点 E が存在すれば、労働者は点 E で制約条件化下の効用最大化を達成します。点 E の座標を (ℓ^*, C^*) とすれば、ℓ^* が余暇に対する需要量、C^* が消費財に対する需要量です。**労働供給量は $T - \ell^*$ です**。

点 E が最適な理由は次のように説明できます。図 2.5 で無差別曲線が予算制約線と接する点 E 以外の点 F のような点が最適点になり得るかを考えます。まず、選好に関する完全性の仮定により点 F を通る無差別曲線が存在します。この無差別曲線が予算制約線と接することはありません。接するとしたら点 E で接する無差別曲線と交わることになり、無差別曲線の性質に反するからです。また、点 F は点 E と比べ予算制約線上の左上に位置するので、同様の理由により点 F を通る無差別曲線は予算線を左下から右上へと切ることはなく、左上から右下へと切ります。次に、点 F を通る無差別曲線と予算制約線が囲むレンズ型の領域（斜線部）に着目します。このレンズ型の領域にある点はすべて機

会集合に属するので実現できます。さらに、レンズ型の領域内の点はすべて点 F を通る無差別曲線よりも上にあるので、点 F よりも好まれます。実現可能でかつ点 F よりも好ましい点があるということは、点 F が制約条件化で効用を最大化しないことを示しています。予算制約線上の点でその点を通る無差別曲線がこのようなレンズ型の領域を作らないのは、その点を通る無差別曲線が予算制約線と接する場合のみです。したがって、無差別曲線の 1 つが予算制約線に接するような点 E がある場合には、そのような点が最適点となります。

いま説明したことを余暇の限界費用と限界効用の面から見てみるとさらなる示唆が得られます。点 F での予算制約線の傾きと無差別曲線の傾きを比べると、絶対値で前者が後者よりも小さくなっています。前者が余暇の限界費用、後者が余暇の限界効用であり、両者は消費財単位で測られているので比較できます。余暇の限界費用が余暇の限界効用よりも低いので、余暇を追加すれば純効用 ＝ 効用 － 費用を高められ、点 F は最適点ではないことがわかります。逆に、点 G のように予算制約線の傾きが無差別曲線の傾きよりも大きい点では、余暇の限界費用が余暇の限界効用よりも高いので、余暇を減らせば純効用を高められ、点 G は最適点ではないことがわかります。予算制約線上の点でその点を通る無差別曲線の傾きが予算制約線の傾きと等しくなるのは、その点を通る無差別曲線が予算制約線に接する場合のみです。したがって、さきほどとまったく同じ結論が得られます。点 E では余暇の消費財に対する相対価格と余暇の消費財に対する限界代替率が等しいとも表現できます。

このように、無差別曲線が予算制約線と接する点 E が存在する場合には、それが最適点となります。そのような点を次に紹介する異なるタイプの最適点と区別するために**内点解**と呼びます。以上から内点解 E は次の 2 つの方程式を満たすことがわかります。

$$PC^* + w\ell^* = wT + I \tag{2.8}$$

$$MRS_{\ell C}(\ell^*, C^*) = w/P \tag{2.9}$$

(2.8) 式は、**予算制約式**を (ℓ^*, C^*) が満たすことを表します。これは点 E が予算制約線上にあることを表します。(2.9) 式は、**限界原理**と呼ばれるもので、労働者の行動原理を描写する重要な方程式です。まず (2.9) 式の右辺の w/P は余暇と消費財の相対価格で、余暇の限界費用（を消費財単位で測ったもの）を

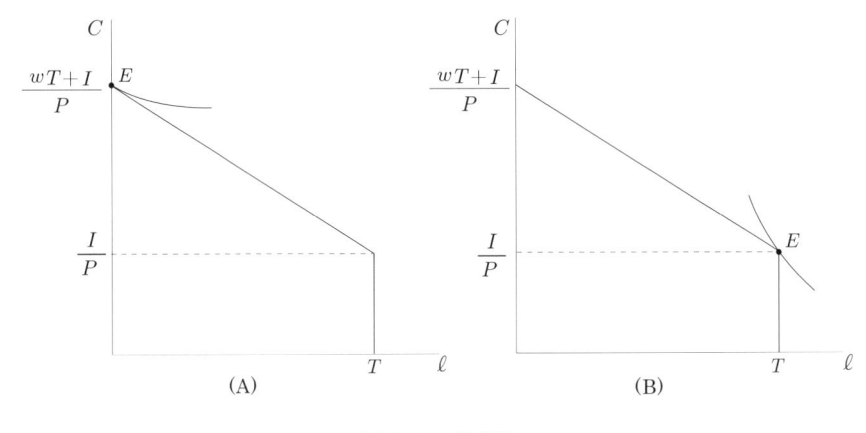

図 **2.6** 端点解

表します。左辺の $MRS_{\ell C}(\ell^*, C^*)$ は (ℓ^*, C^*) での**余暇の消費に対する限界代替率**を意味する記号です。これは余暇の限界効用（を消費財単位で測ったもの）を表します。したがって、(2.9) 式は市場で決まる余暇の限界費用 w/P と労働者が評価する余暇の限界効用 $MRS_{\ell C}$ が等しくなるように、(ℓ^*, C^*) が選ばれることを表します。これは、点 E で（無差別曲線の傾きの絶対値である）限界代替率が（予算制約線の傾きの絶対値である）相対価格に等しくなることを表します。

予算制約下での効用最大化が無差別曲線と予算制約線と接しない点で達成されることもあります。(2.8) 式が成立し (2.9) 式が成立しないような解を**端点解**、または**コーナー解** (corner solution) と呼びます。図 2.6 が示す 2 種類の端点解があります。パネル A では、労働者は予算制約線の傾きよりも傾きが絶対値で小さい無差別曲線で示される選好を持っています。このため、効用最大化は予算制約線の左上端点で達成されています。このとき、労働者は余暇に時間を費やすことなく、総時間のすべてを労働に費やし、最大限可能な消費をしています。無差別曲線の傾き（余暇の限界効用）が予算制約線の傾き（余暇の限界費用）よりも小さいので、労働者は余暇を減らし消費財を増やすようにします。しかし、余暇をゼロまで減らしても無差別曲線の傾きが予算制約線の傾きよりも小さいので、左上端点が効用最大化点となります。例えば、「ワークホリック」(workholic) の労働者は、予算制約線の傾きよりも傾きが絶対値で小さい無差別曲線で示される選好を持つと考えられます。予算制約線の傾きを与えられたもの

とすれば、労働者の選好が消費財に偏っていると解釈できます。見方を変え、無差別曲線の傾きを与えられたものとすれば、実質賃金が高いと解釈できます[1]。

パネル B では、労働者は予算制約線の傾きよりも傾きが絶対値で大きい無差別曲線で示されるような選好を持っています。このため、予算制約下での効用最大化は予算制約線の右下端点で達成されています。このとき、労働者は労働することなく、総時間をすべて余暇に費やし、非労働所得のみを用いて消費財を購入しています。無差別曲線の傾き（余暇の限界効用）が予算制約線の傾き（余暇の限界費用）よりも大きいので、労働者は余暇を増やし消費財を減らすようにします。しかし、余暇を総時間まで増やしても無差別曲線の傾きが予算制約線の傾きよりも大きいので、右下端点が効用最大化点となります。例えば、働く機会が与えられていても働かない労働者は、予算制約線の傾きよりも傾きが絶対値で大きい無差別曲線で示されるような選好を持つと考えられます。労働者の選好が余暇に偏っているという解釈もできますし、実質賃金が低いという解釈もできます。

再び、内点解を考えることにしましょう。(2.8) 式と (2.9) 式は労働者の行動を**予測**する上で有用です。この 2 つの方程式にさらなる分析を加えれば、賃金、消費財の価格、非労働所得、総時間といった外生変数の変化が内生変数である余暇に対する需要量、消費財に対する需要量、労働供給量を増やすか、減らすか、変えないかといった質的分析ができるからです。このような分析を**比較静学分析**と呼びます。次節では、内点解を仮定し、比較静学分析を扱います。

2.1.5 比較静学分析

ここでは、非労働所得の増加、賃金の上昇、消費財価格の上昇の順に、外生変数の変化が内生変数である余暇需要量、消費財需要量、労働供給量に与える**質的効果**を**予測**します。理論分析では「効果」という言葉を「影響」という意味でよく用います。「質的効果」の分析では変化の方向（増加、減少、変化）のみを扱います。「質的効果」は「定性的効果」とも呼ばれます。これに対し、「量的効果」の分析では変化の量を扱います。

---

[1] 次節で見るように、余暇が正常財であるという仮定の下では、非労働所得が低いという解釈もできます。

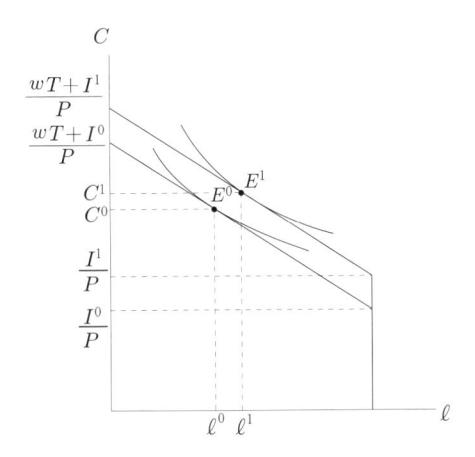

図 **2.7** 非労働所得増加の効果

非労働所得の効果

まず、非労働所得の増加の各内生変数に与える効果を分析しましょう。非労働所得は I^0 から I^1 へと増えるものとします。このように、変数に変化が起こるときには、添え字を付け、変化前と変化後の値の違いを明らかにすることが分析を明瞭にします。また、外生変数のうち、非労働所得のみが変わると仮定します。分析結果は、その他の条件が同一であるときに非労働所得の増加の効果を示すことになります。以下では図による分析を紹介した後で数式による分析を紹介します。

図 2.7 は、非労働所得が I^0 から I^1 へと増えるときに機会集合に生じる変化を示しています。予算制約線は外側へ**平行移動（シフト）**します。平行移動のことを理論分析ではシフトと呼びます。平行移動であることは、予算制約線の傾き w/P が変わらないことからわかります。外側へ平行移動することは、予算制約線の縦軸の切片が $(wT+I^0)/P$ から $(wT+I^1)/P$ へと上がることからわかります。変化前の最適点は E^0 です。変化後の予算制約線と無差別曲線の1つが接する点があれば、その点が変化後の最適点となります。図には変化後の最適点 E^1 とその点を通る無差別曲線が描かれています。変化前の余暇需要量と消費財需要量は、点 E^0 の座標である ℓ^0 と C^0 で表されます。変化後のそれらは点 E^1 の座標である ℓ^1, C^1 で表されます。

変化が起きているのは予算制約線のみであり、無差別曲線図には一切変化が

起きていません。制約条件には変化が起きていますが、労働者の選好を表す無差別曲線図は変化していません。この図で無差別曲線が「移動した」と思う読者は、無差別曲線図を理解していない可能性が大です。

変化後の最適点 E^1 は変化前の最適点 E^0 を通る垂直線と比較して左右どちらにでも位置する理論的可能性がありますが、通常は右に位置します。右に位置する場合には、非労働所得の増加により余暇に対する需要が増える選好を労働者が持っています。これはデータ上通常観察されるケースなので、この選好を表すのに「余暇は**正常財**である」と表現します。つまり、正常財とは非労働所得と需要量が同方向に変わる場合を指します。逆に、左に位置する場合には、非労働所得の増加にもかかわらず余暇に対する需要が減る選好を労働者が持っています。このような選好を表すのに「余暇は**劣等財**である」と表現します。つまり、劣等財とは非労働所得と需要量が逆方向に変わる場合を指します。以下では、余暇は正常財であると仮定します。

非労働所得の増加は労働供給量を減らします。余暇需要量と労働供給量の和は一定の総時間に等しくなければならないので、余暇需要量が増えるときには労働供給量は減るはずだからです。

変化後の最適点 E^1 は変化前の最適点 E^0 を通る水平線と比較して上下どちらにでも位置する理論的可能性がありますが、通常は上に位置します。上に位置する場合には、非労働所得の増加により消費財に対する需要が増えるような選好を労働者が持っている場合に相当します。このような選好を表すのに「消費財は正常財である」という表現をし、以下ではこれを仮定します。

非労働所得の増加は、余暇需要量と消費財需要量を増やし、労働供給量を減らすことが以上の分析からわかりました。非労働所得の減少は、正反対の効果を持ちます。

さて、以上の分析は予算制約線と無差別曲線図により行いましたが、内点解が満たすべき予算制約式と限界原理による分析もできます。変化前の最適点 E^0 での余暇需要量 ℓ^0 と消費財需要量 C^0 は (2.8) 式の予算制約式と (2.9) 式の限界原理を満たすので次式が成立します。

$$PC^0 + w\ell^0 = wT + I^0 \tag{2.10}$$

$$MRS_{\ell C}(\ell^0, C^0) = w/P \tag{2.11}$$

(2.10) 式では、非労働所得が変化前の値である I^0 となっています。いま、非労働所得が I^1 になったにもかかわらず、労働者が変化前の余暇需要量 ℓ^0 と消費財需要量 C^0 を選択したとします。労働者がそのような選択をすることはありませんが、仮にそのような選択をしたらどのような経済的インセンティヴ（誘因）が働き、どのように選択を変えるかを見たいのです。この場合、(2.10) 式の左辺には変化が起きませんが、右辺の非労働所得の項が大きくなるので、等号は成立しなくなり、次式が成立します。

$$PC^0 + w\ell^0 < wT + I^1 \tag{2.12}$$

一方、(2.11) 式には非労働所得が含まれていないので変化がありません。

この状況で労働者には、これまでとどのように異なるインセンティヴが与えられるかを考えます。(2.12) 式から明らかなように、変化前の余暇需要量 ℓ^0 と消費財需要量 C^0 を選び続けたのでは、所得が余ってしまいます。余暇と消費は財なので、余った所得を余暇か消費にあてれば効用を増せます。言い換えれば、変化前の余暇需要量 ℓ^0 と消費財需要量 C^0 を選択し続けることは、もはや最適ではありません。余暇か消費財の少なくとも一方が増えねばなりません。上で仮定したように、余暇も消費財も正常財であれば、余暇需要量も消費財需要量も増えます。このように、予算制約式が成立しなくなることによるインセンティヴの変化が引き起こす需要量の変化を**所得効果**と呼びます。

一方、(2.9) 式には変化がないので、この式の変化を通じたインセンティヴの変化はありません。もし (2.9) 式のような（相対価格を式の一部に含む）限界原理が成立しなくなり、それによりインセンティヴが変わり、需要量が変わる場合には、それを**代替効果**と呼びます。現在の場合、代替効果はありません。非労働所得の変化の効果の特徴は、所得効果のみであり、代替効果がないことです。

図 2.7 の E^0 から E^1 への移動を**観察される効果**と呼びます。非労働所得の変化前と変化後で労働者を観察したときに、観察される効果だからです。観察される効果は所得効果と代替効果の和となるので、**総合効果**とも呼ばれます。非労働所得の変化は代替効果を引き起こさないので、総合効果は所得効果に等しくなり、両者とも図 2.7 の E^0 から E^1 への移動、余暇需要量の ℓ^0 から ℓ^1 への増加、消費財需要量の C^0 から C^1 への増加です。余暇需要量と労働供給量の和は一定の総時間に常に等しいので、労働供給量は余暇需要量が増えた分だけ減ります。

賃金の効果

次に賃金の上昇が余暇需要量、消費需要量、労働供給量に与える効果を分析しましょう。今度は、数式による分析の後で図による分析を行います。

賃金が w^0 から w^1 へ上がったとします。変化前の最適点 E^0 での余暇需要量 ℓ^0 と消費財需要量 C^0 は (2.8) 式の予算制約式と (2.9) 式の限界原理を満たすので次式が成立します。

$$PC^0 + w^0\ell^0 = w^0T + I \qquad (2.13)$$

$$MRS_{\ell C}(\ell^0, C^0) = w^0/P \qquad (2.14)$$

(2.13) 式では、賃金が変化前の値である w^0 となっています。いま、賃金が w^1 になったにもかかわらず、労働者が変化前の余暇需要量 ℓ^0 と消費財需要量 C^0 を選択したとします。この場合、(2.13) 式の変化は両辺に生じています。左辺の「余暇への支出」の項 ($w^0\ell^0$) が大きくなると同時に右辺の「総時間の市場価値」の項 (w^0T) が大きくなります。余暇は総時間の一部なので右辺の変化が左辺の変化を上回ります。もはや等号は成立しなくなり、次式が成立します。

$$PC^0 + w^1\ell^0 < w^1T + I \qquad (2.15)$$

(2.14) 式でも賃金が変化前の値である w^0 となっています。いま、賃金が w^1 になったにもかかわらず、労働者が変化前の余暇需要量 ℓ^0 と消費財需要量 C^0 を選択したとします。この場合、(2.14) 式の左辺には変化が起きませんが、右辺が大きくなるので、もはや等号は成立しなくなり、次式が成立します。

$$MRS_{\ell C}(\ell^0, C^0) < w^1/P \qquad (2.16)$$

まず、(2.15) 式が労働者に与える所得効果を通じたインセンティヴを考えましょう。(2.15) 式から明らかなように、変化前の余暇需要量 ℓ^0 と消費財需要量 C^0 を選び続けたのでは、所得が余ってしまいます。ここで注意してほしいのは、余暇の価格である賃金が上がったにもかかわらず、実質的な総所得の増加が生じているということです。賃金は余暇の価格であると同時に総時間の市場価値を評価する際に用いられる価格でもあるため、賃金が上がると総時間の市場価値上昇という新たな効果が加わるからです。実質的な総所得の増加が生じているので、正常財の仮定の下では余暇需要量と消費財需要量を増やすインセ

ンティヴが働きます。

　次に (2.16) 式が労働者に与える代替効果を通じたインセンティヴを考えましょう。(2.16) 式から明らかなように、変化前の余暇需要量 ℓ^0 と消費財需要量 C^0 を選び続けたのでは、余暇の限界効用（を消費財単位で測ったもの）が余暇の限界費用（を消費財単位で測ったもの）を下回ってしまいます。消費財の限界効用は消費財の限界費用を上回ってしまっています。限界効用は逓減するので、労働者には余暇需要量を減らし、消費財需要量を増やすことで効用を（何もしない場合の効用と比べ）高めようとするインセンティヴが働きます。

　正常財の仮定の下では賃金上昇が余暇需要量と労働供給量に与える総合効果は不明です。正常財の仮定の下では余暇需要量は所得効果により増えるものの、少なくとも部分的には代替効果により相殺されます。その結果、最終的な余暇需要量は増えることもあれば減ることもあります。したがって労働供給量が減るか増えるかもわかりません。

　賃金上昇にもかかわらず労働供給量が増えない可能性がある理由を直感的に理解しておくことは重要です。もしあなたが賃金上昇は労働供給量増加を必ず促すはずだと考えているとしたら、代替効果のみに着目し所得効果を忘れている可能性が大です。確かに賃金上昇は余暇の機会費用 w/P（限界費用を消費財単位で測ったもの）を上げるので、代替効果により余暇需要量を減らし労働供給量と消費財需要量を増やすインセンティヴを与えます。しかし賃金上昇は同時に労働者の「資産」である総時間の市場価値 (wT) を余暇に対する「支出」($w\ell^0$) よりも上げるので、所得効果により（正常財の仮定の下では）余暇需要量と消費財需要量を増やし労働供給量を減らすインセンティヴを与えます。つまり、潜在的により裕福になったので消費財のみでなく余暇も多く楽しみたいと思うようになるわけです。この所得効果と反対に働く代替効果のため、余暇需要量と労働供給量は変化の方向が定まらないのです。

　正常財の仮定の下では賃金上昇は消費財需要量を増やす総合効果を持ちます。正常財の仮定の下では消費財需要量は所得効果により増えます。代替効果により消費財需要量はさらに増えるので最終的な消費財需要量は確実に増えます。

　それでは、次に賃金上昇が余暇と消費財需要に与える効果を図により分析しましょう。図 2.8 は賃金上昇に伴い、予算制約線は機会集合の右上角点を中心に**時計回りに回転**することを示しています。これは回転方向と回転の中心を計

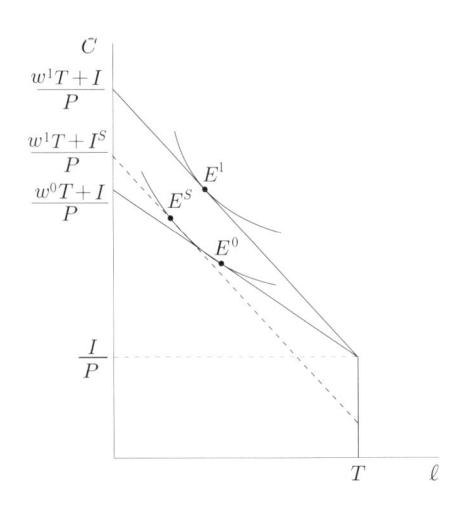

図 2.8　賃金上昇の代替効果・所得効果

算してみればわかります。まず、予算制約線の傾きの絶対値は一般に w/P です。これが w^0/P から w^1/P へと大きくなっていることから、予算制約線の回転方向は時計回りです。次に機会集合の右上角点の座標は一般に $(T, I/P)$ です。これは w の上昇による影響を受けないことがわかります。このことから予算制約線は機会集合の右上角点を中心として回転することがわかります。そうであれば予算制約式の縦軸の切片は上がり、横軸の切片は下がるはずなので、念のためこれらも求めてみましょう。前者は一般には $(wT + I)/P$ なので、確かに $(w^0T + I)/P$ から $(w^1T + I)/P$ へと上がっています。後者は一般には $T + I/w$ なので、確かに $T + I/w^0$ から $T + I/w^1$ へと下がっています。

図 2.8 の E^0 から E^S への移動は代替効果を表しています。まず、変化後の予算制約線と同じ傾き（変化後の余暇の限界費用 w^1/P）を持ち、かつ変化前の最適点 E^0 を通る無差別曲線に接するような架空の予算制約線を描き入れ、無差別曲線との接点を E^S とします。架空の予算制約線は、変化前の最適点 E^0 を通る無差別曲線に接するので、労働者は接点 E^S を選択すれば変化前と同じ効用を達成できます。その意味で架空の予算制約線下では、労働者は賃金上昇により享受した実質的な非労働所得の増加をマイナス補償した（差し引かれた）所得 I^S を得ています。もう 1 つ重要なのは、架空の予算制約線は変化後の予算制約線と同じ傾きを持っているので、賃金上昇による余暇の限界費用の上昇

を反映していることです。つまり、架空の予算制約線はマイナスの所得補償が行われているときに余暇の限界費用が上がるという、まさに代替効果が想定する状況を示しています。このとき労働者は、架空の予算制約線が無差別曲線の1つと接する点 E^S を最適点として選ぶはずです。これから代替効果は E^0 から E^S への移動として表せることがわかります。

図 2.8 の E^S から E^1 への移動は所得効果を表しています。架空の予算制約線と現実の変化後の予算制約線を比較すると傾きが同じなので、両者の間では余暇の限界費用は一定に保たれていることがわかります。両者の間の違いは実質的な非労働所得です。架空の予算制約線上ではマイナスの所得補償が行われているので、現実の変化後の予算制約線上よりも非労働所得が少なくなります。いま、架空の予算制約線上で E^S を最適点として選択した労働者を考えてみてください。現実には労働者はマイナスの所得補償のある架空の予算制約線上の点を選ぶ必要はなく、実質的な非労働所得の増加を経験し、現実の変化後の予算制約線上へ移動できます。これは、まさに所得効果が想定する状況にあたります。ここで正常財の仮定を用います。余暇と消費財は正常財なので実質的な非労働所得の増加に伴い需要量が増えなければなりません。このため図 2.8 では点 E^1 が点 E^S の右上方向に来るように描かれています。これから所得効果は E^S から E^1 への移動として表せることがわかりました。

図 2.8 の E^0 から E^1 への移動が実際に観察される総合効果を表しています。E^0 から E^1 への移動（総合効果）は、E^0 から E^S への移動（代替効果）と E^S から E^1 への移動（所得効果）の和です。図 2.8 では、賃金上昇の総合効果は余暇需要量を減らすように描かれています。代替効果により余暇需要量が減り、正常財の仮定の下で所得効果により余暇需要量が増えます。図 2.8 の例では前者が後者を絶対値で上回っているために、総合効果では余暇需要量が減っています。もし後者が前者を上回るのであれば、余暇需要量は増え労働供給量は減ります。図 2.8 では、余暇需要量と労働供給量の和は一定の総時間なので、労働供給量は増えています。総合効果は消費財需要量を増やすよう描かれています。これは代替効果で増えた消費財需要量を正常財の仮定の下で所得効果がさらに増やすように働くからです。

消費財価格の効果

消費財価格の効果も同様に分析できます。ここでは、結果のみ述べます。

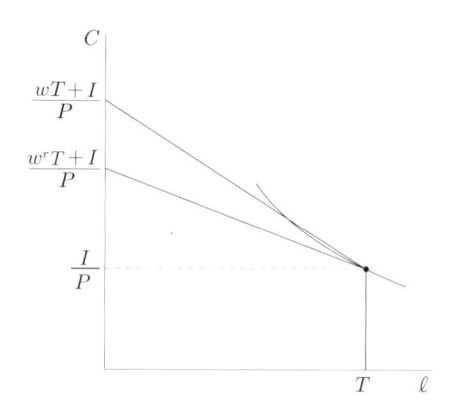

$$
\begin{array}{c}
C \\
\frac{wT+I}{P} \\
\frac{w^rT+I}{P} \\
\frac{I}{P}
\end{array}
\qquad T \quad \ell
$$

図 **2.9** 賃金上昇の労働力率に対する効果

　正常財の仮定の下では消費財価格の上昇が余暇需要量と労働供給量に与える効果は不明です。正常財の仮定の下では余暇需要量は所得効果により減るものの少なくとも部分的には代替効果により相殺されます。その結果、最終的な余暇需要量は減ることもあれば増えることもあります。余暇と労働供給の和は一定の総時間にならねばならないので、労働供給量は増えることもあれば減ることもあります。

　正常財の仮定の下では消費財価格の上昇は消費財需要量を減らします。正常財の仮定の下では消費財需要量は所得効果により減ります。代替効果により消費財需要量はさらに減るので、最終的消費財需要量は確実に減ることになるのです。

労働力率に対する効果

　上の分析では、賃金、消費財価格、非労働所得が変わる前の労働供給時間が正であり、労働市場への参加がある（内点解である）と仮定していました。労働市場への参加・不参加を分析するには、不参加に対応する予算制約線上の右下端点を考慮する必要があります。労働者が端点を選ぶのは、図 2.9 で予算制約線の傾きの絶対値（余暇の限界費用）が、端点を通る無差別曲線の端点での傾きの絶対値（総時間を余暇に費やしたときの余暇の限界効用）よりも小さいときです。図 2.9 には、予算制約線の傾きが、端点を通る無差別曲線の端点での傾きに等しくなり、労働者が労働市場への参加と不参加の間で無差別となる

状況も描かれています。このときの賃金 w^r を**留保賃金**と呼びます。

上の分析では、すでに労働市場に参加する労働者の労働供給時間に対し、賃金上昇が与える効果は不明であることを示しました。しかし、賃金上昇は、労働者の労働力率を高めることを示せます。賃金 w が留保賃金 w^r を上回れば、労働者は、労働市場への参加を選びます。賃金 w が留保賃金 w^r を上回れば、予算制約線と無差別曲線で囲まれたレンズ型の領域が端点の左側に生じるので、労働者は正の労働供給時間を選び、労働市場へ参加するようになります。

正常財の仮定の下では、非労働所得の増加が労働力率を下げる効果を持つのは、明らかです。なお、詳細は示しませんが、消費財価格の上昇が労働力率に与える効果は不明です。

0 次同次性

賃金、消費財価格、非労働所得が同一割合で上がった場合には、余暇需要量、労働供給量、消費財需要量には変化がありません。余暇需要、労働供給、消費財需要のこの性質を、(賃金、消費財価格、非労働所得についての) **0 次同次性**と呼びます。これは、(2.8) 式の労働者の意思決定問題で P, w, I が同一割合で上がっても予算制約式には変わりがないことから明らかです。

反証可能命題

静学的労働供給モデルの理論分析から得られた予測を要約するには、次式のように内生変数を外生変数の関数として表し、各外生変数の効果を「+」、「−」、「0」、「?」で下に記すと便利です。順に、正の効果がある (増やす)、負の効果がある (減らす)、効果がない、効果が不明という意味です。

$$\ell = \ell(w, P, I) \atop ?, \ ?, \ + \tag{2.17}$$

$$L = L(w, P, I) \atop ?, \ ?, \ - \tag{2.18}$$

$$LFP = LFP(w, P, I) \atop +, \ ?, \ - \tag{2.19}$$

$$C = C(w, P, I) \atop +, \ -, \ + \tag{2.20}$$

例えば、(2.20) 式は労働供給量 L を 3 つの外生変数 w, P, I の関数 L として表しています。w の効果が不明、P の効果も不明、I の効果が負であることを示します。なお、LFP は労働力率です。これらのほかに、労働供給量、余暇需要量、消費需要量が 0 次同次であるという予測があります。

理論的予測の中には、データにより決して反証されることのない予測と潜在的に反証され得る予測の 2 種類があります。前者を**反証不可能な命題**、後者を**反証可能な命題**と呼びます。まず、労働供給量に関する予測を見ると、賃金と消費者財価格の効果は不明なので、データから正の効果、負の効果、ゼロの効果のいずれが確認されても理論は必ずデータと整合的となってしまいます。このように、データにより決して反証されることのない命題は、理論モデルの妥当性を評価する上でまったく役立ちません。非労働所得が労働供給量と労働力率に負の効果を与えるという理論的予測、賃金が労働力率に正の効果を与えるという理論的予測、労働供給量が 0 次同次であるという理論的予測は、データにより反証可能な命題であり、理論モデルの妥当性の評価に役立ちます。また、消費財需要量に対する賃金、消費財価格、非労働所得の効果を見ると、いずれも明確な理論的予測があり、反証可能な命題を提示しています。

2.2 市場の労働供給曲線・労働供給の弾力性

市場の労働供給曲線は、個々の労働者の労働供給曲線の各点を水平方向に合計することで得られます。図 2.10 は、市場が 3 人の労働者 (A, B, C) から成る場合に、個々の労働者の労働供給曲線 L_{SA}, L_{SB}, L_{SC} と市場の供給曲線 L_{SM} との関係を示します。例えば、賃金が w^1 のときには、労働者 A、B、C の労働供給量は L^A、L^B、L^C であり、市場全体の労働供給量 L^M はそれらの和に等しくなります。

労働供給の（賃金）弾力性は、賃金の変化により生じる労働供給量の変化の度合いを測る尺度で、次式のように労働供給量の変化率と賃金の変化率の比として定義されます。

$$\varepsilon_{L,w} = \frac{\Delta L/L}{\Delta w/w} \tag{2.21}$$

ここで、Δw は w の変化分、ΔL は（w の変化分により引き起こされる）L の

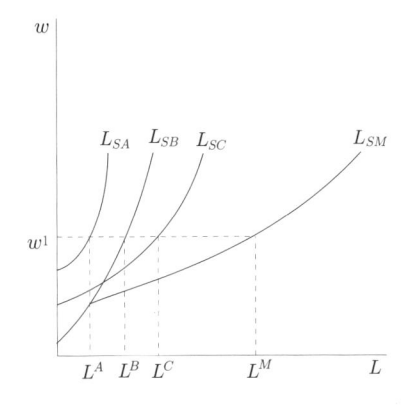

図 2.10 市場の労働供給曲線

変化分、という意味です。変化率の比を用いることにより、L, w を測る単位とは独立の尺度が得られます。労働供給には、個々の労働者のものと市場のものがあるので、労働供給の弾力性も 2 種類あります。

練習問題

1. 選好に関する推移性の仮定を用い、どの 2 つの無差別曲線も交差しないことを証明しなさい。
2. 静学的労働供給モデルを用い、正常財の仮定の下で消費財価格の上昇が労働力率に与える効果を分析しなさい。
3. 静学的労働供給モデルを用い、図 1.2 が示す年齢以外の要因による労働力率の変化を説明する仮説を立てなさい。

参考文献

[72] には、労働供給に関する詳細な説明があります。日本の労働供給に関する実証研究は、次章で紹介します。

3章

労働供給(発展編)

　この章では、静学的労働供給モデルの応用例を紹介し、次に静学的労働供給モデルの拡張モデルである家計内生産モデルと応用例を紹介します。静学的労働供給モデルは、労働者の暮らしに直接的な影響を与える福祉制度、年金制度、税制度などの効果を理解する上で役立ちます。例えば、生活保護制度、失業保険制度（雇用保険制度）、親との同居などが労働供給を減らすようなディスインセンティヴ効果を持つことを理解できるようになります。また、家計内生産モデルは、労働、結婚、出産、育児に関する行動を理解する上で役立ちます。例えば、政府の子育て支援政策の出生率に対する効果や男女の賃金格差の縮小が婚姻率を低下させる効果を持つことなどを理解できるようになります。

3.1 静学的労働供給モデルの応用

　静学的労働供給モデルの応用例として、生活保護制度の労働供給に対する効果と年金制度改革の退職年齢に対する効果を取り上げます。

3.1.1 生活保護制度の労働供給に対する効果

　生活保護制度は、生活困窮状態にある労働者に対し、最低限の生活水準を保障することを目的とし、それに必要な所得と労働者の実際の所得との間の差額を政府が支給する制度です。まず、生活保護制度のない状況を考え、制度導入が労働供給のインセンティヴ (incentive) を損なうことを示します。

　生活水準を実質総所得、すなわち消費財の消費量で表すとします。生活水準

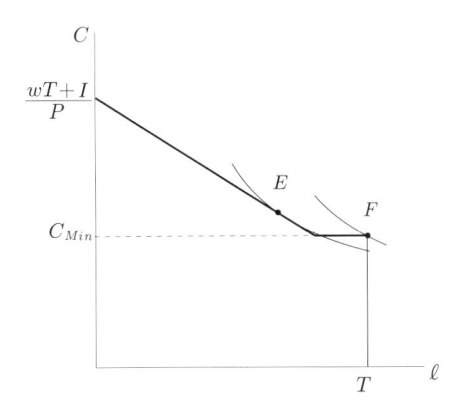

図 **3.1** 生活保護制度の効果

は、効用で測られるべきですが、労働者間の比較が可能な形で効用を測ることはできません。政府は最低生活水準を消費財の消費量 C_{Min} で定義するとします。

生活保護制度がないときの制約は、通常の時間制約 (3.1) 式と予算制約 (3.2) 式です。

$$\ell + L \leq T \tag{3.1}$$

$$PC \leq w(T-\ell) + I \tag{3.2}$$

図 3.1 は、生活保護制度がないときに労働者が選ぶ点 E で消費財の消費量 C^0 が最低生活水準 C_{Min} を上回る状況を示しています。生活保護制度の導入はこの労働者の行動をも変え得ることを示します。

応用分析では制約を正確に数式表現することが重要です。生活保護制度が導入されたときの予算制約は (3.3) と (3.4) 式の 2 式の組み合わせとなります。

$$PC \leq PC_{Min} \quad \text{if} \quad w(T-\ell) + I < PC_{Min} \tag{3.3}$$

$$PC \leq w(T-\ell) + I \quad \text{if} \quad w(T-\ell) + I \geq PC_{Min} \tag{3.4}$$

(3.3) 式は、総所得 $w(T-\ell) + I$ が名目最低生活水準 PC_{Min} に満たない場合には、生活保護制度により総所得が名目最低生活水準 PC_{Min} にまで引き上げられるよう補填され、消費財の消費 PC はその範囲で可能と述べています。(3.4) 式は、総所得 $w(T-\ell) + I$ が名目最低生活水準 PC_{Min} 以上の場合には、生活保護制度による所得の補填はなく、消費財の消費 PC は労働者自身の総所

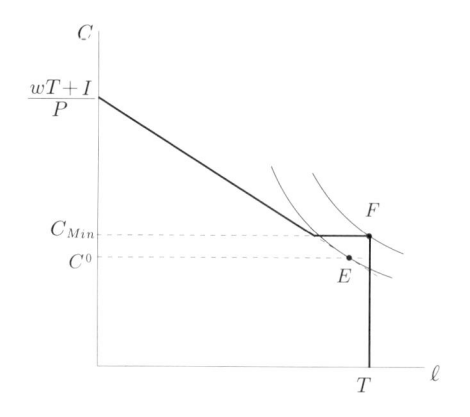

図 3.2 生活保護制度のディスインセンティヴ効果

得 $w(T-\ell)+I$ の範囲で可能と述べています。

図 3.1 は、これらの数式で示される生活保護制度の下での労働者の予算制約を太線で示しています。生活保護制度がない状況で点 E を選択した労働者の点 E を通る無差別曲線が予算制約の右端の点 F の下を通るように描かれています。したがって、この労働者は、点 E よりも点 F を好みます。予算制約線上のすべての点は、点 F を通る無差別曲線よりも左下にあるので、点 F が予算制約下の効用最大化点です。最低生活水準以上の所得を得ていた労働者が生活保護制度の導入により、働くのを止め、生活保護を受け、最低生活水準の消費財と最大限の余暇を選ぶようになります。このように、生活保護制度は労働へのインセンティヴを減らします。しかし、生活保護制度が労働インセンティヴを減らさない状況もあります。点 E を通る無差別曲線が点 F の上を通る場合には、労働者は点 E を選択し続けるでしょう。ただし、生活保護制度導入が労働インセンティヴを増すことはありません。

図 3.2 は、生活保護制度がないときに労働者が選ぶ点 E で消費財の消費量 C^0 が最低生活水準 C_{Min} を下回る状況にあった場合を示しています。生活保護制度の導入は、労働インセンティヴを減らし、労働者に点 F を選択させます。

このように、生活保護制度は労働のインセンティヴを損ないますが、それのみを理由に生活保護制度を否定すべきではありません。生活保護制度は、最低限の生活水準を保障する目的を果たすことを見逃してはなりません。どのように、労働のインセンティヴを損なうことなく、最低限の生活水準を保障するか

は、重要な政策課題です。

最後に、このモデルで生活保護を若年労働者に対する親の経済支援と読み替えてみましょう。親は、子に対して親との同居を認めたり、仕送りをできますが、無条件の経済支援は、生活保護と同じ効果をもたらします。比較的に経済的に恵まれた家庭に育ち、親との同居が可能な若年労働者がニート化するのは、彼らにとっては経済合理的な行動なのかもしれません。また、生活保護を失業保険（雇用保険）に読み替えれば、失業時に受給できる失業保険は、労働のインセンティヴを損ない、失業を生む可能性のあることがわかります。

3.1.2 年金制度改革の退職年齢に対する効果

静学的労働供給モデルは、総時間の余暇時間と労働供給時間への配分を決定するモデルです。総時間を（労働市場参入時から死亡時までの）総年数と考えれば、総年数の（退職後の）余暇年数と（退職前の）労働供給年数への配分を労働市場参入時で決定するモデル、すなわち退職年齢を決定するモデルと読み替えられます。

まず、静学的労働供給モデルの読み替えに必要な修正点について説明します。第一に、労働者は、労働市場参入時年齢 T^1 から死亡時年齢 T^2 までの総年数 $T(= T^2 - T^1)$ を知っており、労働市場に初めて参入する時点で、総年数の（退職後の）余暇と（退職前の）労働への配分に関する意思決定を行うとします。これは、静学的労働供給モデルで労働者が総時間を知っており、総時間を余暇と労働に配分する前に意思決定を行うのに対応します。現実には、労働者を取り巻く環境は、時間の進行とともに変わるので、労働者は、労働市場初参入時のみでなく、その後も継続して意思決定を見直します。しかし、単純化されたモデルは、将来、より複雑なモデルを理解する際に役立ちます。

第二に、労働者の効用は、総年数中に消費する消費財の総量と余暇の総量だけに依存するとします。これは、静学的労働供給モデルで労働者の効用が総時間中に消費する消費財の総量と余暇の総量のみに依存するのに対応します。実は、この仮定の下では、余暇の総量の一部が退職前に消費されても退職後に消費されても効用に違いは生じないので、余暇は必ずしも退職後に消費される必要はありません。余暇は退職後に消費されるものと仮定することにより、最適な余暇の総量が決まれば、最適な退職年齢が決まります。

以上の仮定の下で、労働者の意思決定問題は、静学的労働供給モデルと同一の次式になります。

$$Max \ \ U(\ell, C)$$
$$\text{subject to} \quad PC + w\ell = wT + I \tag{3.5}$$

最適な余暇年数 ℓ^* が決まれば、死亡時年齢 T^2 から最適な余暇年数 ℓ^* を差し引くことにより最適な退職年齢 (R^*) が決まります。

次に単純な年金制度をモデルに組み込み、年金制度改革の退職年齢 R^* に対する効果について分析しましょう。この種の分析は、年金制度改革に欠かせぬ分析です。なぜならば、年金制度改革により最適退職年齢が変われば、年金保険料収入額と年金支出額が変わり、年金制度の収支バランスが変わるからです。

まず、単純な年金制度を考えましょう。労働者は労働市場参入時年齢 T^1 から一定の年齢 T^3 までの間、毎年一定の年金保険料 c を支払う義務があるとします。労働者は、一定の年齢 T^4 から死亡時年齢 T^2 までの間、毎年一定の年金 b を得るとします。ここで、$T^1 < T^3 < T^4 < T^2$ とします。

この年金制度の下での予算制約式は、(3.6) 式で与えられます。

$$PC + c(T^3 - T^1) \leq w(T - \ell) + I + b(T^2 - T^4) \tag{3.6}$$

労働者は、この制約の下で効用を最大化すべく最適な余暇年数 ℓ^* を決め、間接的に最適な退職年齢 R^* を決めます。

ここで、年金給付開始年齢 T^4 の引き上げが最適な退職年齢 R^* に与える効果を考えましょう。(3.6) 式を書き直すと次式になります。

$$PC + w\ell \leq wT + I + b(T^2 - T^4) - c(T^3 - T^1) \tag{3.7}$$

この式からわかるように、年金制度からの労働者の純収入 $b(T^2 - T^4) - c(T^3 - T^1)$ は、w の値に依存しない形で右辺に入っています。その意味で、年金制度からの労働者の純収入は非労働所得 I と同様に扱えます。もちろんこれは、年金保険料 c、年金保険料納付期間 $T^3 - T^1$、年金給付額 b、年金給付期間 $T_2 - T_4$ が賃金 w や労働所得 $w(T - \ell)$ に依存しないと仮定したためです。

T^4 の引き上げは、非労働所得 I の減少と同様に、所得効果を通じて消費財と余暇に対する需要量を減らします。したがって、最適退職年齢が上がります。

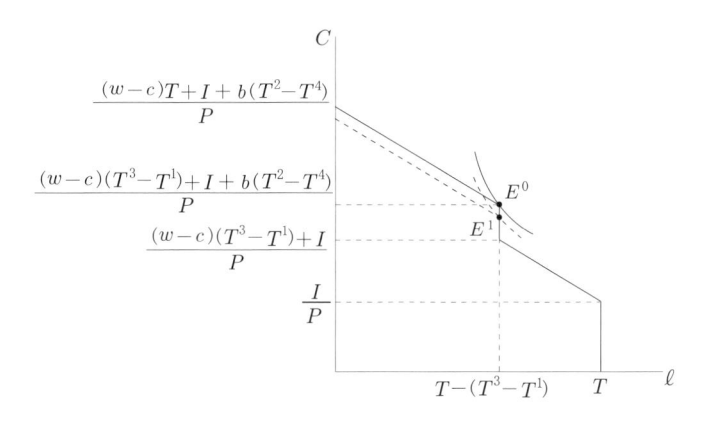

図 3.3 年金制度の効果

同様に、年金給付額 b の減額、年金保険料 c の増額、年金保険料納付年数 $T^3 - T^1$ の延長もそれぞれ所得効果を通じて最適退職年齢を上げます。実質賃金は変わらないので、代替効果はありません。

次に、年金保険料納付年数により将来の年金給付額が異なる制度を考えましょう。先程とは異なり、労働者が年金保険料を納付できるのは働いている $(T - \ell)$ 年間のみであるとします。また、労働者が年金給付 b を受けるためには、年金保険料納付年数が少なくとも $(T^3 - T^1)$ 年間は必要であり、この条件を満たしていない労働者は、年金給付を受けられないとします。

この年金制度の下での予算制約式は、(3.8) (3.9) の両式で与えられます。

$$PC + c(T - \ell) \leq w(T - \ell) + I + b(T^2 - T^4)$$
$$\text{if} \quad T^3 - T^1 \leq T - \ell \tag{3.8}$$

$$PC + c(T - \ell) \leq w(T - \ell) + I$$
$$\text{if} \quad T^3 - T^1 > T - \ell \tag{3.9}$$

図 3.3 は、この年金制度下の予算制約を示しています。(3.8) 式を示す直線は (3.9) 式を示す直線と平行で $b(T^2 - T^4)/P$ だけ上に位置します。労働者の予算制約は、$\ell = T - (T^3 - T^1)$ の左側では (3.8) となり、右側では (3.9) となります。したがって、予算制約は $\ell = T - (T^3 - T^1)$ で非連続となります。

選好次第で、非連続な予算制約の左上の直線部から最適点を選ぶ労働者もい

れば、右下の直線部から最適点を選ぶ労働者もいます。ただ、非連続となる $\ell = T - (T^3 - T^1)$ よりわずかに余暇の多い点を右下の直線部から選ぶ労働者はいません。もし、労働者達の選好が連続に分布するとしたら、多くの労働者が非連続となる $\ell = T - (T^3 - T^1)$ の左上の直線部の右端点 E^0 を選択し、T^3 歳で退職することでしょう。現実の制度でも、そのような節目の年齢で多くの労働者が退職します。

このモデルで、年金給付開始年齢 T^4 の引き上げの効果を考えましょう。(3.8) 式からわかるように、所得効果を通じて最適退職年齢が高まります。非連続点 E^1 を選んでいる労働者は退職年齢を変えない傾向が強いでしょう。

実際の年金制度では、年金制度のパラメーターである b, c, T^2, T^4, T^3, T^1 が賃金、所得、その他に依存し、はるかに複雑です。

3.2　家計内生産モデル

静学的労働供給モデルでは、総時間のうち、働いていない時間は余暇であるとしました。次に紹介する家計内生産モデルでは、労働者は労働市場で働く以外の時間を家事、育児、介護などの家計内での生産活動に費やすと考えます。

家事、育児、介護などにより生産される財やサービスは、市場から購入する財・サービスと労働者の家計内労働を組み合わせて生産されると考えられます。例えば、多くの家庭では、就学前の子供の教育は、幼稚園やビデオ教材などの市場で購入できる財やサービスと家庭での親の教育を組み合わせて行われています。

家計内生産活動の投入と生産との間の技術的関係を示すのが**生産関数**です。生産関数は、**家計内生産労働**を何時間と**市場財・サービス**（以下、「市場財」と略）を何単位とを組み合わせると、何単位の新たな財・サービス（以下、「家計内生産財」と略）を生産できるかといった技術的関係を表します。(3.10) 式は、生産関数を示しています。

$$Q = F(\ell, C) \tag{3.10}$$

ここで Q, ℓ, C はそれぞれ一定期間中の家計内生産財の数量、家計内生産労働時間、家計内生産に投入される市場財の数量を表します。人間に対する教育や訓練により培われる知識やスキルを**人的資本**と呼び、人的資本を増やすための

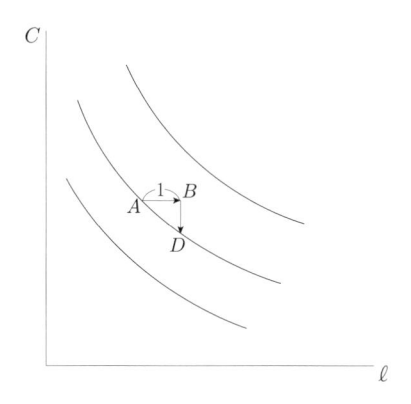

図 3.4　等量曲線図

教育や訓練を人的資本投資と呼びますが、子供の教育の例では、Q が子供の人的資本の増分、ℓ が家庭での親の教育、C が幼稚園や教材などの市場財にあたります。生産関数 F は、一定期間中に家計内生産労働 ℓ 時間と市場財 C 単位を子供の教育に投入すれば、子供の人的資本が Q 単位生産される（増える）ことを示す技術的関数です。

生産関数の等高線図を**等量曲線図**と呼びます。図 3.4 は、等量曲線図を描いています。効用関数の等高線図である無差別曲線図と同様の性質を持っています。第一に、各等量曲線は右下がりです。これは、市場財も家計内生産労働も生産に寄与する財であることを示しています。第二に、ある等量曲線よりも上に位置する点は、等量曲線よりも下に位置する点と比べ、より多くの家計内生産財を生産できます。第三に、等量曲線図は家計内生産労働・市場財平面を埋め尽くします。第四に、どの 2 つの等量曲線も交わることはありません。

等量曲線の傾きも無差別曲線の傾きと同様の解釈と性質を持っています。等量曲線の傾きの絶対値は、**家計内生産労働の限界生産物**（を市場財の単位で測ったもの）という経済学的解釈ができます。図 3.4 で BD 間の距離は、もう 1 単位の家計内生産労働を投入するときに労働者が代わりにあきらめてもよいと考える（同量の家計内生産財の生産が可能である）市場財の量です。これは家計内生産労働の限界生産物を市場財の単位で測ったものと解釈できます。(ℓ, C) での等量曲線の傾きの絶対値は**家計内生産労働の市場財に対する（技術的）限界代替率**とも呼ばれ、$MRTS_{\ell C}(\ell, C)$ と表されます。$MRTS$ とは Marginal Rate of Technical Substitution(技術的限界代替率）の略で、添え字の ℓC は「ℓ の C に対する」と読むことにします。経済学では、多くの場合、**技術に関する限界代替率逓減**を仮定します。限界代替率が逓減するときには原点に向かって凸型の**等量曲線**になり、同一量の家計内生産財を生産できる 2 つの組み合わせの加重平均をとった組み合わせがより多くの家計内生産財を生産できます。

労働者は、家計内生産財からのみ効用を得ると仮定します。これは、モデルを単純化するための仮定です。したがって、効用関数は、

$$\begin{aligned} u &= U(Q) \\ &= U(F(\ell, C)) \\ &= V(\ell, C) \end{aligned} \tag{3.11}$$

となります。

効用は、家計内生産労働 ℓ と市場財 C の関数 V と表現できるので、無差別曲線を家計内生産労働・市場財平面に描けます。効用関数 U は、Q の増加に伴い u が「単調に」（＝「減ることなく」）増える関数なので、生産関数 F の等量曲線図は、効用関数 V の無差別曲線図に一致します。図 3.4 のある等量曲線上では家計内生産財の量が一定です。効用は家計内生産財の量のみにより決まるので、効用も一定となります。したがって、F の等量曲線がそのまま V の無差別曲線となります。

労働者に課された制約は静学的労働供給モデルとまったく同一の表現となります。

$$PC \leq w(T - \ell) + I \tag{3.12}$$

ただし、C と ℓ の解釈は異なります。

したがって、労働者の意思決定問題は次のように設定できます。

$$\begin{aligned} &Max \quad V(\ell, C) \\ &\text{subject to} \quad PC \leq w(T - \ell) + I \end{aligned} \tag{3.13}$$

この問題は、静学的労働供給モデルと基本的に何ら変わらないので、静学的労働供給モデルによる分析が記号の上では（U と V の違いを除けば）そのままあてはまります。

3.3 家計内生産モデルの応用

3.3.1 子育て支援政策の効果

次に家計内生産モデルの応用例として政府の子育て支援策の出産、育児に対する効果を考えましょう。子供は、家計が生産する重要な家計内生産財です。子供を出産したら、広い意味での教育を施すことで初めて子供は一人前となり、効用を生むとします。一人前の子供の数がモデルの Q に相当すると考えます。ただし、子供を出産したら、広い意味での教育を施すことで初めて子供は一人前となり、効用を生むとします。つまり、$Q=1$ の等量曲線に達する（効用を生む子供を1人得る）には、子供を出産するのみでなく、育児、躾、家庭内教育などの家計内生産労働と幼稚園などの市場財を投入する必要があるとします。教育を施さないままでいると、子供は負の効用を生むようになると仮定してもよいでしょう。

政府の少子化対策にはさまざまなものがあります。よく用いられるのは、幼稚園・保育園費用、出産費用、乳幼児医療費用等に対する補助金など、市場財購入に対する補助金です。1単位の市場財購入に要する費用 P に対する補助率を s(ただし、$0<s<1$) とすると、労働者の予算制約式は (3.14) 式になります。

$$P(1-s)C \leq w(T-\ell) + I \tag{3.14}$$

それでは、補助率の引き上げが最適な家計内生産労働時間と市場財に対する需要量に与える効果を分析しましょう。静学的労働供給モデルでの消費者物価 P の減少の効果の分析と同じく、正常財の仮定の下では、市場財に対する需要量は増えます。これは、代替効果と所得効果がともに市場財に対する需要量を増やすように働くためです。一方、最適な家計内生産労働時間は増えることもあれば、減ることもあります。これは、代替効果は家計内生産労働時間を減らすように働く一方、所得効果はそれを増やすように働くためです。

最も重要なのは、家計内生産財である子供の数に与える効果です。図 3.5 から明らかなように、予算制約集合が拡大するため、労働者は高い等量曲線（無差別曲線）に移動可能となり、子供の数は増えています。少子化対策は、少なくとも理論的には出産に正の効果があります。

政府による子育て支援以外の子育て支援の効果も分析できます。例えば、同

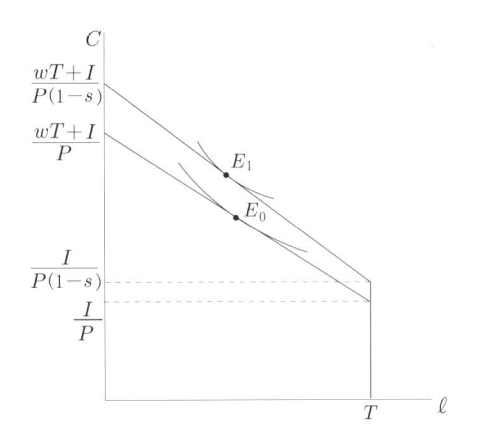

図 3.5 補助金の効果

居する親による子育て支援は、総時間の外生的な上昇と捉えられるので、労働供給と出産を増やすと予想されます。

3.3.2 家族の形成と崩壊

家計生産モデルは、家族の形成（結婚・同棲）と崩壊（離婚・別離）が経済合理性のある選択結果である可能性をも示唆します。

まず、分析を単純化するために、家計生産モデルにいくつかのさらなる仮定を設けます。市場財は、そのまま消費可能であるとします。さらに、家計内生産財は、市場財を用いることなく、家計内生産労働時間のみを用いて生産可能であり、個人 i の生産関数は (3.15) 式のような一次式で表されるとします。

$$Q_i = a_i \ell_i \tag{3.15}$$

ただし、定数 $a_i > 0$ とします。ここで、各変数の添え字の i は、個人 i に関するものであることを示します。

時間制約式は、静学的労働供給モデルと同じく、次式になります。

$$\ell_i + L_i \leq T \tag{3.16}$$

T は個人差がないと仮定しています。

賃金が w_i で与えられていれば、C_i と ℓ_i に関する予算制約式は、静学的労働供給モデルと同じく (3.17) 式になります。

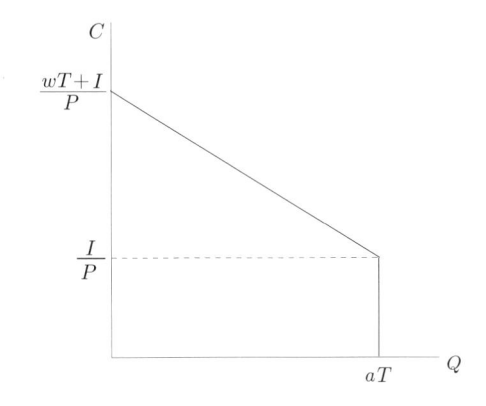

図 **3.6**　家計内生産：予算制約

$$PC_i \leq w_i(T - \ell_i) + I_i \tag{3.17}$$

これまでどおり、家計内生産財の市場取引はできないと仮定します。(3.15) 式を (3.17) 式に代入し整理すると、C_i と Q_i の消費に関する予算制約式は、(3.18) 式のとおり導かれます。

$$PC_i + (w_i/a_i)Q_i \leq w_iT + I_i \tag{3.18}$$

P は個人差がないと仮定しています。

図 3.6 は (3.18) 式を図示しています。予算制約線の傾き（の絶対値）は w_i/a_iP となり、家計内生産財の限界費用（を市場財単位で測ったもの）を意味します。実質賃金 w_i/P と家計内生産活動の生産性を示す a_i の比になっています。実質賃金が高いほど、また家計内生産活動の生産性が低いほど、家計内生産財の限界費用は高くなります。

個人 i の効用は、その人が消費する家計内生産財の量 Q_i と市場財の量 C_i のみに依存するとします。

$$u_i = U_i(Q_i, C_i) \tag{3.19}$$

A さんと B さんが家族を形成する場合でも、各人の効用は自身の消費する家計内生産財の量と市場財の量のみに依存するとします。これを **利己的（selfish）** と表現します。つまり、A さんの効用が B さんの消費量や効用に依存することはなく、逆もないと仮定します。ちなみにある人の効用が他の人の消費量や効

用とともに増える場合には、**利他的（altruistic）**と表現します。

次に、家計内生産財と市場財の消費は**排他的（exclusive）**であると仮定します。つまり、AさんとBさんが家族を形成し、家計内生産と市場労働を行い、ある量の家計内生産財と市場財を得たとき、Aさんがそれらの一部を消費すればその分だけBさんが消費は減るということです。

さて、AさんとBさんが家族を形成するための条件を経済学的視点から考えましょう。ここでは、効用が家計内生産財と市場財のみに依存すると仮定するので、Aさん、Bさんともに1人で生活するときに得られる効用以上の効用を両者とも得られる場合にのみ、AさんとBさんは家族を形成します。AさんとBさんが家族を形成するのは、自らの意思で行うわけなので、家族形成後にAさんの効用が上がるが、Bさんの効用が下がるということはありません。

家計内生産財は、市場取引が不可能な財であるということが家族形成を理解する上で重要です。そこで、仮に家計内生産財が市場取引可能であると仮定し、AさんとBさんが取る合理的な行動を考えましょう。いま、Aさんの予算制約線の傾き$(w_A/a_A P)$がBさんの予算制約線の傾き$(w_B/a_B P)$より大きいとします。つまり、AさんはBさんと比べ、家計内生産よりも市場労働に**比較優位**を持ち、BさんはAさんと比べ、市場労働よりも家計内生産に比較優位を持つとします。この状況では、Aさんは市場労働に特化し、Bさんは家計内生産に特化し、$w_A/a_A P$と$w_B/a_B P$の間の価格で市場取引を行うことで、各人の機会集合を拡大できます。図3.7はそのような例を示しています。この図では、AさんはT時間をすべて市場労働に費やし、$(w_A T + I_A)/P$の市場財を入手します。BさんはT時間をすべて家計内生産活動に費やし、$a_B T$の家計内生産財を入手します。価格が$w_A/a_A P$と$w_B/a_B P$の間であれば、Aさんの予算制約線は縦軸の切片を中心に半時計回りに回転します。Bさんの予算制約線は予算制約集合の右上端点を中心に時計回りに回転します。

各人とも新たな予算制約線と無差別曲線の1つが接する点（図3.8のE_A^1, E_B^1）を選びます。新たに選ばれた点が実現可能であるためには、市場で取引される各財の需要量と供給量が等しくなければなりません。図3.8は、新たな予算制約線の下でのAさんによる市場財の供給量とBさんによる市場財の需要量が等しく、Aさんによる家計内生産財の需要量とBさんによる家計内生産財の供給量が一致する状況が描かれています。家計内生産財の取引が不可能なた

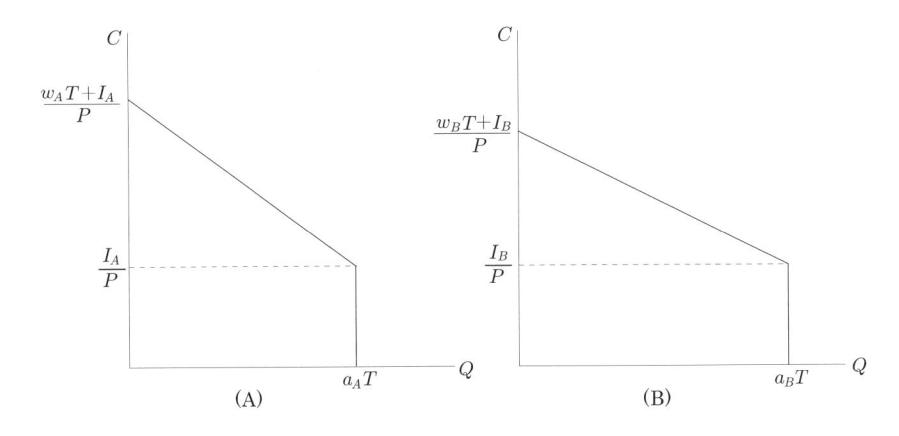

図 3.7　家計内生産：特化

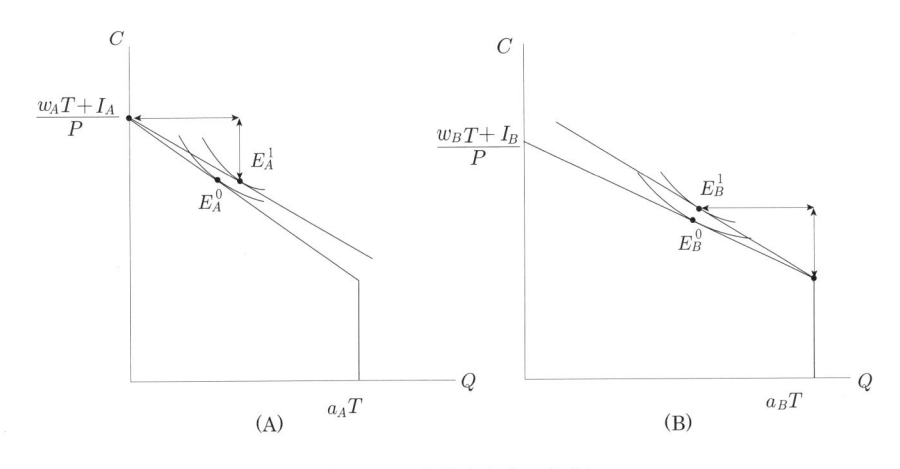

図 3.8　家計内生産：均衡

めに各自が家計内生産財を生産しなければならない場合 (E_A^0, E_B^0) と比べ、A さんの効用、B さんの効用は上がっています。

　つまり、家計内生産財が市場取引可能であれば、A さんと B さんに比較優位の差があったとしても、2 人は生産で特化し、市場取引を行うのみで、家族形成は行いません。2 人が家族形成をするとしたら、それは家計内生産財が市場取引不可能であるか、取引費用が高く、比較優位の便益を実現するためには家族を形成し家族内取引をする必要があるからというのが 1 つの重要な理由となります。

　このモデルは、近年の日本の婚姻率の低下を理解する上で重要な示唆を与え

てくれます。このモデルによると、男女が家族形成をするのは、男女間に比較優位があり、かつ家計内生産財が市場取引不可能であるか、取引費用が高いからです。したがって、賃金 (w) の男女間格差の縮小、家計内生産活動の生産性 (a) の男女間格差の縮小、家計内生産財・サービスの市場による提供の拡大はいずれも婚姻率を低下させる原因になります。つまり、婚姻率の低下は、態度の変化や流行ではなく、男女を取り巻く環境変化の中での合理的意思決定の結果なのかもしれません。

練習問題

1. 家計内生産モデルを用い、図 1.1 や図 1.4 が示す少子化を説明しなさい。
2. 家計内生産モデルを用い、図 1.5 が示す未婚率の上昇を説明しなさい。
3. 家計内生産モデルを用い、図 1.2 が示す年齢以外の要因による労働力率の変化を説明する仮説を立てなさい。労働力率の変化は、賃金、非労働所得の変化、家計内生産の技術進歩、家計内生産財・サービスの市場供給化により説明できる可能性を示します。
4. 家計内生産モデルを用い、図 1.3 が示す年齢と労働力率との関係の男女差と近年の変化を説明しなさい。
5. 家計内生産モデルを用い、図 1.7 が示す労働時間数の男女差と男女に共通する短時間労働化傾向を説明しなさい。

参考文献

[22] は、高度な内容ですが、労働供給に関する実証研究を展望しています。日本の労働供給に関する実証研究は [284] が展望しています。まず、労働供給の弾力性に関しては、労働供給の弾力性を推定し、労働所得税が家計の厚生に与える効果を分析した [171] や仮想的質問から労働供給の弾力性の推定を試みた [156] があります。また、生活保護制度の就労意欲阻害に関しては [231] の分析があります。

日本の労働供給に関する実証研究の特徴は、女性に関するものが多いことで

す。[198] は学歴の就業率に対する効果を分析しています。家計の属性、家庭内生産技術、資産が妻の雇用就業選択に与える効果に関しては、[249] が電気冷蔵庫や電気洗濯機などの耐久消費財の普及が壮年女性の労働供給に与えた効果を報告し、[250] が家計内での家事労働の引き受け手の存在が妻の労働供給行動に与える効果を報告し、[251] が家計の金融資産の保有量と住居保有が妻の労働供給行動に与える効果を分析しています。家族構成が日本女性の労働市場参加に与える効果に関しては [97] [107] なども分析しています。

夫の所得が既婚女性の労働供給と負の相関を持つことは、「ダグラス＝有沢法則」([134]) としてよく知られています。これに関しては、[185] [159] [244] [188] [254] [149] [184] [260] [224] などが分析をしています。

複数雇用機会での就業選択の決定要因に関しては、[253] が非就業、パート、正規就業の複数の選択肢からの選択を分析し、[276] と [277] が 3 つ以上の雇用機会に分析を拡張し、[91] [240] が正社員、パート、家族就業、内職、専業主婦などの多様な選択肢からの選択を分析しています。[303] などによるパートの類型化の分析が進んだことを踏まえ、[239] は長時間パートと短時間パートを選択肢に含めた分析を行い、子供の数のパート選択に対する効果は小さく、離職年数の効果が大きいと報告しています。

多くの研究が子育てと労働供給の関係を分析しています。[264] は、子供数の既婚女性の労働供給に与える効果が 74 年と比べ 82 年の方が小さくなっていると報告しています。[149] は、子供の年齢が女性の正規と非正規の就業に与える効果を分析し、幼い子供がいるとどちらにも負の効果があると報告しています。[221] [239] は、幼い子供の存在が女性の短時間パート、長時間パート就労に与える効果を分析し、同様の結果を見出しています。育児休業制度等の家族休業制度など、出産後の女性による継続的な労働を決定する要因に関しては、[262] [255] [238] [272] [291] [192] [121] [88] [297] [193] [205] などが分析しています。[302] は保育サービスの効果を分析しています。[304] は諸制度の効果に関する研究を展望しています。[150] は結婚・出産を通じた就業行動の変化に関する分析を行っています。[207] は既婚女性の再就業の決定要因を分析しています。制度面の条件が女性の労働供給を制約してきた事実はよく知られています。既婚女性には、所得税制上の被扶養配偶者として配偶者控除を受けたり、医療保険給付などの被扶養者受給資格を維持するために、短時間労働や短期間雇

用を選択したり、年度末に収入調整をするインセンティヴが与えられていました。[269] は配偶者控除が既婚女性の労働供給に与える効果を初めて報告しました。その後、所得税制改正を経て、[131] と [258] が税制・社会保障制度とパートタイム労働者の労働供給に関する分析をしています。また、[257] は女性の学歴や世帯属性が収入調整に与える効果を分析しています。

　[229] は日本の出生率低下の要因分析に関する実証研究の展望をしています。[263] は女性の結婚、出産、就業、消費、貯蓄に関する分析をしています。[138] は世帯が出産、育児、介護、就業の問題にどのように対応するかについて分析をしています。[191] は女性の就労が出産に負の効果を持ち、また [274] はホワイトカラー職であることが出産に負の効果を持つと報告しています。[259] は企業の育児支援制度の充実が女性従業員に占める出産経験者の割合に正の効果を持つと報告しています。[292] は家計所得が子供数に対し正の効果を持ち、ホワイトカラー職が子供数に対し負の効果を持つと報告しています。[201] は教育水準が出生率に与える負の効果を見出しています。[160] は子供の量と質、女性の労働供給、賃金との間の関係を分析しています。[161] は夫の所得や住居に対する親からの経済援助などが出生率に正の効果を持つと報告しています。[102] は近年の育児費用の増加を分析しています。[290] は子育て費用と出生行動に関する分析をしています。[270] は家賃が出生率へ負の効果を持つと報告しています。[125] は住宅事情の出生率に対する効果を見出しています。[206] は夫の通勤時間が出生率に対し負の効果を持つと報告しています。[300] は育児資源と出生行動に関する分析をしています。

　家族形成に関する実証研究としては、例えば次のようなものがあります。[60] は女性の就労、結婚、出産のタイミングについて分析しています。[263] は女性の結婚、出産、就業、消費、貯蓄に関する分析をしています。男女間の比較優位が消滅すると、理論上は家族は形成されにくく、また崩壊しやすくなることを学びましたが、[98] は女性の高学歴化、晩婚化、少子化の間の関係を、また [103] は高学歴化と晩婚化・少婚化との間の関係を分析しています。[190] はフリーター経験が初婚年齢を高くするという分析結果を報告しています。

　高齢者の労働供給と年金制度に関する実証分析としては [208] [289] [209] [211] [200] [212] [213] [214] [123] [215] [222] [216] [217] [108] [227] [218] [295] [165] [166] [129] [1] [268] [94] などがあり、基本的には年金給付が労働供給に

対し負の効果を持つと報告しています。例えば、[209] [211] [212] は収入制限を伴う厚生年金の給付制度が労働供給に与える効果を報告し、また [213] [214] は厚生年金が高齢者の早期引退を促す効果を持つと報告しています。[217] は一連の研究をまとめています。多くの研究が男性を扱っているのに対し、[200] は厚生年金の引退に対する効果を女性について見出しています。また [232] は共働き高齢夫婦の労働供給が相互依存関係にあると報告しています。年金以外の要因が高齢者の労働供給に与える効果を扱った研究としては、例えば年齢、経歴の効果を見た [137]、個人、環境、定年制度等の属性の効果を見た [237] 、年金額、年齢、健康、経歴、扶養者の有無などの効果を見た [164] や遺産動機と高齢者の貯蓄・労働供給に関する分析をしている [153] などがあります。労働供給に関するその他の研究としては、例えば不況時に職探しの困難から職探しをあきらめてしまう就業意欲喪失者（discouraged worker）に関する [113] の分析などがあります。

　労働供給の分野での計量経済学的な推定法に関する研究としては、[186] [187] [189] [282] [283] などが効用関数を特定化し、そのパラメーターを識別する構造アプローチによる分析を行い、[92] がサンプルセレクションバイアスを回避するために、女性の労働参加関数と賃金関数を同時推定しています。また国際比較では、[135] [266] が女子労働供給の日米比較分析をしています。

4章

実証研究における因果的効果の識別*

　理論モデルの予測からデータにより反証可能な命題を特定したら、所与のデータからその外生変数の内生変数への因果的効果を**識別**（1つの値に定めること）ができるのかという**識別問題**を考察し、どのようなデータを用いどのような仮定を置くことにより因果的効果を識別するかという**識別戦略**を練ることが必要です。今日、実証研究の先端分野で活躍する労働経済学者達は、洗練された識別戦略を開発することに力を注いでいます。識別戦略が重視され始めたのは 1980 年代後半以降に Card, Krueger, Angrist といった米国の労働経済学者達が「ナチュラルエクスペリメント」（後述）に基づく洗練された識別戦略を用いた一連の研究論文を専門ジャーナルに発表してからのことです。日本のデータを用い、「ナチュラルエクスペリメント」に基づく洗練された識別戦略を用いた労働経済学の研究論文が専門ジャーナルに登場し始めたのは 2000 年代後半に入ってからです。それ以前は、識別戦略を重視した研究の大半が、（多くの労働者を複数時点で観察した）パネルデータと固定効果モデルによる識別戦略か、（多くの労働者を一時点で観察した）クロスセクショナルデータと操作変数法による識別戦略を用いていました。

　本章では、高度な統計学や計量経済学の知識を求めることなく、識別問題と識別戦略を直感的に解説します。本章での解説は、識別問題と識別戦略の本質を理解するのに役立ちますが、本章で解説される識別戦略がそのままの形で実際の推定、検定に応用されるわけではありません。推定、検定に興味のある読者は、統計学、計量経済学の講義で基礎から学ぶようにしてください。

4.1 実証モデル

　識別問題、識別戦略を考える際には、理論モデルの限界を認識し、**実証モデル**を設定することが重要です。例えば、労働供給の理論モデルは、労働供給量に影響を与える諸変数の中で最も重要と考えられる経済変数である賃金、消費財価格、非労働所得に焦点を与えています。理論モデルは、その他の経済変数や非経済変数が労働供給に対し因果的効果を持たないと主張しているわけではありません。他の経済変数や非経済変数も労働供給に因果的効果を持ち得ることはいうまでもありません。さらに、労働供給量に因果的効果を持つ変数すべてがデータとして観察されることはありません。また、データには測定誤差も含まれています。実証モデルは、現実と理論モデルの間にあるこれらの隔たりを考慮に入れねばなりません。

　まず、単純化のために、理論モデルの (2.18) 式の労働供給量に対応する実証モデルとして次式を考えましょう。

$$L_i = E[L_i | w_i, P_i, I_i, X_i] + \varepsilon_i$$
$$= \alpha + \beta w_i + \gamma P_i + \delta I_i + \kappa X_i + \varepsilon_i \tag{4.1}$$

添え字の i は労働者のインデックスです。特定の労働者ではなく、労働者一般に数式が当てはまることを示したいときに、このような表現を用います。例えば、L_i は労働者 i の労働供給量です。1 時点で N 人の労働者が観察されるクロスセクショナルデータでは、i は 1 から N までの範囲の値をとります。(4.1) 式は、政府統計等で公表される経済全体の労働供給量の平均値ではなく、個々の労働者 i に関する式です。理論モデルに従い、個々の労働者が自身の効用を最大化すべく労働供給量を決めるという考え方に基づいています。

　この式に新たに登場する変数について説明します。賃金 w_i、消費者物価 P_i、非労働所得 I_i 以外の労働供給量に効果を持つ変数のうち、データ上観察可能な変数が X_i です。通常、データ上観察可能な変数は 2 つ以上あるので、X_i は列ベクトル、κ は行ベクトル、κX_i はスカラー（数）と考えてください。ベクトルの次元は、データ上観察可能な変数の数と等しくなります。ただし、X_i がベクトルであるかスカラーであるかは、以下の議論では重要でありません。一方、ε_i は、労働者 i の労働供給量に対して効果を持つデータ上観察不可能な変数や

労働供給量の測定誤差を表します。例えば、既婚女性の労働供給量は、家庭内に未就学児童が存在するか、親と同居するかなど、その他の変数の強い影響を受けます。これらの情報がデータ上観察されていれば、X_i の一部となり、観察されていなければ、ε_i の一部となります。また、労働（消費）に対する強い選好を持つ労働者は、他の労働者より高い値の ε_i を持つと考えられます。

(4.1) 式の前半を説明します。左辺は、データ上観察される労働者 i の労働供給量です。$E[L_i|w_i, P_i, I_i, X_i]$ は、労働者 i の賃金、消費財価格、非労働所得、観察可能な他の変数の値から予測される平均的労働供給量を表します。したがって、(4.1) 式の前半は、データ上観察される労働者 i の労働供給量は、労働者 i の賃金、消費財価格、非労働所得、観察可能な他の変数の値から予測される平均的労働供給量 $E[L_i|w_i, P_i, I_i, X_i]$ と労働供給量に因果的効果を持つその他のデータ上観察不可能な変数や、労働供給量の測定誤差 ε_i から成ると述べています。前者は、労働供給量の**条件付期待値**、後者は**誤差項**と呼ばれます。(4.1) 式の前半は常に成り立つ定義式です。誤差項 ε_i は、観察される労働供給量 L_i と労働供給量の条件付期待値 $E[L_i|w_i, P_i, I_i, X_i]$ の間の差として定義されています。

(4.1) 式の後半も説明します。(4.1) 式の後半では、$E[L_i|w_i, P_i, I_i, X_i]$ が賃金、消費者物価、非労働所得、観察可能な他の変数の一次式として表現できるという仮定を述べています。ここで $\alpha, \beta, \gamma, \delta, \kappa$ は、**未知の係数パラメター**と呼ばれます。β は、他の条件、すなわち P, I, X, ε の値が一定のときに、w の 1 単位増加が $E[L_i|w_i, P_i, L_i, X_i]$ に与える**因果的効果**を表します。これを w の L に対する因果的効果、あるいは誤解が生じないときには、w の L に対する効果と呼びます。同様に γ, δ, κ は、それぞれ P, I, X の L に対する因果的効果を示します。α は $w = P = I = 0$ のときの L の平均値と解釈できます。

理論モデルは、$E[L_i|w_i, P_i, I_i, X_i]$ の関数形について多くの情報を与えないので、一次式は単なる仮定です。もちろん、一次式を仮定する必要はなく、関数形に関するより緩やかな仮定を用いる方が望ましいことはいうまでもありません。過去の実証研究では、$E[L_i|w_i, P_i, I_i, X_i]$ の関数形を仮定するアプローチ（パラメトリック法）が一般的でした。最近は関数形を仮定しないアプローチ（ノンパラメトリック法）も用いられています。

実証研究の目標は、(観察可能な他の変数や観察不可能な変数の値を一定に保ち)、賃金、消費者物価、非労働所得の変化が労働供給量の条件付期待値

$E[L_i|w_i, P_i, I_i, X_i]$ に与える因果的効果をデータ（母集団から抽出されたサンプル）から学び取ることです。(4.1) 式の仮定の下では、具体的には、未知の母集団のパラメター β, γ, δ の値をサンプルから推定し、それらの符号が理論命題と整合的かを検定することです。とりわけ関心が高いのは、非労働所得の増加が労働供給量を減らすという反証可能命題が成り立つか、すなわち δ が負であるかをサンプルを用い、検定することです。

サンプルから母集団のパラメターの推定と検定を行う以前に、識別問題を解決する必要があります。識別問題とは、そもそも所与のデータから未知のパラメター β, γ, δ を一意的に（1つの値に）定めることができるか否かという理論的問題です。識別問題を解決できないことが知られているのであれば、パラメターの推定や検定をする意味がありません。以下では、非労働所得の労働供給量に対する因果的効果の識別を例に説明をします。

4.2　実験データと識別問題・識別戦略

4.2.1　実験データ

非労働所得の労働供給量に対する因果的効果を識別するために、純粋実験を行うとしたら、次のような実験になります。

実験者は、全労働者から無作為に多数の労働者を抽出し、サンプルを作ります。実験開始前にサンプルを2つの同質のグループに分割します。その際、グループ間では、労働供給に影響を与えるすべての要因を一定に保つ必要があります。理論モデルの外生変数である賃金、消費財価格、非労働所得のみならず、労働供給に影響を与えるその他の経済変数、非経済変数の値をも一定に保つ必要があります。実験者には、労働に対する選好を観察できないので、労働者達を無作為に2つのグループに割り当て、平均的な選好が2つのグループ間で異ならないようにする必要があります。これらの条件が満たされていれば、2つのグループ間で労働供給量に大きな差異は認められないはずですので、これを確認します。

以上の準備が整ったら、実験を開始します。1つのグループに属する労働者に対してのみ、非労働所得を一定期間、一定量、外生的に変化（増加）させます。非労働所得の変化を経験させられるグループを**トリートメントグループ**

(treatment group）または**実験群**、非労働所得の変化を経験させられないグループを**コントロールグループ** (control group）または**対照群**と呼びます。純粋実験では、非労働所得の外生的な変化をトリートメントグループのみに引き起こします。実験開始前と後の 2 時点で、すべての労働者について非労働所得と労働供給量を記録したパネルデータを作り、統計学的手法で推定と仮説検定を行います。

4.2.2　差の差推定法

次に実証モデルを説明します。労働者のインデックスを i $(i=1,2,\cdots,N)$ とします。各労働者は実験前後で 2 度観察されるので、第 t 期の観察を t $(t=1,2)$ のインデックスで表します。第 1 期のすべての労働者と第 2 期のコントロールグループの労働者に共通な非労働所得を I_1、第 2 期のトリートメントグループの労働者に共通の非労働所得を I_2 とします。労働者 i が t 期にトリートメントを受けた（非労働所得の変化を経験した）場合には変数 $D_{it}=1$、受けなかった場合には変数 $D_{it}=0$ と定義します。(4.1) 式は (4.2) 式に書き換えられます。

$$L_{it} = \alpha + \beta w_{it} + \gamma P_{it} + \delta I_1 + \delta(I_2 - I_1)D_{it} + \kappa X_{it} + \varepsilon_{it} \tag{4.2}$$

実験では、非労働所得以外の観察可能な説明変数の値を一定に保っているので、w_{it}, P_{it}, X_{it} の値は労働者間、2 時点間で一定です。

非労働所得の増加を経験しなかった場合、すなわちコントロールグループの第 1・2 期とトリートメントグループの第 1 期の場合には、(4.2) 式は次式と同じです。

$$L_{it} = \alpha + \beta w_{it} + \gamma P_{it} + \delta I_1 + \kappa X_{it} + \varepsilon_{it} \tag{4.3}$$

また、非労働所得の増加を経験した場合、すなわちトリートメントグループの第 2 期の場合には、(4.2) 式は次式と同じです。

$$L_{i2} = \alpha + \beta w_{it} + \gamma P_{i2} + \delta I_2 + \kappa X_{i2} + \varepsilon_{i2} \tag{4.4}$$

つまり、(4.2) 式は (4.3) 式と (4.4) 式を 1 つの式に整理しています。

ここで、再び (4.2) 式に戻り、(1) 労働者 i は時間の進行にかかわらず一定の、分析者には観察不可能な（労働に対する）選好 θ_i を持つと仮定します。実

験では、労働者を 2 グループ間に無作為に割り当てたので、観察不可能な選好は、非労働所得と相関を持ちません。したがって、実験では、観察不可能な選好が識別を困難にすることはありません。しかし、労働者を 2 グループ間に無作為に割り当てたにもかかわらず、万一、2 グループ間で平均的な選好の差があれば、観察不可能な選好は非労働所得と同様に 2 グループ間で異なり、非労働所得と相関するので、非労働所得の労働供給への因果的効果の識別を困難にします。後でわかるように、観察不可能な選好が時間の進行にかかわらず一定であるという仮定が、識別問題を解決する上で重要な仮定の 1 つです。

さらに、(2) 時点 t で生じる、分析者には観察不可能なイベント（できごと）は、全労働者の労働者の労働供給に対し一定の効果 ϕ_t を持つと仮定します。実験者がトリートメントグループに対し非労働所得の増加を発生させ、労働供給量の反応を観察、記録するまでに長時間が経過していれば、その間、全労働者の労働供給量に効果を及ぼすイベントが起きているかもしれません。このようなイベントは、分析者には観察不可能であったり、観察可能であっても数量化不可能であることがよくあります。労働者の労働供給を増やすような消費ブームを初めとする質的なマクロ経済変数がその例です。全労働者の労働供給に対し効果を持つような観察不可能なイベントは非労働所得と同様に 2 時点間でのみ変化し、非労働所得と完全な相関を持つので、非労働所得の労働供給への因果的効果の識別を困難にします。後でわかるように観察不可能なイベントが同一時点の全労働者の間で一定であるという仮定が識別問題を解決する上で重要な仮定の 1 つです。

ここで、新たな誤差項 μ_{it} を $\mu_{it} = \varepsilon_{it} - \theta_i - \phi_t$ と定義することにより、(4.2) 式を (4.5) 式に書き換えられます。

$$L_{it} = \alpha + \beta w_{it} + \gamma P_{it} + \delta I_1 + \delta(I_2 - I_1)D_{it} + \kappa X_{it} \\ + \theta_i + \phi_t + \mu_{it} \tag{4.5}$$

新たな誤差項 μ_{it} は他のいかなる変数とも相関を持たないと仮定します。

ここで、(4.5) 式を労働者 i の 2 つの期間 ($t = 1, 2$) の間で差分をとると、(4.6) 式が得られます。

$$L_{i1} - L_{i2} = \delta(I_2 - I_1)(D_{i1} - D_{i2}) + (\phi_1 - \phi_2) + (\mu_{i1} - \mu_{i2}) \tag{4.6}$$

各労働者の選好は 2 時点間で一定であると仮定したので、この式は、選好 θ_i を含みません。また実験では、非労働所得以外の観察可能な説明変数の値を労働者間・2 時点間で一定に保たれているので、この式は w_{it}, P_{it}, X_{it} に関わる項も含みません。

添え字 C でコントロールグループ、添え字 T でトリートメントグループを表し、添え字 i でコントロールグループの労働者、添え字 j でトリートメントグループの労働者を表し、(4.6) 式をコントロールグループについて見ると、

$$L_{i1}^C - L_{i2}^C = (\phi_1 - \phi_2) + (\mu_{i1}^C - \mu_{i2}^C) \qquad (4.7)$$

となり、トリートメントグループについて見ると、

$$L_{j1}^T - L_{j2}^T = \delta(I_1 - I_2) + (\phi_1 - \phi_2) + (\mu_{j1}^T - \mu_{j2}^T) \qquad (4.8)$$

となります。

観察不可能なイベント ϕ_t がなく、かつ誤差項 μ_{it}^T が他の変数と無相関であるという仮定が満たされれば、トリートメントグループのパネルデータのみを用い、次のように δ を識別できます。まず、観察不可能なイベント ϕ_t がなければ (4.8) 式から $(\phi_1 - \phi_2)$ が消えます。誤差項の変化 $(\mu_{j1}^T - \mu_{j2}^T)$ は非労働所得の変化 $(I_1 - I_2)$ と相関を持たないので、非労働所得の変化 $(I_1 - I_2)$ に伴い、誤差項の変化 $(\mu_{j1}^T - \mu_{j2}^T)$ が体系的に変わることはありません。したがって、直感的には、トリートメントグループのデータのみを用い、(4.8) 式で労働供給の変化と非労働所得の変化の比から δ を識別できます。

しかし、観察不可能なイベント ϕ_t がある場合には、トリートメントグループのパネルデータのみによる δ の識別はできません。非労働所得の変化 $(I_1 - I_2)$ と全労働者に共通な観察不可能なイベントの変化 $(\phi_1 - \phi_2)$ は、トリートメントグループの全労働者に同時に生じています。トリートメントグループのパネルデータのみを用いたのでは、労働供給量の変化 $(L_{j1}^T - L_{j2}^T)$ がどちらにより引き起こされたのかわからず、δ を識別できません。

ここで、δ の識別を可能にするのがコントロールグループの存在です。観察不可能なイベント ϕ_t があっても、誤差項 μ_{it}^T, μ_{it}^C が他の変数と無相関であるという仮定が満たされれば、トリートメントグループとコントロールグループのパネルデータのみを用い、δ を識別できます。(4.8) 式から (4.7) 式を差し引

くと、(4.9) 式が成り立ちます。

$$[(L_{j1}^T - L_{j2}^T) - (L_{i1}^C - L_{i2}^C)]$$
$$= \delta(I_1 - I_2) + [(\mu_{j1}^T - \mu_{j2}^T) - (\mu_{i1}^C - \mu_{i2}^C)] \quad (4.9)$$

観察不可能なイベント ϕ_t が同一時点の全労働者の間で一定であると仮定したので、観察不可能なイベント ϕ_t があっても、(4.9) 式は ϕ_t を含みません。トリートメントグループの非労働所得の変化 $(I_1 - I_2)$ は、実験者により外生的に引き起こされるので, 誤差項の変化のグループ間の差 $[(\mu_{j1}^T - \mu_{j2}^T) - (\mu_{i1}^C - \mu_{i2}^C)]$ はこれと関連しないと考えられます。したがって直感的には、トリートメントグループとコントロールグループのパネルデータを用い、(4.9) 式で労働供給量の変化のグループ間の差 $[(L_{j1}^T - L_{j2}^T) - (L_{i1}^C - L_{i2}^C)]$ とトリートメントグループの非労働所得の変化 $(I_1 - I_2)$ との比から δ を識別できます。(4.9) 式は実証モデルの差の差の形になっているので、この識別戦略を**差の差推定法** (Difference in Difference Estimator）と呼びます。

4.3 観察データと識別問題

4.3.1 観察データの特徴

もしこのような実験データが利用できれば目標の達成は比較的に容易です。非労働所得の労働供給量への因果的効果を推定するには、賃金、消費者物価、他の諸変数の値を一定に保ち、非労働所得のみを変え、労働供給量の反応を記録したパネルデータを作り、差の差推定法による識別をすればよいのです。しかし、経済学で実験を行うのは、費用や倫理的問題などのために困難なので、通常、**観察データ**と呼ばれる非実験データを利用します。観察データは、実際の経済で個々の労働者の労働供給量、賃金、消費者物価、非労働所得、他の観察可能な変数の値を記録したデータです。

観察データと実験データの主な相違点は 2 つです。第一に、実験データでは、実験者が説明変数の値を外生的に決めますが、観察データでは、労働者が説明変数の値を選んだり、市場均衡によって説明変数の値が決まります。したがって、実験データの差の差の推定法による識別で用いた仮定の多くが満たされません。第二に、実験データでは、実験者が、実験開始前に、労働供給に影響を

与える要因を一定に保つために、観察可能な変数の値を一定に保っています。賃金、消費財価格、非労働所得のみならず、労働供給に影響を与えるその他の経済変数、非経済変数の値を一定に保っています。観察データでは、これらの値は一定に保たれていません。したがって概念的には、(非労働所得以外の) 観察可能な説明変数の値が事後的に同一である労働者達を探し出し、彼らの間で観察される労働供給量と非労働所得との相関関係を利用し、識別に挑むことになります。実際には、観察可能な説明変数の値が事後的に同一である労働者達を探し出す必要はありません。観察可能な説明変数の値に労働者間でばらつきがあるマイクロデータを用い、回帰分析などの統計的手法を応用することにより、(非労働所得以外の) 観察可能な説明変数の値が同一である労働者の間で労働供給量と非労働所得との相関関係を見るのと同様の結果を得ることができます。次に、観察データから因果的効果を識別する上での問題を非労働所得の労働供給に対する効果を例に詳しく説明します。

4.3.2 脱落変数バイアス

観察データから非労働所得の労働供給量に対する因果的効果を識別するのは至難の業です。第一の理由は、観察データ上では、通常、説明変数と労働者の観察不可能な属性との間に**相関関係**があるからです。例えば、個々の労働者は、労働（消費）に対する選好（ε の一部）を予算制約条件と時間制約条件に照らし合わせ、労働供給量を決めます。現在の非労働所得は、過去の労働所得で投資した株式の配当、債券や預金の利子を含みます。したがって、他の条件を一定とすると、現在の非労働所得の多い労働者は、他の労働者と比べ平均してみれば労働（消費）に対する選好が強く、過去の労働所得が高い労働者であると考えられます。分析者が選好を観察できるのであれば、分析時に事後的に選好を一定に保てます。しかし現実には、分析者は選好を観察できないので、現在の非労働所得は選好と相関してしまいます。このように、労働者間で観察される現在の非労働所得の差は、純粋実験で実験者が引き起こす外生的な変化とは本質的に異なります。これは、純粋実験で実験者が実験被験者グループ間ですべての条件を同一に保てない状況に相当します。

この相関関係を無視し、クロスセクショナルデータを用い、非労働所得の労働供給量に対する因果的効果の推定を試みましょう。多くの労働者を1時点で

観察したクロスセクショナルデータを用います。

$$L_i = \alpha + \beta w_i + \gamma P_i + \delta I_i + \kappa X_i + \theta_i + \nu_i \tag{4.10}$$

ここで、θ_i は選好、ν_i は $\nu_i = \varepsilon_i - \theta_i$ で定義される新たな誤差項です[1]。(4.10) 式を労働者 i と労働者 j との間で差分をとると、次式が得られます。

$$L_i - L_j = \beta(w_i - w_j) + \gamma(P_i - P_j) + \delta(I_i - I_j) + \kappa(X_i - X_j)$$
$$+ (\theta_i - \theta_j) + (\nu_i - \nu_j) \tag{4.11}$$

非労働所得以外の観察可能な説明変数の値が同一である労働者達の間では、この式は次式になります。

$$L_i - L_j = \delta(I_i - I_j) + (\theta_i - \theta_j) + (\nu_i - \nu_j) \tag{4.12}$$

　観察不可能な選好 θ と誤差項 ν が他の変数と無相関であるという仮定が満たされれば、非労働所得以外の観察可能な説明変数の値が同一である労働者達のクロスセクショナルデータを用い、δ を識別できます。この場合、観察不可能な選好 θ と誤差項 ν は非労働所得 I と相関を持たないので、非労働所得の差 $(I_i - I_j)$ が観察不可能な選好の差 $(\theta_i - \theta_j)$ や誤差項の差 $(\nu_i - \nu_j)$ と相関することはありません。したがって直感的には、非労働所得以外の観察可能な説明変数の値が同一である労働者達のデータを用い、(4.12) 式で労働供給量の差と非労働所得の差の比から δ を識別できます。この比は、(4.12) 式では $\{\delta(I_i - I_j) + (\theta_i - \theta_j) + (\nu_i - \nu_j)\}/(I_i - I_j)$ です。観察不可能な選好 θ と誤差項 ν が非労働所得 I と無相関であれば（平均すれば $(\theta_i - \theta_j) + (\nu_i - \nu_j)$ が消えるのであれば）、この比の平均値は δ になります。

　しかし、観察不可能な選好 θ が非労働所得と相関する場合には、（非労働所得以外の）観察可能な説明変数の値が同一である労働者達のクロスセクショナルデータのみによる δ の識別はできません。（非労働所得以外の）観察可能な説明変数の値が同一である労働者達のクロスセクショナルデータのみを用いたのでは、労働供給の差 $(L_i - L_j)$ が非労働所得の差 $(I_i - I_j)$ と観察不可能な選好の差 $(\theta_i - \theta_j)$ のどちらにより引き起こされたのかわからず、δ を識別できません。

　非労働所得と観察不可能な選好との間の正の相関関係を無視し、上記の方法

---

[1] クロスセクショナルデータにおいては、時点 t で生じる、全労働者に共通な、分析者には観察不可能なイベント ϕ_t を α から区別できません。

で δ の識別を試みれば、非労働所得の労働供給量に対する負の因果的効果は、絶対値で小さめに推定されてしまいます。非労働所得と観察不可能な選好は正の相関関係を持つので、非労働所得の差 $(I_i - I_j)$ が正であれば、観察不可能な選好の差 $(\theta_i - \theta_j)$ も正になる傾向があります。したがって、$(\theta_i - \theta_j)$ が上述した労働供給量の差と非労働所得の差の比の分子に残り、分母の $(I_i - I_j)$ と相関するので、この平均値は、δ より大きくなってしまいます。このように、非労働所得の労働供給量に対する負の因果的効果は、絶対値で小さめに推定されてしまいます。相関関係が強ければ、因果的効果はゼロや正と推定されてしまうことさえあり得ます。

真の値と比較したときの推定値の偏りを推定バイアスと呼びます。推定値が真の値と比べ過大（過少）である場合には、上方バイアス（下方バイアス）があると表現します。ここでは、上方バイアスが生じています。バイアスを生む原因をバイアスの前に付け、例えば脱落変数バイアスのように呼ぶこともあります。選好は、観察されるのであれば、説明変数に含めることによりバイアスを回避できます。現実には、選好は観察されないので、説明変数のリストから脱落し、誤差項に入っています。脱落変数が説明変数である非労働所得と相関を持つことが識別問題と推定値の偏りを引き起こすので、脱落変数バイアスと呼ぶのです。なお、労働供給量に影響する観察不可能な変数があっても、非労働所得など、観察可能な説明変数と相関関係を持たなければ、脱落変数バイアスは生じません。

4.3.3　サンプルセレクションバイアス

観察データで非労働所得の因果的効果を識別するのが至難の業である第二の理由は、説明変数の1つである賃金が観察される労働者のサンプル上では、サンプルの特殊性（サンプルセレクション）が原因で、説明変数と観察不可能な変数との間の相関関係が生じてしまうからです。賃金が観察されるのは、労働供給量が正である実際に働く労働者です。賃金が観察されなければ、労働者間で賃金を一定に保つことができないので、そのような労働者は分析サンプルから体系的に除かれてしまうとします。ここで述べることは複雑です。たとえ、上記の脱落変数バイアスを引き起こすような説明変数と観察不可能な変数との間の相関関係が（働かない労働者をも含む）全労働者の間ではない状況でも、賃金が観察される（労働供給量が正である）労働者の間では、説明変数と観察不

可能な変数との間に相関関係が生じてしまうということです。

サンプルセレクションバイアスを例で説明します。単純化のために、労働供給量に効果があるのは、賃金、非労働所得、観察不可能な選好のみであり、賃金と選好は労働供給量に正の因果的効果を持ち、非労働所得は労働供給量に負の因果的効果を持つとします。また、全労働者の間では3者の間に相関関係がないとします。全労働者とは、15歳以上人口（労働力人口と非労働力人口）を指します。ここで重要なのは、賃金が観察されるのは、労働供給量が正である実際に働く労働者のみであるということです。賃金が観察されなければ、労働者間で賃金を一定に保つことができないので、そのような労働者は分析サンプルから体系的に省かれてしまうとします。さて、先に述べた仮定の下では、労働供給量が正となるためには、賃金が高いか、非労働所得が少ないか、労働に対する選好が強いかのいずれかが必要です。非労働所得が少なければ、これが労働供給量を増やすので、（他の条件である賃金を一定として）労働に対する選好がある程度弱くても労働供給量は正になります。非労働所得が多ければ、これが労働供給量を減らすので、（他の条件である賃金を一定として）労働に対する選好が十分に強くなければ労働供給量は正になりません。したがって、賃金が観察される（労働供給量が正である）労働者間で見れば、非労働所得は、労働に対する選好と正の相関関係を持つことになります。これも、純粋実験で実験者が被験者グループ間で実験環境を同一に保てない状況に相当します。

この相関関係を無視し、働く労働者のクロスセクショナルデータを用い、因果的効果の推定を試みれば、**サンプルセレクションバイアス**と呼ばれる推定バイアスが発生します。詳細は省きますが、非労働所得が労働供給量に与える負の因果的効果は、絶対値で小さめに推定されてしまいます。サンプルセレクションが厳しいものであれば、因果的効果はゼロや正と推定されてしまうことさえあり得るのです。

4.3.4 測定誤差バイアス

観察データを利用して非労働所得の因果的効果を識別するのが至難の業である第三の理由は、観察可能な説明変数に**測定誤差**が含まれているからです。観察データでは、非労働所得が正確に報告されず、誤差を伴って記録される場合がよくあります。詳細は省きますが、これを無視し、因果的効果の推定を試み

れば、(ある追加的条件の下で) 非労働所得の労働供給量への因果的効果は、絶対値で小さめに (ゼロに近づく方向で) 推定されることが知られています。これを、**古典的測定誤差バイアス**と呼びます。

4.4 観察データと識別戦略

脱落変数バイアス、サンプルセレクションバイアス、測定誤差バイアスは、観察データによる因果的効果の識別がいかに困難であるかを示しています。以下では、労働経済学者達がどのように観察データから因果的効果の識別を達成するかを説明します。いずれも脱落変数バイアスを克服するための試みです。

4.4.1 ナチュラルエクスペリメントからのパネルデータによる差の差推定

経済の中では、純粋実験に類似した現象が稀に生じることがあります。多くの場合、それは意図されたものではなく、偶発的なものなので、**ナチュラルエクスペリメント** (natural experiment、自然実験) と呼びます。ナチュラルエクスペリメントを利用した識別戦略は、今日、労働経済学者の間で最も有効な識別戦略の 1 つと考えられています。ナチュラルエクスペリメントの最大の特徴は、説明変数の変化が誤差項といっさい相関しない、外生的な変化であることです。

現実には、純粋実験は困難なので、次の 3 つの条件を満たす事例を現実から探し、ナチュラルエクスペリメントとみなします。3 つの条件とは、(1) トリートメントグループが非労働所得の外生的な変化を経験し、(2) トリートメントグループと同質のコントロールグループが非労働所得の外生的な変化を経験せず、(3) 変化前と変化後の 2 時点で両グループの労働者の労働供給、非労働所得、その他の観察可能な説明変数に関する情報を記録したパネルデータがあることです。例えば、政府のコンピューターシステムの不具合、または、人為的ミスにより、一部の労働者から非労働所得に対する税金を徴収し損ねたり、過少、過大に徴収するといった事故や不祥事が起きれば、条件 (1) は満たされます。例えば、誕生日が偶数である労働者にのみ事故や不祥事が起きれば、条件 (2) も満たされます。稀な事故や不祥事であるにもかかわらず、条件 (3) を満たすデータが取られている必要があります。

ナチュラルエクスペリメントから得られるパネルデータを利用した識別戦略でよく利用される計量経済学的手法の 1 つが差の差推定法です。これは、純粋実験のパネルデータを利用した推定法と基本的に同じです。識別問題は、非労働所得が (1) 労働者に固有な観察不可能な選好と (2) 同一時点で全労働者に共通して生じる観察不可能なイベント（できごと）の 2 つの観察不可能な要因と相関を持つことであると仮定します。その上で、同一労働者・2 時点間で実証モデル式の差分を取ることにより、労働者の観察されない属性の効果を消去します。この差分をとった後の実証モデル式をグループ間でさらなる差分を取ることにより、全労働者に共通な観察不可能なイベントの効果を消去します。

ナチュラルエクスペリメントが純粋実験と 1 つ異なる点は、純粋実験では観察可能な説明変数の値を労働者間および 2 時点間で一定に保つことができるのに対し、これができない点です。このことは、(4.5) 式の $\beta w_{it}, \gamma P_{it}, \kappa X_{it}$ に関わる項が (4.6) 式、(4.7) 式、(4.8) 式に現れることを意味しますが、次式のように、$w_{i1}^C - w_{i2}^C$ と $w_{j1}^T - w_{j2}^T$, $P_{i1}^C - P_{i2}^C$ と $P_{j1}^T - P_{j2}^T$, $X_{i1}^C - X_{i2}^C$ と $X_{j1}^T - X_{j2}^T$ とが各々等しいコントロールグループの労働者とトリートメントグループの労働者を比較することにより、この問題は解決します。

$$[(L_{j1}^T - L_{j2}^T) - (L_{i1}^C - L_{i2}^C)]$$
$$= \delta[(I_{j1}^T - I_{j2}^T) - (I_{i1}^C - I_{i2}^C)] + [(\mu_{j1}^T - \mu_{j2}^T) - (\mu_{i1}^C - \mu_{i2}^C)] \quad (4.13)$$

(4.9) 式の場合と同様に、$[(I_{j1}^T - I_{j2}^T) - (I_{i1}^C - I_{i2}^C)]$ は、ナチュラルエクスペリメントにより外生的に引き起こされるので、誤差項の変化のグループ間の差 $[(\mu_{j1}^T - \mu_{j2}^T) - (\mu_{i1}^C - \mu_{i2}^C)]$ は、これと関連しないと考えられます。

ナチュラルエクスペリメントによる識別戦略の問題は、3 つの条件を完璧に満たす事例が少ないということです。条件が部分的にしか満たされない事例では、因果的効果の識別にはより厳しい仮定か、異なる識別戦略が必要となります。3 つの条件のうち、条件 (2) で指定されるコントロールグループとして適切なグループがない事例は、その代表例です。

4.4.2 パネルデータによる固定効果モデル推定

労働者のパネルデータによる固定効果モデル推定は、脱落変数バイアスを克服するための識別戦略です。パネルデータとは、多くの労働者を複数時点で追

跡、観察したデータです。ここでの識別問題は、非労働所得が労働者に固有な観察不可能な選好と相関を持つことであると仮定します。労働者は 2 期間観察されるとします。労働者のインデックスを i ($i = 1, 2, \cdots, N$)、その労働者の第 t 期目の観察を t ($t = 1, 2$) のインデックスで表すことにします。また、(4.1) 式の後半を仮定します。すると、(4.1) 式は (4.14) 式のように書き換えられます。

$$L_{it} = \alpha + \beta w_{it} + \gamma P_{it} + \delta I_{it} + \kappa X_{it} + \varepsilon_{it} \tag{4.14}$$

ここで、労働者 i は時間の進行にかかわらず固定の労働に対する選好 θ_i を持ち、非労働所得と選好との間に正の相関関係があると仮定します。すでに見たように、クロスセクショナルデータでは、この相関関係が識別問題を引き起こします。後でわかるように、選好が時間の進行にかかわらず一定であるという仮定が識別問題を解決する上で重要な仮定の 1 つです。さらに、パネルデータでは、時点 t で生じる全労働者に共通な、分析者には観察不可能なイベント ϕ_t を考慮することもできます。新たな誤差項を $\mu_{it} = \varepsilon_{it} - \theta_i - \phi_t$ と定義することにより、(4.14) 式は (4.15) 式のように書き換えられます。

$$L_{it} = \alpha + \beta w_{it} + \gamma P_{it} + \delta I_{it} + \kappa X_{it} + \theta_i + \phi_t + \mu_{it} \tag{4.15}$$

ここで、新たな誤差項 μ_{it} が説明変数と無相関であると仮定します。後でわかるように、これが識別問題を解決する上で重要なもう 1 つの仮定です。

ここで、(4.15) 式を労働者 i の 2 つの期間 ($t = 1, 2$) の間で差分をとると、θ_i が消え、(4.16) 式が得られます。

$$\begin{aligned} L_{i1} - L_{i2} = {} & \beta(w_{i1} - w_{i2}) + \gamma(P_{i1} - P_{i2}) + \delta(I_{i1} - I_{i2}) + \kappa(X_{i1} - X_{i2}) \\ & + (\phi_1 - \phi_2) + (\mu_{i1} - \mu_{i2}) \end{aligned} \tag{4.16}$$

差分をとる前の (4.14) 式のパラメーターである $\beta, \gamma, \delta, \kappa$ はそのまま表れています。

さらに、(4.16) 式を異なる労働者 i と j の間で差分をとると、次式になります。

$$\begin{aligned} [(L_{i1} - L_{i2}) - (L_{j1} - L_{j2})] = {} & \beta[(w_{i1} - w_{i2}) - (w_{j1} - w_{j2})] \\ & + \gamma[(P_{i1} - P_{i2}) - (P_{j1} - P_{j2})] \end{aligned}$$

$$+ \delta[(I_{i1} - I_{i2}) - (I_{j1} - I_{j2})]$$
$$+ \kappa[(X_{i1} - X_{i2}) - (X_{j1} - X_{j2})]$$
$$+ [(\mu_{i1} - \mu_{i2}) - (\mu_{j1} - \mu_{j2})] \quad (4.17)$$

　直感的には、非労働所得以外の変数の変化が一定である労働者の間で、労働供給量の変化の労働者間差 $[(L_{i1} - L_{i2}) - (L_{j1} - L_{j2})]$ と非労働所得の変化の労働者間差 $[(I_{i1} - I_{i2}) - (I_{j1} - I_{j2})]$ の比から、δ が識別されます。誤差項 μ_{it} が説明変数と無相関であるという仮定が、識別上の重要な仮定であることがわかります。

　パネルデータによる識別戦略にも問題が残ります。第一に、非労働所得などの説明変数の 2 期間の変化（例えば $I_{i1} - I_{i2}$）は誤差項の変化（$\mu_{i1} - \mu_{i2}$）と相関する可能性があります。2 期間の間で選好 (θ_1) が同一の労働者が異なる非労働所得を得るに至ったのは、観察不可能な（選好 θ_1 以外の）他の変数 (μ_{it}) が異時点間で変化したとも考えられるからです。例えば、労働者が毎月定額の住宅ローンの返済をするために、所得の年毎の変動を回避するとしたら、何らかの原因で非労働所得の低く（高く）なった期には、労働に対する選好が強まる（弱まる）と予想されます。単純化のために、1 年目に非労働所得の減少があり、2 年目には平均値へ戻るとします。この場合には、1 年目の非労働所得 I_{i1} の減少を経験した労働者は、1 年目の労働に対する選好 μ_{i1} を増すので、$(I_{i1} - I_{i2})$ が小さくなると $(\mu_{i1} - \mu_{i2})$ が大きくなる傾向があります。労働者間で比較すると、$[(I_{i1} - I_{i2}) - (I_{j1} - I_{j2})]$ が大きいときには、$[(\mu_{i1} - \mu_{i2}) - (\mu_{j1} - \mu_{j2})]$ が小さくなる傾向があります。この相関を無視し、パネルデータと固定効果モデルにより δ を推定すれば、新たな脱落変数バイアスが生じます。この種の相関は、パネルデータ特有の問題ではなく、パネルデータを利用しても残る難題と考えるべきです。この問題を克服するには、$(I_{i1} - I_{i2})$ を $(\mu_{i1} - \mu_{i2})$ とは外生的に変化させる必要があります。純粋実験やナチュラルエクスペリメントによる識別戦略は、外生的変化を利用する点でパネルデータによる識別戦略よりも優れています。

　第二に、変数に測定誤差がある場合には、差分をとると測定誤差が拡大される傾向があることが知られています。パネルデータによる識別戦略では、直感的には、従属変数の差分と説明変数の差分との比からパラメーターを識別するの

で、これは潜在的に深刻な問題です。

4.4.3 双生児データによる固定効果モデル推定

一卵性双生児のクロスセクショナルデータによる固定効果モデル推定は、基本的にパネルデータを利用した識別戦略と同一です。ここでの識別問題も、非労働所得が労働者に固有の観察不可能な選好と相関を持つことであると仮定します。一卵性双生児の家庭のインデックスを i ($i = 1, 2, \cdots, N$)、その家庭の第 j 番目の一卵性双生児を j ($j = 1, 2$) のインデックスで表します。(4.1) 式の後半を仮定し、(4.1) 式は (4.18) 式に書き換えられます。

$$L_{ij} = \alpha + \beta w_{ij} + \gamma P_{ij} + \delta I_{ij} + \kappa X_{ij} + \varepsilon_{ij} \tag{4.18}$$

パネルデータの場合と同様に、労働に対する選好が同一である観察値が 2 個あることを保証する仮定と誤差項 ν_{ij} が説明変数と無相関であるという仮定が識別問題を解決する上で重要です。家庭 i の 2 人の一卵性双生児は同一の選好 θ_i を持ち、非労働所得が選好と正の相関関係を持つと仮定します。この相関関係が識別問題を引き起こします。新たな誤差項を $\nu_{ij} = \varepsilon_{it} - \theta_i$ と定義し、説明変数と無相関であると仮定します[2]。(4.18) 式は (4.19) 式に書き換えられます。

$$L_{ij} = \alpha + \beta w_{ij} + \gamma P_{ij} + \delta I_{ij} + \kappa X_{ij} + \theta_i + \nu_{ij} \tag{4.19}$$

双生児データを利用した識別戦略はパネルデータを利用したものと同一です。これは、家庭 i の 2 人の双生児 ($j = 1, 2$) の間で (4.19) 式の差分をとると、(4.16) 式と同一式が得られることからわかります。双生児データによる識別戦略の問題も、パネルデータの場合と類似しています。同じ選好を持つ一卵性双生児が異なる非労働所得を得るに至ったのは、観察不可能な(選好以外の)他の変数 (ν_{ij}) が双生児間で異なったからとも考えられます。

4.4.4 クロスセクショナルデータによる操作変数推定

操作変数 (instrumental variable) とは、(1) 関心のある説明変数とは相関するものの、(2) 誤差項とは相関しない第 3 の観察可能な変数です。ここでは、(1) 非労働所得とは相関するものの、選好など、観察不可能な変数とは相関

---

[2] 一卵性双生児のクロスセクショナルデータにおいては、時点 t で生じる、全労働者に共通な、分析者には観察不可能なイベント ϕ_t を α から区別できません。

しない第3の変数です。この条件を満たす操作変数があるときには、直感的には、操作変数の変化により生じる労働供給量の変化と操作変数の変化により生じる非労働所得の変化との比から非労働所得の労働供給量への因果的効果を識別できます。操作変数法による識別は、クロスセクショナルデータでも可能です。

操作変数法の難点は、2つの条件を満たす操作変数を見つけるのが困難なことです。非労働所得と相関を持つ一方で、誤差項と相関しない変数を見つけるのは容易ではありません。例えば、操作変数の候補として政府の税制改革を用いることを考えてみましょう。まず、政府の税制が変更される場合、その対象となる労働者とならない労働者がいます。例えば、他の条件を一定とすれば、一定水準を超える高い非労働所得に対する減税は、労働に対する選好が強く、それ故、過去の労働所得が高かった労働者達の手取り非労働所得を増やしますが、他の労働者達の手取り非労働所得を変化させません。したがって、税制と観察不可能な選好との間に相関が生じてしまい、操作変数の第二の条件が満たされません。

4.5　集計データの問題点

個々の労働者に関する変数の値を集計し平均値や中央値などの統計量を提供するデータを集計データと呼びます。これに対し集計前の個々の労働者に関する変数の値を提供するデータをマイクロデータ、または**個票データ**と呼びます。上で考慮した識別戦略ではマイクロデータの利用を前提としました。印刷物やインターネット上で公表される政府統計データは、個人情報を保護する観点から集計データの形をとっています。集計データから外生変数の因果的効果を識別することは不可能であり、日本での実証労働経済学研究の遅れの大きな原因となっています。ここでは、集計データについて説明します。

集計データの基礎となる個々の労働者のマイクロデータを集計する際に用いるグループの定義によりさまざまな集計ができます。男女別の集計、年齢階級別の集計、学歴別集計、あるいは同性・同年齢階級・同学歴別の集計、都道府県別の集計、年別の集計など、いろいろです。

集計データの深刻な問題は、マイクロデータを集計、公表する際に、一部の変数が削除されることが多いことです。例えば、個々の労働者の非労働所得の情報がマイクロデータに含まれていても、それを労働者間で平均した値が集計

データに含まれていなければ、実証モデルから説明変数の 1 つが脱落することになり、未知のパラメターの識別は困難となります。マイクロデータでも解決が困難な脱落変数バイアス、サンプルセレクションバイアス、測定誤差バイアスなどの識別問題を集計データで解決するのはきわめて困難です。

労働供給、賃金、消費財価格、非労働所得の集計データを用いパラメターの識別ができる場合でも、集計データでは個々の労働者についての変数に関する情報が集計により失われているので、マイクロデータを用いた方がより正確に未知のパラメターの推定が可能となります。マイクロデータから集計データを集計することはできても集計データからマイクロデータを復元できないことからもわかるように、マイクロデータには集計データ以上の情報が含まれています。

4.6 因果的効果の識別戦略の応用

米国の Eissa ([41]) は、ナチュラルエクスペリメントを利用し、所得税の限界税率（1 ドルの所得増に対する税の増額率）が既婚女性の労働供給に対して持つ因果的効果を分析したことでよく知られています。ナチュラルエクスペリメントによる識別戦略は、限界税率の労働供給への因果的効果の識別問題を解決する数少ない戦略の 1 つです。

限界税率の労働供給に対する因果的効果は政策的に重要なため、因果的効果の推定は重要ですが、識別問題は複雑です。所得税が累進課税である米国では、労働者が直面する限界税率は、他の条件を一定として、労働供給を増やすすべての要因と正の相関関係を持つと予想されます。累進課税的な所得税制の下では、限界税率は所得の増加に伴い、上がります。労働所得は、賃金と労働供給量の積であり、労働供給量は、労働者の観察不可能な選好 θ_i や全労働者に共通な観察不可能なイベント ϕ_t のみならず、各労働者が各時点で経験する観察不可能なイベント μ_{it} と相関します。労働供給量が各労働者が各時点で経験する観察不可能なイベント μ_{it} と相関する限り、限界税率も μ_{it} と相関するので、通常のパネルデータと固定効果モデルによる識別戦略では、因果的効果の識別ができないので、ナチュラルエクスペリメントによる識別戦略が有効です。

Eissa は、米国で 1986 年に施行された税制改革法をナチュラルエクスペリメントとして用いています。1986 年税制改革法は、高所得者に対する限界税率を

44% (50%から28%) 下げましたが、より所得の低い労働者に対する限界税率はあまり下げませんでした。そこで、1986年税制改革で税率の小幅な削減を経験した労働者達をコントロールグループとし、税率の大幅な削減を経験した労働者達をトリートメントグループとして扱っています。具体的には、所得分布の75%分位点の既婚女性をコントロールグループとして扱い、所得分布の99%分位点（所得分布の下から99%の点、上から1%の点）かそれより上に位置する既婚女性をトリートメントグループとして扱っています。他の条件を一定に保った上で、大幅な税率変更に対するトリートメントグループの労働供給の反応を小幅な税率変更に対するコントロールグループの労働供給の反応と比べることにより、税率変更の労働供給への因果的効果を識別するのが、ここでの識別戦略です。

Eissa は、高所得の既婚女性の労働供給は、1986年税制改革により増加したことを見出し、これから示唆される労働供給の（課税後の）賃金弾力性は約 0.8 であり、少なくともこの弾力性値の半分は、既婚女性が労働力化することによると報告しています。

参考文献

[41] は税制改革をナチュラルエクスペリメントとして扱い、差の差推定法を用い、労働供給を分析しています。[11] は高度な内容ですが、労働経済学での因果的効果の識別問題と識別戦略を詳細に説明しています。

5章

労働需要(基礎編)

本章では、企業の労働需要行動について理論分析を行います。実証研究からはその他の条件が一定のときに企業の労働需要量は、賃金が上がると減り、生産物価格が上がると増えることがわかっています。本章で紹介する理論モデルの予測はこれらの実証研究の結果と整合的です。本章では、労働需要に関する基礎的モデルである静学的労働需要モデルを紹介します。静学的労働需要モデルは、企業が制約条件の下で利潤を最大化すべく労働需要量を含む生産要素需要量を選ぶという考え方を表します。以下では、意思決定問題を生産技術、費用、収入、意思決定問題に分け、順に説明します。

5.1 生産技術

まず、企業の用いる生産技術について考えましょう。財・サービスの生産に要する労働者、機械、工場、土地、エネルギー、材料等を**生産要素**と呼びます。ここでは、単純化のために、**労働サービス**と**資本サービス**のみが生産要素であるとします。資本とは、機械や工場など、生産に用いられる耐久財そのもののことで、ストックの概念です。一方、資本サービスとは、ストックである資本が一定の時間内に生み出す生産サービスのことで、フローの概念です。ストックである労働者とフローである労働サービスの間の関係も同様です。なお、資本が資本サービスを生むのと同様に、労働者は、労働サービスを生むので、労働者を「人的資本」と呼ぶことがよくあります。ただし、以下では、単純化のために、誤解が生じない限り、「労働サービス」を「労働」、「資本サービス」を

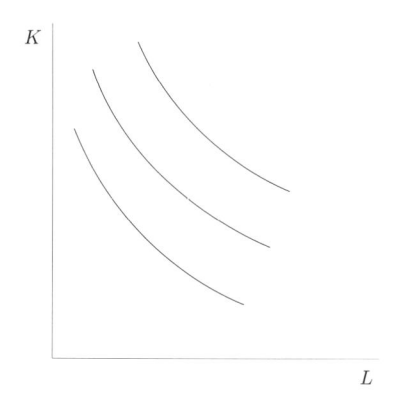

図 5.1　等量曲線

「資本」と呼びます。また、企業は1種類の財のみを生産するとします。これを**生産財**と呼びます。

生産技術を表すには、生産関数を用います。生産関数は、生産に投入する労働量と資本量を与えると、生産財の量を返す関数のことで、(5.1) 式のように表されます。

$$q = F(L, K) \tag{5.1}$$

ここで、q は財の生産量を、L は労働投入量を、K は資本投入量を意味します。

もう1単位の労働を生産に投入することにより生じる財の生産量の増分を**労働の限界生産物**と呼び、MP_L(Marginal Product of Labor) と表します。ΔL を L の変化分、$\Delta F(L, K)$ を (L の変化分により引き起こされる) 生産量 $F(L, K)$ の変化分とすれば、$MP_L(L, K) = \Delta F(L, K)/\Delta L$ です。同様に、もう1単位の資本を生産に投入することにより増える財の生産量を**資本の限界生産物**と呼び、MP_K(Marginal Product of Capital) と表します。$MP_K(L, K) = \Delta F(L, K)/\Delta K$ です。これらの量は正であると仮定します。

生産関数のグラフを描くには3次元を要するので、グラフによる分析の際には不便です。そこで、図 5.1 のように、生産関数の等高線図である等量曲線図をよく用います。等量曲線図は L-K 平面上に描かれ、同一等量曲線上の (L, K) の組み合わせは、どれも一定の量の財を生産できます。等高線図から地形を把握できるように、等量曲線図から生産技術 (生産関数) を把握できます。

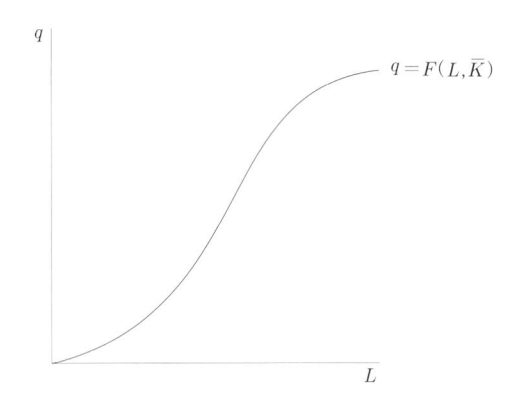

図 5.2 労働の総生産物曲線

　等量曲線図は、無差別曲線図と性質が似ています。第一に、等量曲線は右下がりです。これは、労働の限界生産物と資本の限界生産物が正であるという前述の仮定によります。第二に、等量曲線の傾きの絶対値は、**労働の資本に対する技術的限界代替率**と呼ばれ、$MRTS_{LK}$(Marginal Rate of Technical Substitution)と表します。$MRTS_{LK}$ は MP_L/MP_K で表すことができ、労働の限界生産物（を資本単位で測ったもの）であると解釈できます。

　第三に、技術的限界代替率逓減の法則が成り立つと仮定します。つまり、等量曲線の傾きの絶対値は、同一等量曲線上で労働を増やし資本を減らすにつれ、低減すると仮定します。技術的限界代替率逓減の仮定の下では、同一量を生産できる異なる労働と資本の組み合わせの加重平均をとった組み合わせの方がより多くの量を生産できます。

　後でわかるように、短期の労働需要量の決定を扱う際には、一定の資本投入量の下で生産関数から導かれるいくつかの曲線が役立ちます。一定の資本投入量の下で生産量と労働投入量の間の関係 $q = F(L, \overline{K})$ を示したのが**労働の総生産物曲線**です。同様に、一定の資本投入量の下で、もう 1 単位の労働により生産される量を示したのが**労働の限界生産物曲線**で、労働 1 単位当たりの生産量を示したのが**労働の平均生産物曲線**です。図 5.2 は、労働の総生産物曲線、図 5.3 は労働の限界生産物曲線 MP_L と平均生産物曲線 AP_L の例を示しています。

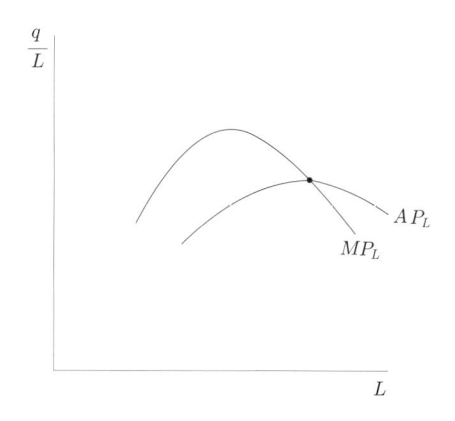

図 5.3 労働の限界生産物曲線と平均生産物曲線

5.2 利潤最大化問題

企業の目的は利潤最大化です。企業は労働投入量と資本投入量を適切に選択し、利潤を最大化します。利潤を最大化する労働投入量、資本投入量が、**労働需要量、資本需要量**です。企業の**利潤最大化問題**は次式のように表せます。

$$Max \quad \pi(L,K) = pq - (wL + rK)$$
$$\text{subject to} \quad q = F(L,K) \tag{5.2}$$

ここで π は利潤を表します。また、p, w, r は生産物、労働サービス、資本サービスの価格を表し、企業にとって与えられたものであると仮定します。労働サービスの価格を賃金と呼びます。以下では、単純化のために、「資本サービスの価格」を「資本価格」と呼びます。以下に登場する「資本価格」はストックである資本の価格ではなく、フローである資本サービスの価格です。

企業の利潤最大化問題を分析する際には、**長期**と**短期**を区別します。長期とは、L も K も自由に変えられる状況を指します。長期での企業の利潤最大化問題は、(5.2) 式で表されます。短期とは、一般には生産要素の 1 つでも投入量の変更ができない状況を指します。通常、K の投入量が一定で、L の投入量は自由に変更できる状況を指します。以下では、短期の問題を考察した上で、長期の問題を考察します。

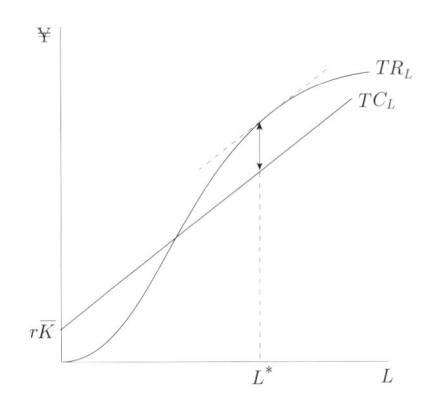

図 5.4　総収入と総費用

5.3　短期の労働需要

K が一定である短期では、企業は L のみを適切に選択し、利潤の最大化を図ります。短期での企業の利潤最大化問題は、(5.2) 式の K を定数 $\overline{K}$ で置き換えた次式で表されます。

$$Max \quad \pi(L,\overline{K}) = pq - (wL + r\overline{K})$$
$$\text{subject to} \quad q = F(L,\overline{K}) \tag{5.3}$$

あるいは、q に生産関数を代入し、次式で表せます。

$$Max \quad \pi(L,\overline{K}) = pF(L,\overline{K}) - (wL + r\overline{K}) \tag{5.4}$$

5.3.1　限界原理

(5.4) 式から明らかなように、労働 L 単位を投入すると、$pF(L,\overline{K})$ の総収入が発生する一方で、wL の労働の総費用が発生します。この差を最大化するように労働投入量を選びます。資本の総費用 $r\overline{K}$ は労働投入量にかかわらず一定なので、労働投入量の決定には影響しません。

労働投入量が利潤を最大化するときには、限界原理が成立します。図 5.4 は、総収入 TR_L と総費用 TC_L を労働投入量に対して描いています。この差を最大化する労働投入量では、総収入曲線と労働の総費用曲線の傾きは等しくなっています。言い換えれば、労働が企業にもたらす限界収入（限界生産物の価値）

と労働が企業にもたらす限界費用 (w) が一致するという、次の限界原理が成立します。

$$pMP_L(L^*, \overline{K}) = w \tag{5.5}$$

ここで、L^* は限界原理が成り立つ労働投入量です。

5.3.2 操業停止条件

次に、操業停止条件を考察する必要があります。もし、L^* の労働投入量の下での利潤が、労働投入量がゼロの下での利潤と比べ低い場合には、利潤を最大化する労働投入量は L^* ではなく、ゼロとなります。つまり、操業停止条件は次式で表せます。

$$\pi(L^*, \overline{K}) < \pi(0, \overline{K}) \tag{5.6}$$

あるいは、

$$pF(L^*, \overline{K}) - (wL^* + r\overline{K}) < -r\overline{K} \tag{5.7}$$

あるいは、

$$pF(L^*, \overline{K}) < wL^* \tag{5.8}$$

つまり、L^* の労働投入を行い操業した場合に得られる総収入で労働の総費用をカバーできない場合には、操業停止となり、利潤を最大化する労働投入量はゼロとなります。ここで注意したいのは、(5.8) 式が満たされておらず、L^* の労働投入を行い操業するのが利潤最大化に適う場合でも正の利潤が生じるとは限らないという点です。

操業停止条件は、労働者 1 人当たりの平均値でも述べられます。(5.8) 式の両辺を L^* で除すると、次式になります。

$$pF(L^*, \overline{K})/L^* < w \tag{5.9}$$

つまり、L^* での労働の平均収入が労働の平均費用（賃金 w）に満たない場合には、操業停止となり、利潤最大化する労働投入量はゼロになります。

5.3.3 限界原理の他の解釈

限界原理は、他の解釈ができます。まず、(5.5) 式をもう一度見てみましょう。

$$pMP_L(L^*, \overline{K}) = w \tag{5.10}$$

(5.5) 式の両辺を $MP_L(L^*, \overline{K})$ で除すると、次式が得られます。この式は、ミクロ経済学で学ぶ「財の限界収入 (p) ＝財の限界費用 (MC)」という限界原理にほかなりません。

$$p = \frac{w}{MP_L(L^*, \overline{K})} \tag{5.11}$$

左辺の p は財の価格、すなわち財をもう 1 単位生産することにより得られる限界収入です。右辺は、財の限界費用 (MC) です。分母は労働をもう 1 単位増やすことにより生産される財の量を示します。分子は、もう 1 単位の労働に要する費用を示します。したがって、比はもう 1 単位の財の費用、すなわち財の限界費用となります。

例で考えましょう。(5.5) 式で w =1000 (円/時)、p =500（円/財 1 単位）であるとします。(5.5) 式の限界原理が成り立つためには、労働の限界生産物 $MP_L(L^*, \overline{K})$ は 2 でなければなりません。そこで、労働投入量の変化が 2 単位 ($\Delta L = 2$)、それによる生産量の変化が 4 単位 ($\Delta F(L, \overline{K}) = 8$) であるとします。

財の限界費用を求めてみましょう。労働をもう 2 単位増やし、もう 4 単位の財が生産されるので、労働をもう 1 単位増やすことにより生産される財の量は 2 単位（= 4/2 単位）です。これが (5.11) 式の右辺の分母です。もう 1 単位の労働の費用は 1000 円です。これが右辺の分子です。したがって、もう 1 単位の財の費用、すなわち財の限界費用は 500 円 ($= 1/2 \times w$) です。これは、分子と分母の比として得られます。

5.3.4　操業停止条件の他の解釈

同様に操業停止条件も他の解釈ができます。操業停止条件を表す (5.9) 式をもう一度見てみましょう。

$$pF(L^*, \overline{K})/L^* < w \tag{5.12}$$

この式の両辺を $F(L^*, \overline{K})/L^*$ で除すると、次式になります。

$$p < \frac{wL^*}{F(L^*, \overline{K})} \tag{5.13}$$

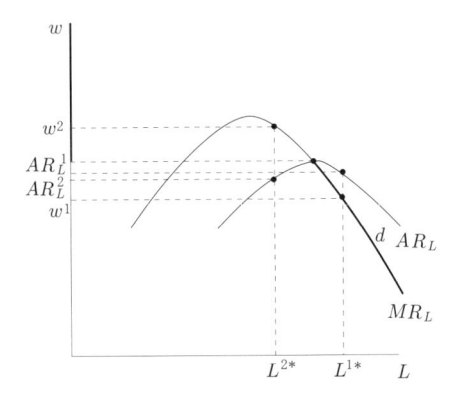

図 5.5　短期の労働需要曲線

この式は、ミクロ経済学で学ぶ「財の平均収入 (p) < 財の平均可変費用 (AVC)」という短期の操業停止条件にほかなりません。これは、wL^* が可変費用、$F(L^*, \overline{K})$ が生産量であることから明らかでしょう。

5.3.5　比較静学分析

ここでは、短期での、賃金の上昇、生産物価格の上昇、資本価格の上昇の順にこれら外生変数の変化が内生変数である労働需要量に与える質的効果を予測することにしましょう。

短期の労働需要曲線（賃金の効果）

図 5.5 は、短期の労働需要曲線の例を示しています。この例では、賃金が労働の平均収入曲線の最大値よりも高いときには、労働需要曲線は縦軸と一致し、それ以外のときには、労働需要曲線は労働の限界収入曲線の右下がりの部分と一致します。これを理解するために、いま、賃金が w^1 であるとします。このとき、限界原理を満たす労働投入量は L^{1*} となります。労働の平均収入 AR_L^1 は、賃金 w^1 より高いので、操業停止条件は満たされず、利潤を最大化する労働投入量（労働需要量）は L^{1*} となります。次に、賃金が w^2 であるとします。このとき、限界原理を満たす労働投入量 L^{2*} となります。労働の平均収入 AR_L^2 は賃金 w^2 より低いので、操業停止条件が満たされ、利潤を最大化する労働投入量（労働需要量）は 0 となります。

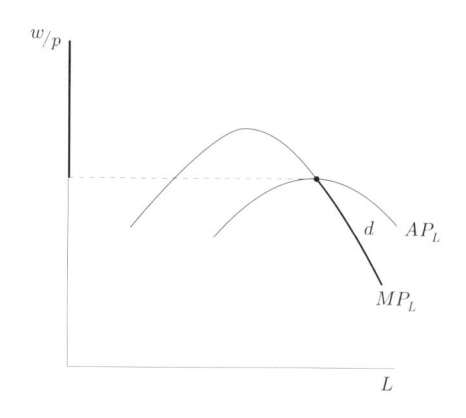

図 5.6 短期の労働需要曲線

短期の労働需要曲線が右下がりになるのは、労働の限界生産物が逓減する仮定によります。貨幣単位で測った賃金を名目賃金 (w)、(名目賃金を生産物価格で除し) 生産物単位で測った賃金を実質賃金 (w/p) と呼びます。図 5.6 は、縦軸の名目賃金を実質賃金に変換し、図 5.5 の労働需要曲線を再び描いています。賃金が労働の平均生産物曲線の最大値よりも高いときには、労働需要曲線は縦軸と一致し、それ以外のときには、労働需要曲線は労働の限界生産物曲線の右下がりの部分と一致します。

生産物価格、資本価格の効果

生産物価格のみの上昇は、実質賃金の下落を引き起こし、労働需要を増加させます。この変化は、縦軸に実質賃金をとった図 5.6 の場合には、需要曲線上の右下の方向への移動として表されます。一方、縦軸に名目賃金をとった図 5.5 の場合には、需要曲線そのものの右方向へのシフトで表されます。

次に、資本価格の変化は、短期では労働需要量に影響しません。これは、資本価格が限界原理に関与していないことからわかります。短期では資本サービス投入量が一定であり、資本の総費用が労働投入量に依存しないからです。

5.3.6 0 次同次性

労働需要量が名目賃金と生産物価格の影響を受けるのは、それらの比である実質賃金を通してのみです。つまり、労働需要曲線を関数と考えるとき、名目

賃金と生産物価格は独立した 2 つの説明変数として入るのでなく、実質賃金として比の形で 1 つの説明変数として入ります。名目賃金と生産物価格が変わっても、それらが同じ割合で変わるのであれば、実質賃金は変わらないので、図 5.6 から明らかなように、労働需要量は変わりません。短期の労働需要曲線の持つこの性質を (p, w についての) **0 次同次性**と呼びます。

5.4 長期の労働需要

長期では、企業は労働と資本の両方を変えられます。企業は、利潤最大化をするために最適な労働投入量と資本投入量を選びます。

5.4.1 利潤最大化と費用最小化

企業が利潤を最大化するためには、そのときに生産量を最小費用で生産する労働投入量と資本投入量を投入していなければなりません。このことを詳しく見てみましょう。企業が利潤最大化をするときに選ぶ労働投入量と資本投入量を L^* と K^* で表すとします。このときの生産量を q^* で表すと、

$$q^* = F(L^*, K^*) \tag{5.14}$$

となります。また、このときの総費用を c^* で表すと、

$$c^* = wL^* + rK^* \tag{5.15}$$

となります。生産量 q^* を生産するには、q^* に対応する等量曲線上のどの (L, K) の組み合わせでも可能です。ただし、利潤を最大化するには、q^* に対応する等量曲線上のすべての (L, K) の組み合わせの中から最小費用で q^* を生産する組み合わせを選ぶ必要があります。これは、背理法により簡単に証明できます。もし選んだ組み合わせ (L^1, K^1) が利潤を最大化するにもかかわらず q^* を生産する上で最小費用を達成しないのであれば、より低い費用で同じ量を生産する他の組み合わせ (L^2, K^2) があるということです。(L^2, K^2) と (L^1, K^1) は、どちらも q^* を生産できるので、総収入に差はありません。したがって、(L^2, K^2) が (L^1, K^1) よりも高い利潤を達成します。しかし、これは、(L^1, K^1) が利潤を最大化するという仮定と矛盾してしまいます。

長期の労働需要量と資本投入量の決定は (5.2) 式で表される利潤最大化問題

の解です。以上を踏まえ、次の 2 段階の問題を解くことで得られる解とも考えられます。第 1 段階は、次式で表される費用最小化問題です。

$$Min \quad C = wL + rK$$

$$\text{subject to} \quad F(L, K) = q \tag{5.16}$$

この問題は、任意の生産量 q を生産する上で費用を最小化する労働投入量と資本投入量を決定するものです。この問題の解となる労働投入量を $\hat{L}$、資本投入量を $\hat{K}$ とします。どちらも生産量 q、賃金 w、資本価格 r に依存します。最小費用を $\hat{C}$ とすると、$\hat{C} = w\hat{L} + r\hat{K}$ となります。これも生産量 q、賃金 w、資本価格 r に依存します。最小費用 $\hat{C}$ は q, w, r の関数となるので、$\hat{C}(q, w, r)$ で表し、**総費用関数**と呼ばれます。

第 2 段階は、次式で表される利潤最大化問題です。

$$Max \quad \pi = pq - \hat{C}(q, w, r) \tag{5.17}$$

この問題は、第 1 段階で求めた総費用関数を用い、利潤を最大化する生産量 q^* を決定するものです。利潤を最大化する生産量 q^* が求まれば、第 1 段階の問題の q を q^* に置き換え、費用最小化問題を解くことにより、利潤を最大化する労働投入量 L^* と資本投入量 K^* を求められます。

5.4.2 費用最小化の限界原理

それでは、(5.16) 式で表される費用最小化問題を解いてみましょう。

$$Min \quad C = wL + rK$$

$$\text{subject to} \quad F(L, K) = q \tag{5.18}$$

まず、L と K は制約条件を満たす必要があるので、解は等量曲線 q 上にあります。次に、等量曲線 q 上のすべての (L, K) の費用を比べ、最小費用を達成する組み合わせを選ぶ必要があります。

ここで役立つのが**等費用線**です。等費用線とは、一定の費用 c を要するすべての (L, K) の組み合わせを示す線で、次式で定義されます。

$$c = wL + rK \tag{5.19}$$

等費用線は、L を横軸、K を縦軸にとると、傾きが $-w/r$、L 切片が c/w、K

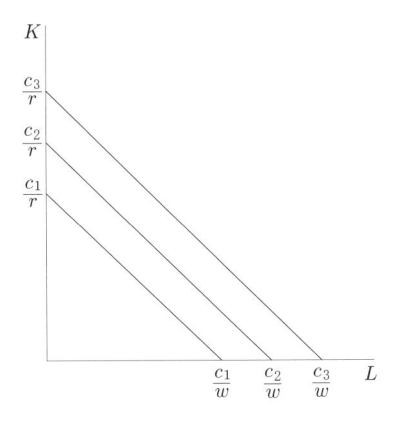

図 5.7　等費用線図

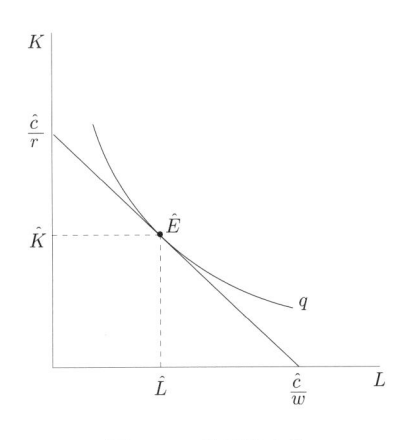

図 5.8　費用最小化

切片が c/r の右下がりの直線です。等費用線の傾き $(-w/r)$ は、労働の限界費用 (w)（を資本単位で測ったもの）と解釈できます。生産要素平面は、無数の（異なる c の値に対応した）等費用線で埋め尽くされています。図 5.7 はいくつかの等費用線を示しています。c の値の高い等費用線は、右上方に位置します。また、r が高くなると、すべての等費用線の傾きが一様に緩やかになり、w が高くなると、すべての等費用線の傾きが一様に急になります。

費用最小化は、限界原理を満たすときに達成されます。等量曲線と等費用線を重ね合わせたのが図 5.8 です。この図から明らかなように、費用を最小化する点は、等費用線の 1 つが等量曲線と接する点で与えられます。接点では、等

費用線の傾き $(-w/r)$ が等量曲線の傾き $(-MRTS_{LK})$ に等しくなければならないので、次の限界原理が成立します。

$$w/r = MRTS_{LK}(\hat{L}, \hat{K}) \tag{5.20}$$

これは、次のようにも書き換えられます。

$$w/r = \frac{MP_L}{MP_K}(\hat{L}, \hat{K}) \tag{5.21}$$

ここで $(\hat{L}, \hat{K})$ は、q 単位の財を最小の総費用で生産する労働と資本の投入量です。$MRTS_{LK}$ は、労働と資本の投入量に依存します。$MRTS_{LK}(\hat{L}, \hat{K})$ は、$(\hat{L}, \hat{K})$ を投入したときの $MRTS_{LK}$ という意味です。MP_L, MP_K についても同様です。これらの式の左辺は、労働の限界費用 (w)（を資本単位で測ったもの）と解釈できます。(5.20) 式の右辺は、労働の資本に対する技術的限界代替率であり、(5.21) 式の右辺のように、労働の限界生産物（を資本単位で測ったもの）と解釈できると学びました。したがって、労働と資本は、労働の限界費用と限界生産物が等しくなるよう、選ばれると解釈できます。

技術的限界代替率 $(MRTS_{LK})$ が労働の限界生産物 (MP_L) と資本の限界生産物 (MP_K) の比として表現できることを利用すると、限界原理の他の解釈が可能となります。(5.21) 式は、次式のように書き換えられます。

$$\frac{MP_L(\hat{L}, \hat{K})}{w} = \frac{MP_K(\hat{L}, \hat{K})}{r} \tag{5.22}$$

左辺は、労働の限界生産物を賃金で除したものなので、1 円の労働投入による限界生産物を示します。右辺は、1 円の資本投入による限界生産物を示します。したがって、この式は、最後の 1 円の限界生産物が労働と資本の間で等しくなるように、最後の 1 円は使われねばならないと解釈できます。

5.4.3　利潤最大化の限界原理

費用最小化問題を任意の q, w, r について解いたときに達成される総費用の最小値を $\hat{C}(q, w, r)$ と記し、**総費用関数**と呼びます。これを用い、企業は、利潤を最大化するために最適な生産量を選びます。

$$Max \quad \pi = pq - \hat{C}(q, w, r) \tag{5.23}$$

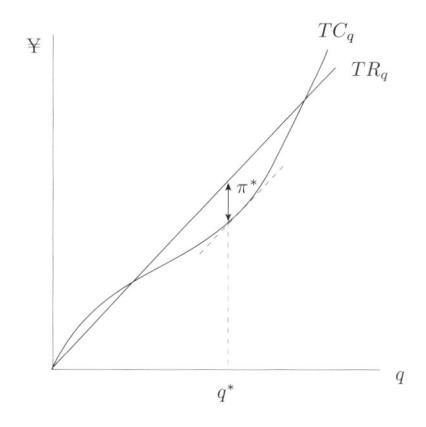

図 **5.9** 総収入と総費用

　利潤最大化は、限界原理を満たすときに達成されます。図 5.9 は、生産量を横軸にとり、総収入関数 TR_q と総費用関数 TC_q を描いています。この図から明らかなように、利潤を最大化するのは、2 つの関数のグラフの間の縦の距離が最大になるときです。これは、総収入関数の傾き p と総費用関数の傾き $(\Delta C/\Delta q)$ が等しくなる生産量で与えられます。総費用関数の傾きは、生産の限界費用 (MC) なので、ミクロ経済学でもお馴染みの次の限界原理が成立します。

$$p = MC(q^*, w, r) \tag{5.24}$$

ここで、q^* は利潤を最大化する生産量です。生産の限界費用 $MC(q^*, w, r)$ は、生産量、賃金、資本価格に依存するので、このような表記になります。q^* が求まったら、再び、費用最小化問題に戻り、生産量 q^* を最小費用で生産する労働と資本の投入量を求めれば、それらが利潤を最大化する労働と資本の投入量 (L^*, K^*) になります。

5.4.4　限界原理の他の解釈

　費用最小化と利潤最大化の 2 つの限界原理は、(5.2) 式で記される利潤最大化問題を (2 段階解法を経ずに) 直接に解くことでも導けます。

$$\begin{aligned} Max \quad & \pi(L, K) = pq - (wL + rK) \\ \text{subject to} \quad & q = F(L, K) \end{aligned} \tag{5.25}$$

ここで, 生産関数を代入すると、

$$Max \quad \pi(L, K) = pF(L, K) - (wL + rK) \tag{5.26}$$

となります。

　利潤最大化は、限界原理を満たすときに達成されます。内生変数は、L, K の 2 つなので、L の変化による限界収入 ($p\Delta F/\Delta L$ つまり pMP_L) と限界費用 (w) が等しくなり、かつ K の変化による限界収入 ($p\Delta F/\Delta K$ つまり pMP_K) と限界費用 (r) が等しくなる必要があります。

$$pMP_L(L^*, K^*) = w \tag{5.27}$$

$$pMP_K(L^*, K^*) = r \tag{5.28}$$

ここで、(L^*, K^*) は利潤を最大化する労働と資本の投入量であり、$MP_L(L^*, K^*)$ と $MP_K(L^*, K^*)$ は, (L^*, K^*) を投入したときの MP_L と MP_K という意味です。

　ここで、(5.27) 式を (5.28) 式で除すると、費用最小化の限界原理を表す (5.21) 式になります。

　また、(5.27) 式と (5.28) 式を書き直すと、

$$p = \frac{w}{MP_L(L^*, K^*)} \tag{5.29}$$

$$p = \frac{r}{MP_K(L^*, K^*)} \tag{5.30}$$

となります。(5.29) 式の右辺は、労働のみをもう 1 単位投入し、w 円の追加的費用を負担し、MP_L 単位の生産財を増産したときの（増産された生産財 1 単位あたりの）限界費用です。(5.30) 式の右辺は、資本のみをもう 1 単位投入し、r 円の追加的費用を負担し、MP_K 単位の生産財を増産したときの（増産された生産財 1 単位あたりの）限界費用です。したがって、どちらの式も利潤最大化の限界原理である (5.24) 式を表しています。実は、(5.29) 式の右辺と (5.30) 式の右辺はどちらも p に等しいので互いに等しくなければなりません。つまり両式は、(5.24) 式で表される利潤最大化の限界原理のみでなく、生産財の増産が労働の追加的投入、資本の追加的投入のいずれにより行われても、生産の限界費用が等しくなるように労働と資本が投入されねばならないことをも示唆します。それは、いうまでもなく (5.29) 式と (5.30) 式と同値の (5.27) 式と (5.28)

から示唆される費用最小化の限界原理 (5.21) 式が満たされる、つまり費用最小化が達成されることを意味します。

5.4.5　比較静学分析

長期についても、賃金、資本価格、生産財価格の上昇の効果を分析してみましょう。

長期の労働需要曲線（賃金の効果）

ここでは、名目賃金のみが上がると長期でも労働需要量が減る、すなわち長期の労働需要曲線は右下がりであることを示します。まず、限界原理によりこれを示します。

変化前の名目賃金を w^0、利潤を最大化する労働と資本の投入量、すなわち労働需要量と資本需要量を (L^0, K^0)、生産量を q^0 とします。ここで、$q^0 = F(L^0, K^0)$ です。(L^0, K^0) は費用最小化の限界原理（(5.20) 式）を満たし、q^0 は利潤最大化の限界原理（(5.24) 式）を満たすので、

$$w^0/r = MRTS_{LK}(L^0, K^0) \tag{5.31}$$

と

$$p = MC(q^0, w^0, r) \tag{5.32}$$

が成立します。あるいは同じことですが、(L^0, K^0) は利潤最大化の限界原理（(5.29) 式と (5.30) 式）を満たすので、

$$p = \frac{w^0}{MP_L(L^0, K^0)} \tag{5.33}$$

$$p = \frac{r}{MP_K(L^0, K^0)} \tag{5.34}$$

が成立します。いずれの式でも賃金が変化前の値である w^0 となっています。

まず、(5.31) 式に生じる変化が企業に与える代替効果を通じたインセンティヴを考えましょう。いま、賃金が w^1 になったにもかかわらず、企業が変化前の労働と資本の需要量 (L^0, K^0) を選択したとします。企業がそのような選択をすることは通常ありませんが、仮にそのような選択をしたらどのような経済的インセンティヴが働き、どのように選択を変えるかを見てみたいのです。この

場合、(5.31) 式の右辺には変化が起きませんが、左辺が大きくなるので、もはや等号は成立しなくなり、次式が成立します。

$$w^1/r > MRTS_{LK}(L^0, K^0) \tag{5.35}$$

(5.35) 式から明らかなように、変化前の労働と資本の需要量 (L^0, K^0) を選び続けたのでは、労働の限界費用（を資本単位で測ったもの）w^1/r が労働の限界生産物（を資本単位で測ったもの）$MRTS_{LK}(L^0, K^0)$ を上回ってしまいます。資本の限界費用（を労働単位で測ったもの）は労働の限界費用（を資本単位で測ったもの）の逆数であり、資本の限界生産物（を労働単位で測ったもの）は労働の限界生産物（を資本単位で測ったもの）の逆数なので、資本の限界費用は資本の限界生産物を下回っています。労働の限界生産物は労働の投入とともに逓減し、資本の限界生産物は資本の投入とともに逓減するので、企業には労働投入量を減らし、資本投入量を増やすことで費用を (何もしない場合の費用と比べ) 抑えようとするインセンティヴが働きます。これが賃金上昇の労働需要量と資本需要量に対する代替効果です。

次に、(5.32) 式に生じる変化が企業に与える**規模効果**を通じたインセンティヴを考えましょう。さきほどと同様に、賃金が w^1 になったにもかかわらず、企業が変化前の労働と資本の需要量 (L^0, K^0) を選択したとします。(5.32) 式の左辺には変化が起きませんが、賃金に依存する右辺は変化し、等号は成立しなくなるはずです。(5.32) 式の右辺の変化の方向は、(5.32) 式の右辺のみからはわかりません。しかし、企業が利潤を最大化するときには、(5.32) 式の右辺が生産の限界費用を示す (5.33) 式と (5.34) 式の右辺に等しくなるので、(5.33) 式と (5.34) 式の右辺にどちらの方向への変化の圧力が生じるかを観察します。すると、(5.33) 式の右辺が賃金上昇により大きくなることがわかります。(5.34) 式の右辺には変化が生じないので、労働を資本で完全に代替することができれば、生産の限界費用には変化が生じませんが、通常、労働と資本は完全代替的ではないので、生産の限界費用は上がります。したがって、(5.32) 式の右辺が大きくなり、次式が成立します。

$$p < MC(q^0, w^1, r) \tag{5.36}$$

(5.36) 式から明らかなように、変化前の生産量 q^0 を選び続けたのでは、生産の限界収入が生産の限界費用を下回ってしまいます。生産の限界費用が生産とと

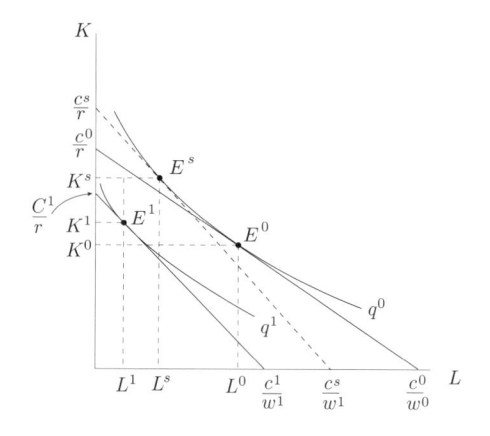

図 5.10　賃金上昇の効果

もに逓増するのであれば、企業には生産量を減らし、利潤を（何もしない場合の利潤と比べ）高めようとするインセンティヴが働きます。生産の限界費用が生産とともに逓増することは、生産関数に関するさらなる仮定の下で証明できますが、本書では扱わないことにします。労働と資本が正常生産要素であれば、生産量が減るに伴い、労働と資本の投入量は減ります。これが賃金上昇の労働需要量と資本需要量に対する規模効果です。

実際には代替効果と規模効果は同時に起き、また別々に観察されることはなく、その和のみが総合効果として観察されます。正常生産要素の仮定の下では賃金上昇は、代替効果、規模効果の両方を通して労働需要量を減らします。したがって、長期の労働需要曲線は右下がりであることがわかりました。

それでは、次に賃金上昇が労働と資本の需要量に与える効果を図により分析しましょう。図 5.10 は、賃金が w^0 のときに企業が利潤を最大化している状況を示すとします。企業は (L^0, K^0) の労働と資本を投入し、q^0 単位の財を生産します。総費用は c^0 となります。図上に利潤を示すことはできませんが、$pq^0 - c^0$ です。

いま、賃金が w^1 に上がったとします。賃金の上昇は、すべての等費用曲線の傾き $(-w/r)$ を急にしますが、どの等量曲線の変化も引き起こしません。(L^0, K^0) では、等費用曲線の傾き (w^1/r) が等量曲線の傾き $(MRTS_{LK})$ よりも大きいので、労働の限界費用（を資本単位で測ったもの）w^1/r が、労働の限界生産物（を資本単位で測ったもの）$MRTS_{LK}$ よりも大きくなっており、も

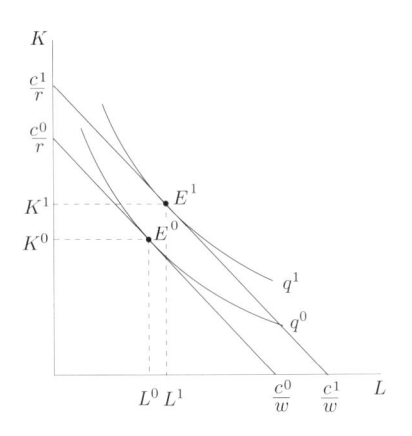

図 5.11　生産物価格上昇の効果

はや費用最小化の限界原理が満たされていません。労働の限界費用が労働の限界生産物を超えるので、限界原理が成り立つ (L^s, K^s) に達するまで労働を資本で代替し、新たな賃金の下での同一生産量の費用最小化を達成します。(L^0, K^0) から (L^s, K^s) への変化は（賃金上昇の）代替効果と呼ばれます。

実際には、企業が q^0 単位の財を生産し続けることはありません。生産の限界費用が上がる一方で、生産物の限界収入は p で一定なので、企業は限界費用が限界収入に等しく、新たな賃金の下での利潤最大化が達成されるまで生産量を減らします。この生産量を q^1 とします。生産量の減少（生産規模の縮小）は、労働と資本の投入量を減らす（労働と資本は正常生産要素である）と仮定します。(L^s, K^s) から (L^1, K^1) への変化は（賃金上昇の）規模効果と呼ばれます。

以上から、賃金上昇は代替効果により労働需要量を減らし、規模効果により労働需要量をさらに減らすので、総合効果で労働需要量を減らすことがわかりました。

生産物価格、資本価格の効果

最後に、生産物価格のみの変化、資本価格のみの変化の効果を見ましょう。図 5.11 は、生産物価格 p の上昇の効果を示しています。p の上昇は生産の限界収入を上げるので、規模効果により労働需要量を増加させます。等費用線の傾きは変わらないので、代替効果はありません。

図 5.12 は、資本価格 r の上昇の効果を示しています。r の上昇は等費用線の

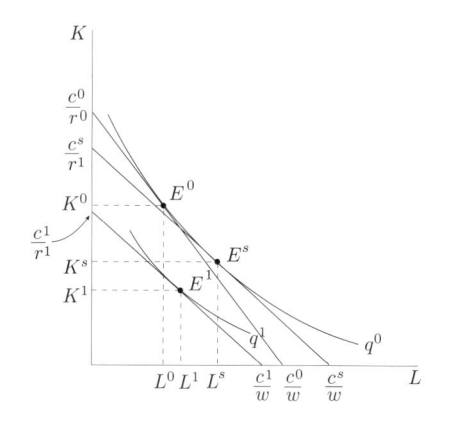

図 **5.12** 資本価格上昇の効果

傾きを緩やかにし、代替効果により労働需要量を増加させます。同時に生産の限界費用を上げるので、規模効果により労働需要量を減少させます。代替効果と規模効果が相反する方向に働くため、総合効果で労働需要量が増えるか減るかは理論からはわかりません。

5.4.6　0 次同次性

長期では、p, w, r の 3 つが同一割合で変わった場合には、労働需要量、資本需要量、生産量は変わりません。証明は省きますが、長期の労働需要のこの性質を（p, w, r についての）0 次同次性と呼びます。なお、短期の場合と異なり、p と w についての 0 次同次性は成り立ちません。

5.5　市場の労働需要曲線・労働需要の弾力性

市場の労働需要曲線は、個々の企業の労働需要曲線の各点を水平方向に合計することで得られます。労働需要の弾力性は、賃金の変化により生じる労働需要量の変化の度合いを測る尺度で、次式のように労働需要量の変化率と賃金の変化率の比として定義されます。

$$\varepsilon_{Lw} = \frac{\Delta L/L}{\Delta w/w} \tag{5.37}$$

労働需要は、短期・長期、企業・市場で 4 通りありますので、労働需要の弾力性も 4 通りあります。

労働需要の弾力性に関しては、**マーシャルの派生需要の法則**と呼ばれる次の法則があることが知られています。労働需要の弾力性は、(1) 労働と他の生産要素（この場合は資本）の代替弾力性の上昇、(2) 生産財に対する需要の弾力性の上昇、(3) 全費用に占める労働費用のシェアの上昇、(4) 他の生産要素（この場合は資本）の供給の弾力性の上昇により上昇します。

(1) は、労働と他の生産要素（この場合は資本）との代替性が増すと、等量曲線がより直線に近くなり、賃金上昇の代替効果により労働需要量が大幅に減るためです。(2) は、次の理由によります。賃金上昇は、限界費用の上昇、生産財価格の上昇を引き起こします。生産財に対する需要が弾力的であると、生産財需要は大幅に減少し、規模効果により労働需要量が大幅に減ります。(3) は、生産の総費用に占める労働費用のシェアが大きいほど、わずかな賃金上昇が限界費用の大幅な上昇を招き、規模効果により労働需要量が大幅に減るからです。(4) は、次の理由によります。これまで、企業は他の生産要素（この場合は資本）を均衡価格でいくらでも買えると考えてきましたが、ここでは、より多くの資本を買うときに資本価格が上がるとします。賃金上昇があるときに、企業は資本への代替を試みますが、より多くの資本を買うときに資本価格が上がれば、資本への代替が進みません。もし資本の供給が弾力的であれば、企業がより多くの資本を買うときの資本価格の上昇は小幅になるので、資本への代替が進み、代替効果による労働需要量の減少は大幅なものになります。

5.6 静学的労働需要モデルの応用

政策の労働需要に対する効果は、静学的労働需要モデルにより予測できます。以下では、補助金とアファーマティヴ・アクション・プログラムを例にこれを見ます。

5.6.1 補助金

補助金が、経済的効率性を損なうことは、ミクロ経済学で学んだとおりです。しかし、労働需要量の増加のために補助金の利用を検討している経済では、失業、ニート等の深刻な雇用問題が存在し、そもそも（経済的効率性の議論の前提となる）労働と資本の完全雇用が達成されていません。ここでは、賃金、資

本価格、生産財価格に対する補助金政策の効果について考えましょう。

賃金補助金は、企業の支払う賃金の一部を政府が企業に支払う補助金です。理論モデルは、賃金補助金は労働需要量を確実に増やすと予測します。短期では、賃金補助金は、企業の払う賃金を低下させ、労働需要量を増加させます。長期では、賃金補助金は、企業の払う賃金を低下させ、代替効果と規模効果の両方により、労働需要量を増加させます。

資本価格補助金は、企業の支払う資本サービス価格の一部を政府が企業に支払う補助金です。現実経済では、資本サービス価格の一部を補助するよりも、資本サービスを生む資本そのものへの投資を補助することが多くなります。理論モデルは、資本価格補助金は労働需要量を増やすとは限らないと予測します。短期では、資本は一定であるので、資本価格補助金は利潤を増やすのみで労働需要量にはまったく効果がありません。長期では、資本価格補助金は代替効果により労働需要量を減少させ、規模効果により労働需要量を増やすので、総合効果で労働需要量を増やすか、理論的にはわかりません。

生産価格補助金は、企業が生産する財1単位毎に政府が企業に支払う補助金です。理論モデルは、生産財価格補助金は、労働需要量を確実に増やすと予測します。短期、長期のどちらでも、生産財価格補助金は規模効果により労働需要量を増加させます。長期での代替効果はありません。

以上では、理論的に補助金が労働需要量を増やすか否かという質的効果（定性的効果）のみを考えました。しかし、実際の政策施行上で重要なのは、質的効果のみでなく、量的効果です。例えば、賃金補助が労働需要に与える量的効果が小さな増加であり、同額の資本価格補助や生産財価格補助が労働需要量に与える量的効果が大きな増加であるのならば、賃金補助よりも資本価格補助や生産財価格補助の方が望ましい政策になります。量的効果は理論からはわからないので、実証研究成果の蓄積が必要です。

5.6.2　アファーマティブ・アクション・プログラム

米国のアファーマティブ・アクション・プログラム（affirmative action programs、積極的差別是正措置）は、黒人、ヒスパニックなどの少数派（マイノリティー）や女性に対する教育、雇用面の優遇措置の1つであり、典型的なプログラムでは、マイノリティーや女性など、企業が過去あまり雇ってこなかったグループ

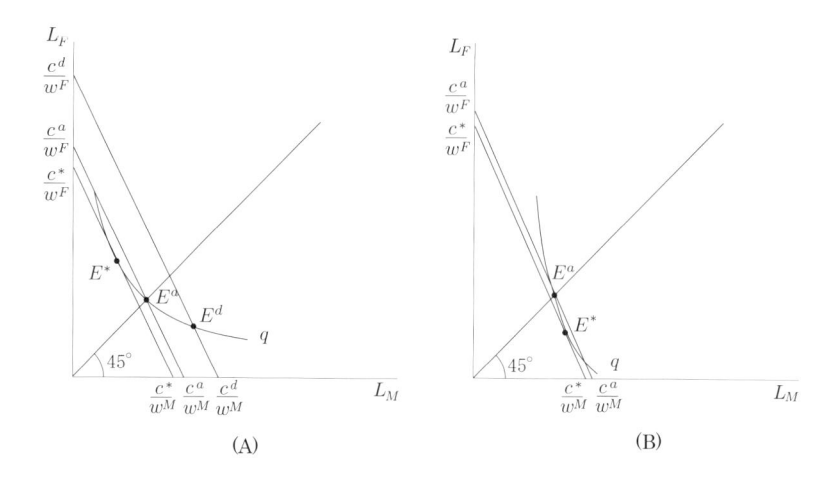

図 5.13　アファーマティブ・アクション・プログラム

の労働者達を相対的に多く雇うことを奨励しています。

アファーマティブ・アクション・プログラムが差別是正の目的を達成するか否かは、プログラム導入前の差別の有無に依存します。アファーマティブ・アクション・プログラム導入前の平均的な企業では、男性労働が女性労働よりも相対的に多いとします。また、単純化のために、アファーマティブ・アクション・プログラム導入により、企業は、男性労働と女性労働の比率を 1：1 にするよう要求されるとしましょう。

長期の労働需要の理論モデルを応用することにより、アファーマティブ・アクション・プログラムの効果を分析できます。単純化のために、生産要素は男性労働 (L_M) と女性労働 (L_F) の 2 つのみであり、資本を捨象できると仮定します。また、生産関数は、

$$q = F(L_M, L_F) \tag{5.38}$$

で与えられるとします。長期の労働需要の理論モデルで労働を男性労働で、また、資本を女性労働で置き換えます。男性労働と女性労働は完全代替的ではない（等量曲線が直線ではない）とします。

アファーマティブ・アクション・プログラムが女性差別を是正するか否かは、プログラム導入前に女性差別が存在するか否かによります。図 5.13 は、2 つの典型的な企業の状況を示してます。パネル A の企業は女性差別を行っており、

現生産量を最小費用で達成できる男性労働と女性労働の組み合わせ E^* と比較し、男性労働が女性労働よりも相対的に多い組み合わせ E^d を選んでいます。アファーマティブ・アクション・プログラムは、E^d よりも E^* に近い組み合わせ E^a を選ばせ、女性差別を是正します。E^d を通る等費用曲線よりも E^* を通る等費用曲線の方が左下方に位置するので、アファーマティブ・アクション・プログラムは、費用を削減し、利潤を増大する効果もあります。

パネル B の企業は女性差別を行っておらず、現生産量を最小費用で達成できる男性労働と女性労働の組み合わせ E^* を選んでいます。アファーマティブ・アクション・プログラムは、E^* と比べ女性労働が相対的に多い組み合わせ E^a を選ばせ、男性差別を生みます。E^* を通る等費用曲線よりも E^a を通る等費用曲線の方が右上方に位置するので、アファーマティブ・アクション・プログラムは、費用を増大し、利潤を減らします。

プログラム導入前に女性差別が存在するか否かは、理論的には回答不可能です。女性差別を行う企業は、費用最小化・利潤最大化をしないので、市場への参入・退出が自由である市場の長期均衡では、競争に敗れ、退出を余儀なくされる可能性が高くなります。しかし、他の企業が利用できない優れた生産技術を持つ企業は、女性差別を行いつつ、他企業よりも低い総費用と高い利潤を維持し、市場の長期均衡でも存続するかもしれません。また、独占企業や寡占企業は、そのような生産技術の優位がなくとも、女性差別を行いつつ、利潤を維持し、存続するかもしれません。

練習問題
1. 長期の労働需要の（p, w, r についての）0 次同次性を証明しなさい。

参考文献
[51] は、高度な内容ですが、労働需要に関する実証研究の展望をしています。マーシャルの派生需要の法則に関する詳細な説明もあります。[62] は、アファーマティブ・アクション・プログラムの効果に関する実証研究の展望をしています。日本の労働需要に関する研究は、次章でまとめて紹介します。

6章

労働需要(発展編)

　本章では雇用の調整に関する理論モデルを紹介します。これらのモデルは、静学的労働需要モデルでは説明が困難な他の実証結果をも説明できる点が優れています。

　採用や整理解雇は、長期間にわたって少しずつ行われることもあれば、1時点で大規模に行われることもあります。静学的モデルはこれらの多様な現象を説明することができません。なぜならば静学的モデルは、雇用の調整は費用をかけずに瞬時に達成されると仮定するからです。静学的モデルは、採用や整理解雇は、瞬時に行われると予測するのみです。本章では、これらの多様な現象を説明できる調整費用モデルを紹介します。

　雇用動向をみると、景気回復当初は企業業績が回復し、既存労働者の労働時間が長くなるものの、新たな労働者の雇用の伸びが弱く、「雇用なき回復」と呼ばれる状況が続くことがよくあります。静学的モデルは、これらの現象を説明することができません。なぜならば、静学的モデルは、労働者数と1人あたり労働時間を区別することなく、労働投入を「延べ労働時間」(労働者数 × 1人あたり労働時間) として捉えるからです。静学的モデルは、景気回復（p の上昇）は規模効果により労働需要量を増やすと予測するのみです。本章では、これらの現象を説明できる準固定費用モデルを紹介します。

6.1　調整費用モデル

　現在、企業が実際に雇用する労働者数は何らかの理由から静学的労働需要モデルによる最適な労働者数と一致していないとします。例えば、生産物価格が上

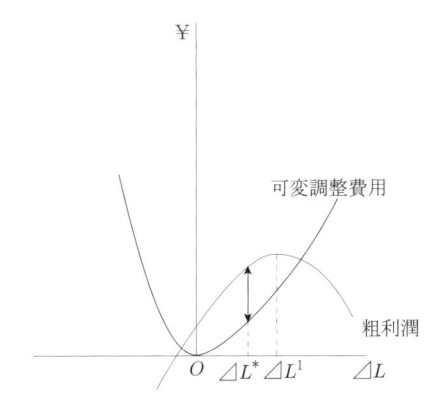

図 6.1 可変調整費用と最適調整労働者数

がったため、現在の労働者数が最適労働者数を下回ることが考えられるでしょう。なお、調整費用モデルでは労働者数と労働時間数とを区別する必要はありませんが、労働の調整は労働者数の調整で行われると考えると以下の議論は理解しやすいです。

雇用（労働者数）を調整する（増やしたり減らしたりする）のに要する費用を**調整費用**と呼びます。新規労働者を雇い入れる際に必要となる採用や訓練の費用や既存労働者を解雇する際に生じ得る訴訟費用はその例です。

調整費用には、調整する労働者の数とともに変わる可変調整費用と調整する労働者の数と関係なく発生する固定調整費用の 2 種類があります。例えば、新規労働者の訓練費用は、新規労働者数に依存するので、可変調整費用であり、新規労働者募集の広告費は新規労働者数に依存しない固定調整費用でしょう。

図 6.1 は、一定期間での調整労働者数と可変調整費用との関係を例示しています。一定期間に大規模な調整を行うには高い可変調整費用が必要なことが仮定されています。可変調整費用曲線は必ずしも左右対称ではありません。

図 6.1 は、一定期間での調整労働者数と（調整費用を捨象した）粗利潤の関係を例示しています。例えば、生産物価格が上がったため、現在の労働者数が最適労働者数を下回る場合には新規労働者を採用し、最適労働者数を確保したときに（調整費用を捨象した）粗利潤が最大化されます。図では、ΔL^1 の新規労働者を採用したときに（調整費用を捨象した）粗利潤が最大化されると仮定しています。

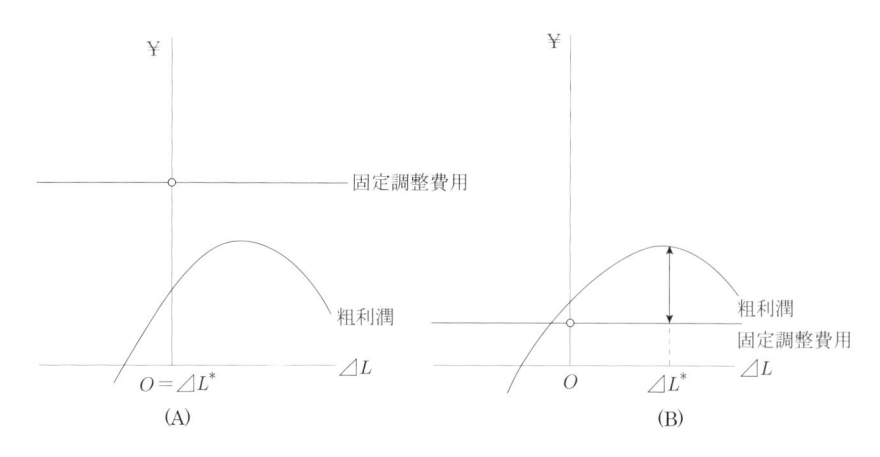

図 6.2 固定調整費用と最適調整労働者数

可変調整費用のみが存在するときには、最適調整労働者数は粗利潤を最大化する調整労働者数よりも少なくなります。図 6.1 は、可変調整費用と粗利潤を同時に示しています。固定費用がゼロのときには、企業は可変調整費用を考慮した純利潤を最大化するように調整労働者数を選びます。最適な調整労働者数は ΔL^1 よりも少ない ΔL^* になります。つまり可変費用のみが存在するときには、雇用調整はゆっくりと行われます。

固定調整費用のみが存在するときには、最適労働者数はゼロになるか、粗利潤を最大化する調整労働者数のどちらかとなります。図 6.2 では、固定調整費用のみが存在するときの状況を例示しています。パネル A では、固定調整費用が十分に高いために最適調整労働者数がゼロになります。パネル B では、固定調整費用が十分に低いために最適調整労働者数が粗利潤を最大化する調整労働者数 ΔL^* に等しくなります。つまり、固定費用のみが存在するときには、雇用調整はまったく行われないときと一気に行われるときに分かれます。

実際には、可変調整費用と固定調整費用の両方が存在するので、調整費用モデルは次のような雇用調整の多様なパターンを説明できます。固定調整費用が十分に高いときには、可変調整費用のレベルにかかわらず、雇用調整はまったく行われません。固定調整費用が十分低いときにでも、可変調整費用が十分に高いときには雇用調整はゆっくりと行われます。固定調整費用が十分低く、可変費用が十分に低いときには雇用調整は速やかに行われます。

6.2 調整費用モデルの応用

6.2.1 解雇規制政策の効果

多くの国では、解雇を規制し、労働者に「職の安定」を保証する政策を採っています。日本の労働者の雇用は最高裁の判例に基づき、「解雇権濫用法理」と呼ばれる裁判所の判断基準により手厚く保護されています。そのためか、近年では、企業は希望退職制度により労働者数を削減する傾向があります。希望退職とは、雇用調整など経営上の必要から、定年前の労働者に退職金の加算など、定年退職の場合よりも有利な退職条件を提示し、定年前の労働者の自発的な退職の申込みを企業が誘引することを指します。解雇にせよ、希望退職にせよ、企業のイニシアティヴで労働者数を減らすには訴訟費用や退職金の加算など、高額の費用がかかります。

政府による解雇規制政策は、（可変調整費用により）雇用調整の速度を遅くしたり、（固定調整費用により）雇用調整を行われなくします。重要なのは解雇を抑制するのみでなく、雇用を抑制するという点です。現在、雇い入れる労働者を将来、解雇しなければならない確率が正であり、将来、労働者を解雇するための費用が非常に高いのであれば、現在、労働者を雇い入れる際に将来必要となる可能性のある解雇費用を調整費用として考慮する必要があるからです。

6.3 準固定費用モデル

準固定費用とは、採用、訓練、公的保険、フリンジベネフィットの費用など、労働時間にかかわらず労働者毎に発生する費用を指します。賃金は労働時間毎に給付されるものなので、準固定費用ではありません。労働サービスを使用するときに発生する賃金以外の費用はほとんどすべて準固定費用です。新規の労働者を採用するには、その労働者を何時間雇用するか否かにかかわらず、広告、書類選考、筆記試験、面接等の費用を要します。採用した労働者の訓練も、必ずしも労働時間に比例しません。失業保険（日本では「雇用保険」と呼ぶ）、労働者災害補償保険など、企業が支払う保険料やフリンジベネフィット（付加的給付）も必ずしも労働時間に比例しません。フリンジベネフィットとは、企業が労働者に対し給付する賃金以外の経済的利益のことで、住宅の低廉貸与、食事の支給、商品の値引き販売、金銭の低利貸付、レクリエーション費用の補助、健

康診断、厚生施設の利用などがあります。

準固定費用が無視できないほど大きいときには、労働者数と労働者1人あたり労働時間数（以下、「労働時間数」と呼ぶ）を区別することが利潤最大化の上で重要です。なぜならば、労働者数を増やすことにより労働投入を増やせば、準固定費用が発生するのに対し、労働者1人あたり労働時間数を増やすことにより労働投入を増やせば、賃金のみが発生し、準固定費用が発生しないからです。少ない労働者を長時間働かせれば、限界生産物が低下したり、残業手当が発生するので、労働者数と労働時間数の間にはトレードオフが存在します。企業はこのトレードオフを考慮し、利潤を最大化するような労働者数と労働時間数を選ぶ必要があります。

準固定費用モデルは、長期の静学的労働需要モデルを応用することで得られます。単純化のために、生産要素は、労働者数 (N) と労働時間数 (H) の2つであり、資本は不要であると仮定します。生産関数は、

$$q = G(N, H) \tag{6.1}$$

で与えられるとします。労働者1人あたりの準固定費用は F 円、労働時間1時間あたりの賃金は w 円であるとします。

企業の利潤最大化問題は次式で与えられます。

$$Max \quad \pi(N, H) = pG(N, H) - (F + wH)N \tag{6.2}$$

利潤最大化の限界原理は次式で与えられます。

$$pMP_N(N^*, H^*) = F + wH^* \tag{6.3}$$
$$pMP_H(N^*, H^*) = wN^* \tag{6.4}$$

ここで、MP_N は労働者数を増やすときの限界生産物、MP_H は労働時間数を増やすときの限界生産物、(N^*, H^*) は利潤を最大化する労働者数と労働時間数です。(6.3) 式の右辺は労働者数を1名増やす際に生じる限界費用、(6.4) 式の右辺は労働時間数を1時間増やす際に生じる限界費用であることに注意してください。

あるいは、同じことですが、2段階解法による費用最小化の限界原理と利潤最大化の限界原理は、次式で与えられます。

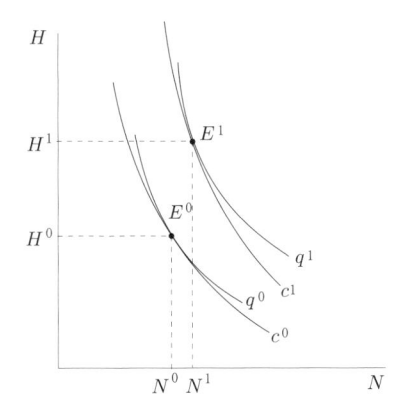

図 **6.3** 準固定費用と最適調整労働者数：生産物価格上昇の効果

$$\frac{F + w\hat{H}}{w\hat{N}} = \frac{MP_N}{MP_H}(\hat{N}, \hat{H}) \tag{6.5}$$

$$p = MC(q^*, F, w) \tag{6.6}$$

ここで、$(\hat{N}, \hat{H})$ は、生産量 q の総費用を最小化する労働者数と労働時間数です。q^* は利潤を最大化する生産量です。

6.4 準固定費用モデルの応用

6.4.1 生産物価格上昇の効果

景気回復期など、生産物価格が上がる際に企業がどのように労働者数と労働時間数を変えるかを考えましょう。(6.6) 式からわかるように、p の上昇は生産の限界収入を限界費用より高くし、生産の増加（規模効果）による労働者数と労働時間数の増加を促します。

準固定費用が賃金と比べ非常に高いときには、この調整のほとんどは労働時間の調整で行われます。図 6.3 は、横軸に N、縦軸に H をとり、等費用曲線を描いています。等費用線は、労働の総費用 $(F + wH)N$ が一定となる (N, H) のすべての組み合わせなので、曲線になることに注意してください。詳細は省きますが、等費用曲線の傾きが $-(F + wH)/wN$ となることを数学的に示せます。図は、F が w と比べ非常に高く、等費用曲線の傾きが非常に急である状況を示しています。

この図からわかるように、規模効果により低い等量曲線から高い等量曲線に移動する際に、労働時間数が大幅に増える一方で、労働者数の増加は小幅に留まり、「雇用なき回復」の状況が発生します。

前述した高額の解雇や希望退職費用は、準固定費用を高くする要因と考えられています。高額のフリンジベネフィットも準固定費用を高くする1つの要因です。例えば失業保険（日本では「雇用保険」と呼ぶ）、労働者災害補償保険等などの公的保険費用の上昇は準固定費用を高くします。

6.4.2 労働者派遣法改正の効果

1986年施行の労働者派遣法は派遣業種を厳しく制限していました。その後、1999年、2004年、2006年の3回の労働者派遣法改正を経て、派遣業種の拡大、派遣受入期間の延長が行われ、派遣社員の雇用が拡大しました。派遣労働者は、派遣元の派遣企業に雇用される労働者であり、企業が派遣社員を雇う際には、正社員と比べ、準固定費用と解雇費用を大幅に節約できます。法改正後には、調整費用モデルと準固定費用モデルの予測どおり、派遣社員の雇用の拡大と正社員の雇用の縮小が生じました。

練習問題

1. 労働需要の準固定費用モデルを用い、図1.7が示す労働時間数の男女差と男女に共通する短時間化を説明しなさい。

参考文献

[14]と[15]は、米国の解雇規制的な「職の安定主義」が派遣社員を増やしたという分析結果を報告しています。[99]は、準固定費用モデルを示しています。

日本の労働需要に関する研究例としては次のようなものがあります。生産関数を用いた、労働需要の決定要因に関する初期の研究としては、[234][235][179]などがあります。

労働需要の弾力性に関しては、例えば[141]が、新卒労働需要の弾力性を推

定しています。労働を含む生産要素間の代替補完関係については、[271] が男女労働者間の代替関係と女性パート労働と正規労働との間の代替関係を報告し、[155] が外国人労働者と日本人未熟練労働者との間の代替関係を報告し、[90] が情報通信技術が若年労働者と代替的な要素であり、教育程度の高い労働者と補完的な要素であると報告しています。

生産性の変化が労働需要に与える効果については、例えば [180] が生産性上昇の産業部門別への波及効果とこれが資本と労働に対して及ぼす効果を分析し、[247] が生産性上昇の企業規模と労働需要に及ぼす効果を産業部門別に分析しています。また、[265] と [293] は、労働生産性低下が雇用者に占める非正規雇用者の割合に対して正の効果を持つと報告しています。

景気変動による雇用調整については、[288] による展望があります。雇用調整の決定要因については、例えば [196] [194] [210] [298] [195] [285] [286] [287] が分析しています。また、[145] と [148] は（短期的な景気後退期に雇用調整せず労働者を雇用し続ける）「労働保蔵」に関する分析をし、[202] は景気循環が産業構造の変化を通じ、労働需要に及ぼす効果を分析しています。[236] は、企業規模間での賃金、雇用、労働時間の調整過程の違いを分析しています。また [162] は、雇用調整の戦前戦後比較をしています。調整費用に関する研究には、例えば時系列データによる [87] の調整費用に関する分析や [194] と [195] による雇用調整速度の分析、企業のクロスセクショナルデータを用いた [61] による調整費用に関する分析などがあります。

雇用調整の国際比較では、[169] [279] [178] による分析があり、日本の雇用調整速度が遅いと報告しています。[4] は、日米の調整を比較し、米国の雇用調整が日本より大きいこと、労働時間の調整には差がほとんど見られないこと、調整の主たる対象が米国では生産労働者であるのに対して日本では女性であることを指摘し、[53] は、日本の統計上の休業者は雇用者数に含まれ、米国の一時的レイオフに相当する部分を含み、日本企業は雇用者数による調整ではなく、休業者数の調整をすると指摘しています。

若年や高齢者の雇用問題に関しては、[281] が労働需要を変える要因の方が労働供給を変える要因よりも長期的な就業動向に大きな効果を持つことを報告し、[45][181] が雇用創出と雇用喪失に関する分析を行い、[182] が中高年の雇用維持が若年の採用を縮小させる「置換効果」の存在を報告しています。また [280]

は、高齢者の雇用政策と労働需要に関する分析をしています。

整理解雇や希望退職に関しては、[157] と [154] による 整理解雇の分析や [204] による希望退職募集の回避手段に関する分析、企業ガバナンスが企業の雇用削減行動にどのような効果を持つかを分析した [126] による研究などがあります。

7章

労働市場の均衡

本章では、静学的労働供給モデルと静学的労働需要モデルに基づく労働市場均衡のモデルを紹介します。競争的労働市場の効率性について議論し、給与税、移民の受け入れの経済的厚生に対する効果を分析します。労働市場を複数の市場として捉えた方が望ましいケースとして最低賃金法の効果の分析を紹介します。最後に、独占企業の賃金と雇用量の決定について分析します。以下では、単純化のために、短期の労働市場の部分均衡を扱います。生産財価格 p、消費財価格 P、資本財価格 r、資本財 K、非労働所得 I は一定です。

7.1 労働市場均衡モデル

労働市場は、競争的であり、各企業、各労働者は、価格受容者として行動すると仮定します。労働需要量と労働供給量が等しくなる状態が労働市場の均衡です。均衡での賃金と雇用量を均衡賃金と均衡雇用量と呼びます。図 7.1 は、労働市場の均衡を描いています。横軸は労働量、縦軸は名目賃金です。均衡価格 w^* と均衡雇用量 E^* は、市場の労働需要曲線 L_D と市場の労働供給曲線 L_S の交点 E で与えられます。

需要曲線上では各企業は利潤最大化を行っているので、均衡でも各企業は利潤最大化を行っています。各企業は、均衡賃金 w^*、資本価格 r、生産財の価格 p、資本財 K を与えられたものとし、利潤を最大化すべく（限界原理を満たすよう）、労働需要量を決めます。各企業は異なる資本と生産技術を有するので、各企業の労働需要量は互いに異なります。すべての企業の労働需要量の和が市

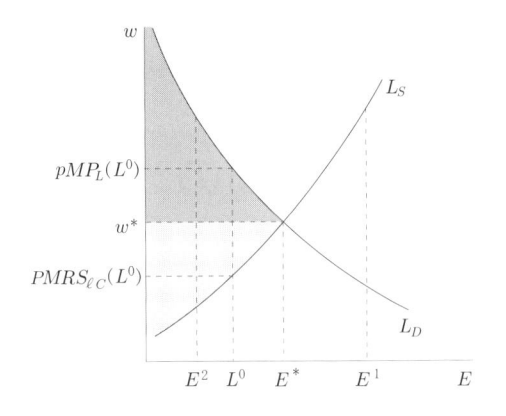

図 7.1 　労働市場の競争的均衡

場の労働需要量であり、均衡では均衡雇用量になります。

供給曲線上では、各労働者は効用最大化を行っているので、均衡でも各労働者は効用最大化を行っています。各労働者は、均衡賃金 w^*、消費財の価格 P、非労働所得 I を与えられたものとし、効用を最大化すべく（限界原理を満たすよう）労働供給量を決めます。各労働者は異なる選好を有するので、各労働者の労働供給量は、互いに異なります。すべての労働者の労働供給量の和が市場の労働供給量であり、均衡では均衡雇用量になります。

均衡では、すべての企業が利潤最大化を行い、すべての労働者が効用最大化を行い、労働需要量の和が労働供給量の和に等しいので、すべての企業の労働需要量は供給により満たされ、すべての労働者の労働供給量は需要により満たされています。均衡では、どの企業も労働不足を経験しておらず、どの労働者も失業を経験していません。

7.1.1 　競争均衡の効率性

企業は、労働を競争市場から調達することにより**生産者余剰**を得ます。生産者余剰とは、総収入が（総）可変費用を上回る部分を指し、企業の厚生の尺度として用いられます。

総収入は、1 単位目の労働の限界収入（限界生産物の価値）、2 単位目の労働の限界収入、3 単位目の労働の限界収入等を足し合わせたものです。企業は労働需要を決定するに際し、利潤最大化の限界原理 ($pMP_L(L,K) = w$) を満た

すよう行動するので、労働需要曲線上では常に限界原理が満たされています。pMP_L は労働の限界収入です。このため、労働需要曲線は、労働の限界収入曲線に等しくなり、いま図 7.1 で任意の労働投入量を L^0 とすると、L^0 単位目の労働の限界収入は L^0 での労働需要曲線の高さで与えられます。したがって、均衡で E^* 単位の労働を投入したときの総収入は労働投入量 0 から E^* までの範囲にある労働需要曲線の下の面積で表されます。一方、総可変費用（労働の総費用）は名目均衡賃金 w^* に均衡雇用量 E^* をかけ合わせたものとなります。

いま、労働投入量 0 から E^* までの範囲にある任意の労働投入量を L^0 とすると、企業は L^0 単位目の労働を雇うに際し、L^0 単位目の労働者の限界生産物よりも低い均衡賃金 w^* しか払いません。このようにして企業に発生するのが生産者余剰です。生産者余剰は、労働投入量 0 から E^* までの範囲にある労働需要曲線より下、かつ均衡賃金を通る水平線の上の面積で表されます。

労働者は労働を競争市場で提供することにより**労働者余剰**を得ます。労働者余剰とは、総収入が総費用を上回る部分を指し、労働者の構成の尺度として用いられます。労働の総費用は、1 単位目の労働の限界費用、2 単位目の労働の限界費用、3 単位目の労働の限界費用等を足し合わせたものです。労働者は労働供給を決定するに際し、効用最大化の限界原理 ($w/P = MRS_{\ell C}(\ell, C)$、すなわち、$w = PMRS_{\ell C}(\ell, C)$) を満たすよう行動するので、労働供給曲線上では常に限界原理が満たされています。$MRS_{\ell C}$ は、余暇の限界効用（を消費財単位で測ったもの）です。したがって、$PMRS_{\ell C}$ は、余暇の限界効用（を貨幣単位で測ったもの）です。1 単位の労働を提供するのに 1 単位の余暇が犠牲になるので、$PMRS_{\ell C}$ は労働の限界費用（を貨幣単位で測ったもの）とも解釈できます。このため、労働供給曲線は、労働の限界費用曲線に等しくなり、いま図 7.1 で任意の労働供給量を L^0 とすると、L^0 単位目の労働の限界費用は L^0 での労働供給曲線の高さで与えられます。したがって、均衡で E^* 単位の労働を提供したときの総費用は、労働供給量 0 から E^* までの範囲にある労働供給曲線の下の面積で表されます。一方、労働の総収入は、名目均衡賃金 w^* に均衡雇用量 E^* をかけ合わせたものとなります。

いま、労働供給量 0 から E^* までの範囲にある任意の労働供給量を L^0 とすると、労働者は L^0 単位目の労働を提供するに際し、L^0 単位目の労働の限界費用よりも高い均衡賃金 w^* を受け取ります。このようにして労働者に発生する

のが労働者余剰です。労働者余剰は、労働供給量 0 から E^* までの範囲にある労働供給曲線より上、かつ均衡賃金を通る水平線の下の面積で表されます。

総余剰は生産者余剰と労働者余剰の和を指し、社会全体が享受する「交換の利益」(gains from trade) を示しています。競争均衡は総余剰を最大化します。これを理解するために、市場の雇用量が図 7.1 の E^1 であったとします。E^1 では、労働需要曲線が労働供給曲線よりも下に位置するので、労働の限界生産物が労働の限界費用（余暇の限界効用）を下回っています。労働者の保有する時間という希少資源が生産活動で過多に使われ、余暇で過少に使われています。反対に、市場の雇用量が図 7.1 の E^2 であったとします。E^2 では、労働需要曲線が労働供給曲線よりも上に位置するので、労働の限界生産物が労働の限界費用（余暇の限界効用）を上回っています。労働者の保有する時間という希少資源が生産活動で過少に使われ、余暇で過多に使われています。競争均衡では、労働需要曲線が労働供給曲線と同じ高さに位置するので、労働の限界生産物が労働の限界費用（余暇の限界効用）と等しくなります。労働者の保有する時間という希少資源を生産活動と余暇の間で再配分しても、社会全体の余剰を増やせません。つまり、すでに総余剰が最大化されています。

7.2 労働市場均衡モデルの応用

労働市場に関連する政策の効果は、市場均衡モデルにより予測できます。生産者余剰、労働者余剰、総余剰の概念を用いることにより、政策の便益を享受する者、政策の被害を被る者をも明らかにできます。以下では、給与税と移民受け入れを例にそれを見ます。

7.2.1 給与税（payroll tax）の効果

多くの国では、健康保険や年金保険などの社会保障制度は給与税を財源の一部としています。税を企業に課すか、労働者に課すか、折半するかなど、税の負担をめぐって議論になることがよくあります。しかし、労働市場均衡のモデルによれば、どちらに課しても、均衡雇用、労働者余剰、生産者余剰に対する効果は同じです。

まず、企業が給与税を支払う場合を考えましょう。図 7.2 は、縦軸に（市場

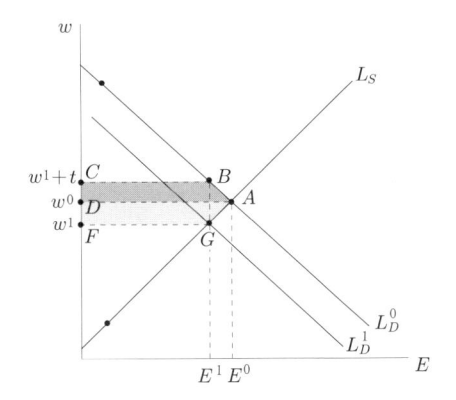

図 7.2 企業に課された給与税の効果

で企業が支払い労働者が受け取る）名目賃金をとり、企業に対する給与税が導入される以前の労働の需要曲線 L_D^0 と導入後の労働の需要曲線 L_D^1 を描いています。どちらの需要曲線も（市場で企業が支払い労働者が受け取る）賃金と利潤を最大化する労働量の間の関係を示します。導入前の均衡は E^0、導入後の均衡は E^1 です。給与税が導入された後は、企業は雇用する労働 1 単位毎に給与税 t 円を支払うものとします。他の条件が一定であるとすると、同一の労働量を企業が需要するには、企業が支払う税込み賃金は同一でなければならないので、導入後の需要曲線 L_D^1 は導入前の需要曲線 L_D^0 を下方へ t だけ平行移動したものになります。新しい均衡で労働者が受け取る賃金は w^1、企業が支払う賃金と給与税の和は w^1+t、雇用量は E^1 です。導入前と比べ、生産者余剰は台形 $ABCD$ の面積だけ減ります。導入前・導入後にかかわらず、生産者余剰を求める際には、労働の限界収入（限界生産物の価値）曲線である導入以前の労働需要曲線を用いることが重要です。労働者余剰は台形 $ADFG$ の面積だけ減っています。政府への給与税収入が長方形 $BCFG$ の面積だけ増えていますから、この分を差し引いて考えると、総余剰は三角形 ABG の面積だけ減っています。これが、deadweight loss（死荷重）です。

次に、労働者が給与税を支払う場合を考えましょう。図 7.3 は、縦軸に（市場で企業が支払い労働者が受け取る）名目賃金をとり、労働者に対する給与税が導入される以前の労働の供給曲線 L_S^0 と導入後の労働の供給曲線 L_S^1 を描いています。どちらの供給曲線も（市場で企業が支払い労働者が受け取る）賃金

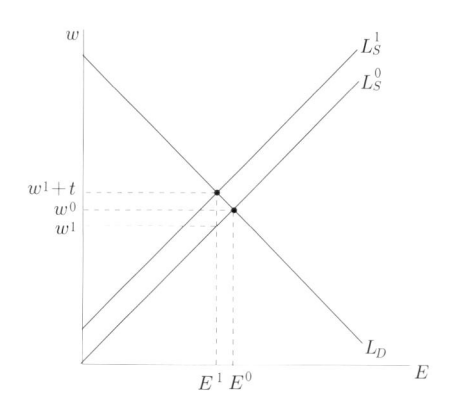

図 **7.3** 労働者に課された給与税の効果

と効用を最大化する労働量の間の関係を示します。導入前の均衡は E^0、導入後の均衡は E^1 です。給与税が導入された後は、労働者は提供する労働 1 単位毎に給与税 t 円を支払うものとします。他の条件が一定であるとすると同一の労働量を労働者が供給するには労働者が受け取る税引き後賃金は同一でなければならないので、導入後の供給曲線 L_S^1 は導入前の供給曲線 L_S^0 を上方へ t だけ平行移動したものになります。新しい均衡で労働者が受け取る税引き前賃金は $w^1 + t$、労働者が受け取る税引き後賃金は w^1、雇用量は E^1 です。これらは、企業が給与税を支払う場合と同一です。生産者余剰、労働者余剰、総余剰の変化も企業が給与税を支払う場合と同一です。導入前・導入後にかかわらず、労働者余剰を求める際には、労働の限界費用曲線である導入以前の労働供給曲線を用いることが重要です。

給与税の効果は、誰からどれだけの税金を徴収するかとは無関係であり、労働の需要曲線と供給曲線のみに依存することがわかりました。さらに、弾力性が低い側の負担が相対的に大きくなることを示せます。図 7.4 は給与税の全負担を労働者が負うケースを図 7.5 は全負担を企業が負うケースを示しています。

7.2.2 移民受け入れの効果

海外から国内への移民を制限したり、許可する移民政策は、労働供給曲線をシフトし、ネイティヴ労働者（国内で生まれた労働者）の賃金と雇用に影響を与えます。移民の効果は、移民労働者がネイティヴ労働者と代替的であるか補

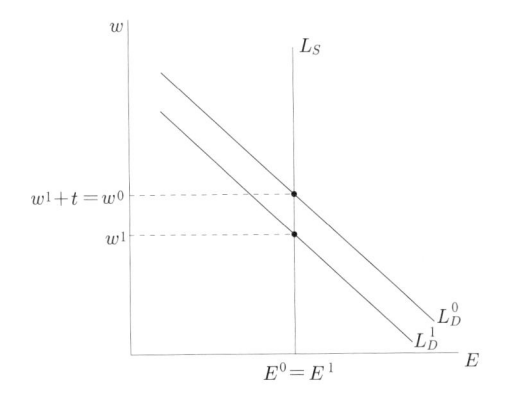

図 7.4　給与税の効果：非弾力的な労働供給

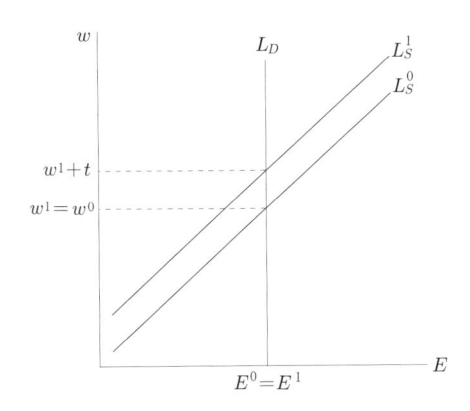

図 7.5　給与税の効果：非弾力的な労働需要

完的であるかにより異なります。

　移民がネイティヴと完全代替的である場合には、移民の受け入れは、賃金を下げ、ネイティヴの雇用とネイティヴの労働者余剰を減少させます。図 7.6 は、移民の受け入れの効果を示しています。移民とネイティヴは、同質の労働サービスを提供し、同一の労働市場で競合し合うことになるので、移民の受け入れは、労働供給曲線を L_S^0 から L_S^1 まで右へシフトします。このとき、L_S^0 と L_S^1 との間の水平方向の距離が、移民による労働供給になります。移民による労働供給も賃金とともに増えるので、この距離は、賃金とともに増えるように描かれています。賃金は、w^0 から w^1 へ下がり、雇用は、E^0 から E^1 へ増えます。移民の雇用はゼロから $E^1 - E^N$ へ増えますが、ネイティヴの雇用は賃金の下

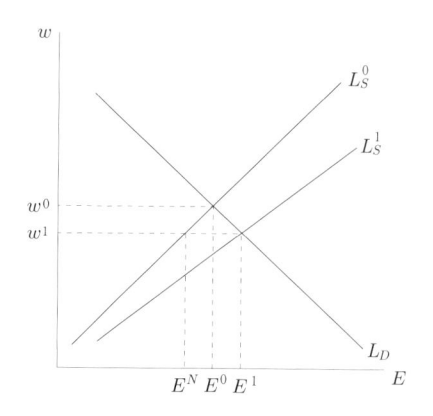

図 7.6 移民受け入れの効果：完全代替的ケース

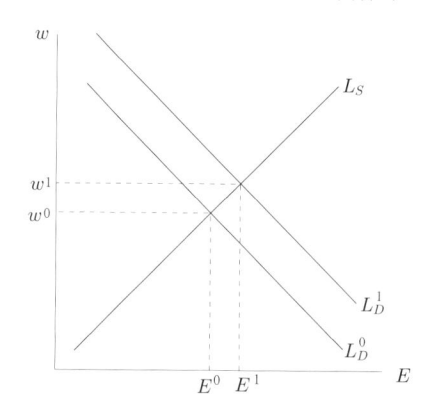

図 7.7 移民受け入れの効果：補完的なケース

落に伴い、E^0 から E^N へ減ります。移民の受け入れは労働供給の増加と賃金の下落を引き起こし、ネイティヴの雇用を減少させ、ネイティヴの労働者余剰を減少させます。

移民がネイティヴと補完的である場合には、両者は異質の労働サービスを提供するので、移民の労働市場とネイティヴの労働市場は異なります。移民の受け入れは、ネイティヴの賃金の上昇、ネイティヴの雇用とネイティヴの労働者余剰を増加させます。図 7.7 は移民の受け入れのネイティヴの労働市場に対する効果を示しています。移民がネイティヴと補完的な場合には、移民の雇用はネイティヴの限界労働生産物を上げます。労働需要曲線は労働の限界収入（限界生産物の価値）曲線なので、ネイティヴの労働需要曲線が L_D^0 から L_D^1 まで

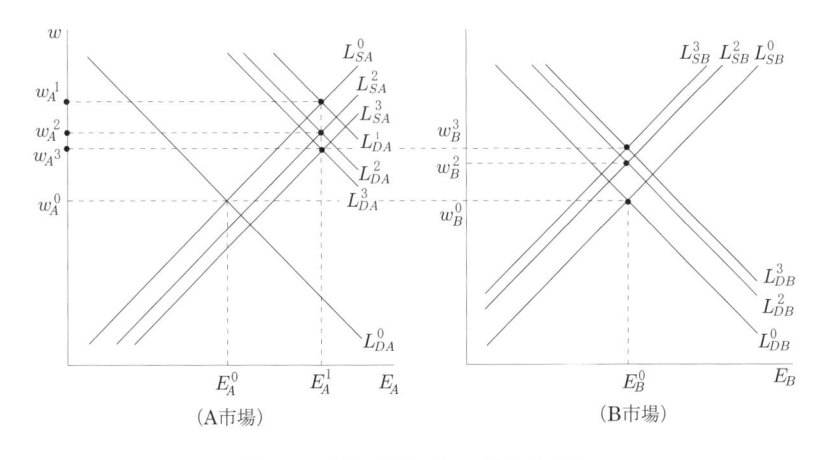

図 7.8　複数労働市場の競争的均衡

右へシフトします。ネイティヴの賃金は w^0 から w^1 へ上がり、雇用は、E^0 から E^1 へ増えます。ネイティヴの労働者余剰も増えます。

7.3　複数労働市場の競争均衡モデル

複数の関連する労働市場の存在は、労働者と企業の移動を通じて、1 つの労働市場で何らかの原因で生じる均衡賃金と均衡雇用の変化を和らげます。これを理解するために、隣接する 2 つの地域 A と B の労働市場を考えましょう。単純化のために、移動の費用はゼロであるとします。図 7.8 は、2 つの市場の均衡状態を示しています。いま、A 市場の需要曲線 L_{DA}^0 が何らかの理由で L_{DA}^1 まで右へシフトし、均衡賃金が w_A^0 から w_A^1 へ上がり、均衡雇用が E_A^0 から E_A^1 へと増加したとします。A 市場の需要曲線を右へシフトさせる要因としては、例えば A 市場での公共事業の拡大があります。A 市場の賃金 w_A^1 が B 市場の賃金 w_B^0 より高いので、B 市場の労働者は賃金のより高い A 市場へと移動します。B 市場の労働供給曲線 L_{SB}^0 は L_{SB}^2 まで左へシフトし、同じ幅だけ A 市場の労働供給曲線 L_{SA}^0 は L_{SA}^2 まで右へシフトします。また、A 市場の賃金 w_A^1 が B 市場の賃金 w_B^0 より高いので、A 市場の企業は賃金のより低い B 市場へと移動します。A 市場の労働需要曲線 L_{DA}^1 は L_{DA}^2 まで左へシフトし、同じ幅だけ B 市場の労働需要曲線 L_{DB}^0 は L_{DB}^2 まで右へシフトします。これらの変化の結果、2 つの市場間の賃金格差は、$w_A^1 - w_B^0$ から $w_A^2 - w_B^2$ までに縮

小します。また、これらの変化は、2つの市場間で賃金格差がある限り続くので、最終的な均衡では、A 市場の需要曲線、供給曲線、賃金は、L_{DA}^3 と L_{SA}^3、w_A^3、B 市場の需要曲線と供給曲線、賃金は、L_{DB}^3 と L_{SB}^3、w_B^3 となり、賃金格差が消滅します。A 市場の需要の増大を反映し、最終的な賃金 $w_A^3(=w_B^3)$ は、最初の賃金 $w_A^0(=w_B^0)$ より高くなるものの、上昇幅 $w_A^3 - w_A^0$ は、A 市場しか存在しなかった場合の上昇幅 $w_A^1 - w_A^0$ よりも小さくなります。これは、労働者が高い賃金を求めて移動し、企業が低い賃金を求めて移動したため、賃金上昇圧力が2つの市場間で分散されたからです。

7.4 複数労働市場の競争均衡モデルの応用

単一市場均衡モデルよりも複数市場均衡モデルを用いた方が政策の効果をより正確に予測できることがあります。以下では、最低賃金法を例にこれを見ます。

7.4.1 最低賃金法の効果

最低賃金は、労働者に最低水準の生活を保障する目的で設定されます。しかし、その目的が達成されるかに関しては、労働経済学者の間でも評価が分かれています。最低賃金法は、すべての仕事に適用されるのではなく、適用除外のものがあります。その結果、最低賃金法の効果は複雑なものとなります。以下では、まず単一労働市場モデル、次に複数労働市場モデルを用い、最低賃金法の効果を見ます。

図 7.9 は、最低賃金の適用除外の労働市場は無視し、適用される労働市場での最低賃金の効果を示しています。最低賃金がないときの均衡賃金は w^0、均衡雇用は E^0 です。最低賃金 $\underline{w}$ は、この均衡賃金 w^0 より高く設定されています。この賃金では労働需要量が供給量を下回っているので、雇用量 E^1 は需要量で決まり、$E^S - E^1$ の失業が生じています。生産者余剰は $ABCD$ だけ減ります。労働者余剰は増えることもあれば減ることもあります。労働者余剰は高い賃金を反映し、$BCDF$ だけ増える一方で、少ない雇用を反映し、AFG だけ減るからです。ちなみに、最低賃金 $\underline{w}$ が初期の均衡賃金 w^0 より低く設定される場合には、初期の均衡賃金 w^0 が最低賃金法を満たすので、最低賃金法の賃金と雇用に対する効果はありません。

図 7.9 最低賃金法の効果

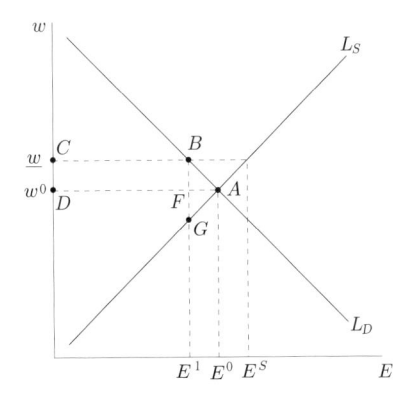

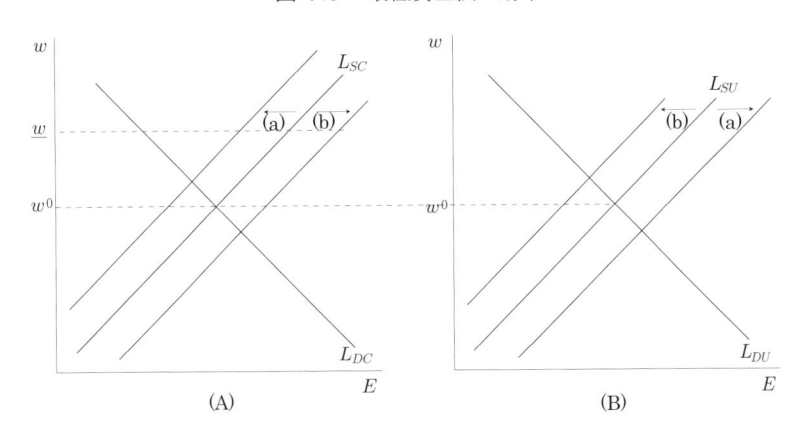

図 7.10 最低賃金法の効果

図 7.10 は、最低賃金の適用される労働市場（パネル A）と適用除外の労働市場（パネル B）での最低賃金の効果を示しています。

最低賃金の適用される労働市場と適用除外の労働市場は、最低賃金導入前の賃金がいずれも w^0 で等しいとします。最低賃金適用の市場の図は、基本的に図 7.9 と同じです。適用除外の労働市場が存在するときには、2 種類の労働者の移動が生じる可能性があります。第一に、適用市場で発生する失業者の一部が適用除外市場へ移動する可能性（(a) の動き）です。この移動は、適用市場の供給曲線を左にシフトし、適用除外市場の供給曲線を右へシフトします。第二に、適用除外の市場の労働者が高い賃金を得ようと適用される市場へ移動する

可能性（(b) の動き）です。この移動は、適用除外市場の供給曲線を左にシフトし、適用市場の供給曲線を右へシフトします。単純化のために、企業の移動はないものとします。

上で見た複数労働市場の競争均衡モデルでは、労働者は賃金の低い市場から高い市場へ移動する結果、最終的には、複数の市場の均衡賃金が等しくなることを見ました。ここでも、最低賃金の適用される市場での失業の確率 ($P(U)$) を考慮しつつ、この考え方を応用します。労働者が適用市場に参入した場合には、$P(U)$ の確率で失業し、$1 - P(U)$ の確率で最低賃金 $\underline{w}$ を得られるので、期待（平均）賃金は、$(1 - P(U))\underline{w} + P(U)0$ です。一方で、適用除外市場に参入した場合には、均衡賃金 w^B を確実に得られます。ここで、w^B は L_{DU} とシフトした L_{SU} との交点で決まる賃金です。いま、労働者がリスク中立的であると仮定すると、労働者は、両市場の間の期待賃金格差が消滅するまで移動を続けるので、最終的な均衡では、適用市場の失業率 $P(U)$ と適用除外市場の均衡賃金 w^B は、次式を満たすように決まります。

$$(1 - P(U))\underline{w} = w^B \tag{7.1}$$

(7.1) 式のみでは 2 つの変数 $P(U)$ と w^B は決まらないので、このモデルを完結するには、$P(U)$ の決まり方をモデル化する必要が残されています。

7.5 買手独占

労働市場で企業が唯一の需要者であるとき、市場は**買手独占**状態にあると表現します。買手独占の例としてよくあげられるのが、主婦のパート労働市場です。主婦の多くは、育児、介護、家事などの家族への責任から、就労場所が自宅の近隣地域に制約され、労働時間も短く制約される傾向があります。主婦の自宅の近隣地域でパート労働者を雇う企業が 1 つであれば、買手独占が成り立ちます。以下では、買手独占市場での賃金と雇用の決定を考え、最低賃金法の効果を再考します。単純化のために、企業は、その他の市場では価格受容者であるとします。

競争企業と比較したときの、買手独占企業の最大の違いは、企業が払う賃金が労働投入量とともに上がり、労働の限界費用が賃金を上回ることです。競争企業の場合には、常に一定の市場均衡賃金で労働投入が可能なので、企業が払う賃

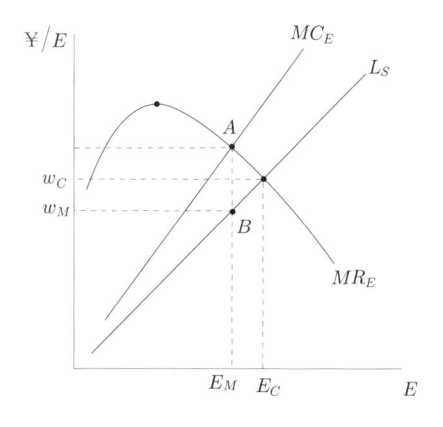

図 7.11 買手独占

金と労働の限界費用はともに市場均衡賃金で一定です。しかし、買手独占企業は市場での唯一の労働需要者なので、市場の供給曲線に直面します。市場の供給曲線が右上がりであると仮定すると、企業が労働投入量を増やすには、追加する労働者に対しより高い賃金を払う必要があります。さらに、低い賃金で雇用していた既存の労働者に対しても追加する労働者と同じより高い賃金を払う必要があると仮定すると、労働の限界費用は、賃金を常に上回ります。図 7.11 は、これらの条件を満たすような買手独占企業の労働の限界費用曲線 MC_E を示しています。

買手独占市場では、競争市場と比べ、賃金は低く、雇用は少なくなります。買手独占企業であれ、競争企業であれ、利潤最大化のためには、労働の限界収入 MR_E が労働の限界費用 MC_E に等しくなるような労働投入量を選ぶ必要があります。図 7.11 は、この限界原理が E_M で達成され、賃金が w_M, 雇用量が E_M になることを示しています。これに比較して、競争的市場の均衡は、E_C, 賃金は w_C, 雇用は E_C なので、買手独占は、賃金を低下させ、雇用を減らします。

7.5.1 最低賃金法の効果：買手独占

買手独占市場で最低賃金法は、賃金を上げるのみでなく、失業を生むことなく、雇用を増やす可能性があります。図 7.12 は、最低賃金 $\underline{w}$ が買手独占賃金 w_M と競争均衡賃金 w_C の間に設定されています。このとき、労働の限界費用

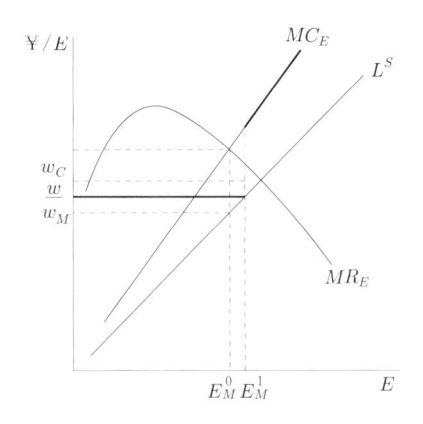

図 7.12　最低賃金法の効果：買手独占

曲線は太線のようになり、買手独占企業は、E_M^0 から E_M^1 へと雇用を増やします。賃金は、w_M から $\underline{w}$ へと上がります。

　このような最低賃金を設定するには、競争賃金に関する情報が必要です。同一の市場を買手独占から放たねば競争賃金はわからないので、現実には、最低賃金をうまく設定するのは容易ではありません。図 7.12 からもわかるように、最低賃金を競争賃金より高く設定すれば、失業が生じますし、最低賃金を十分に高く設定すると雇用が減ります。

7.6　独占

　財市場で企業が唯一の供給者であるとき、市場は**独占**状態にあると表現します。以下では、独占企業による賃金と労働需要量の決定を考えます。単純化のために、企業は、その他の市場では価格受容者であるとします。

　競争企業と比較したときの、独占企業の最大の違いは、企業が生産・販売から受け取る価格が生産量とともに下がり、生産の限界収入が価格を下回ることです。競争企業の場合には、常に一定の市場均衡価格で生産財の販売が可能なので、企業が生産・販売から受け取る価格と生産の限界収入はともに市場均衡価格で一定です。しかし、独占企業は、市場での唯一の生産財供給者なので、市場の需要曲線に直面します。市場の需要曲線は右下がりなので、企業が生産財を販売するには、追加する生産財に対しより低い価格を受け入れる必要があり

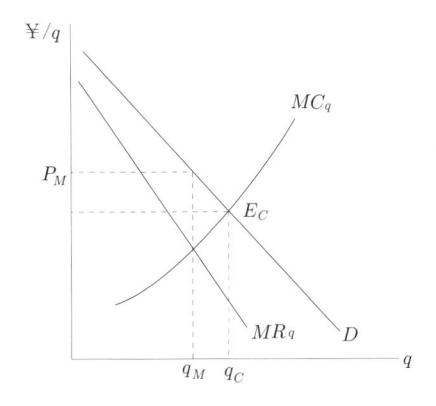

図 **7.13** 独占企業の労働需要

ます。さらに、高い価格で販売していた既存の生産財に対しても追加する生産財と同じより低い価格を受け入れる必要があると仮定すると、生産財の限界収入は、価格を常に下回ります。図 7.13 は、これらの条件を満たすような独占企業の生産の限界収入曲線を示しています。

独占企業は、競争的企業と比べ生産量が低いので、規模効果により労働需要量は少なくなります。独占企業であれ、競争企業であれ、利潤最大化のためには、生産の限界収入 MR_q が生産の限界費用 MC_q に等しくなるような生産量を選ぶ必要があります。図 7.13 は、この限界原理が q_M で達成されることを示しています。これに比較して、競争的市場の均衡は E_C, 生産量は q_C なので、独占は労働需要量を減らします。

練習問題

1. 複数労働市場モデルを用い、最低賃金法の効果を示しなさい。ただし、企業の移動はあっても労働者の移動はないと仮定しなさい。
2. 買手独占モデルを用い、最低賃金法により雇用が減るケースを示しなさい。

参考文献

[50] [19] [49] [48] [76] は、給与税の効果の実証分析をしています。[24] と [44]

は、移民の効果に関する実証研究を展望しています。[31] [5] [27] [25] などが移民の効果を分析しています。[16] [21] [17] は、地域間の賃金格差が収束する傾向にあるという分析結果を報告しています。[29] は、高度な内容ですが、最低賃金法の効果に関する実証研究を展望しています。[33] は、ケーススタディにより最低賃金法の雇用に対する効果はほとんどなかったという結果を見出し、議論を呼んでいます。

　日本の労働市場均衡に関する研究例としては次のようなものがあります。[172] と [173] は、労働所得税が家計の厚生に与える効果を分析しています。[163] は、世代規模が大きくなると供給増から賃金が低下するというコーホート・サイズ効果を分析しています。[305] は、高度経済成長期に学歴間賃金格差が縮小したのは中・高卒者が大卒者に比べ相対的に希少になったためであると指摘しています。[130] は、各県別に毎年設定される最低賃金のパート賃金に対する効果を分析しています。[70] は、[36] と [124] に従い、最低賃金が変更される前に変化後の最低賃金未満の賃金で働いていた労働者をトリートメントグループ、変化後の最低賃金以上の賃金で働いていた労働者をコントロールグループとして扱い、最低賃金法の女性雇用に対する負の因果的効果を見出しています。[113] は、アジアの貿易が日本の雇用と賃金に与えた効果を、また [117] は、輸入競争が日本の雇用に与えた効果を分析しています。

8章

補償賃金格差

　労働サービスが、資本、土地、エネルギーなどの他の生産要素と異なるのは、それを生み出す主体である労働者が選好を持つ生身の人間であり、安全で快適な労働環境を好むという点です。また選好は、労働者間で異なります。安全な労働環境を強く選好する労働者もいれば、そうでない労働者もいます。

　安全な労働環境を提供するには、費用がかかるので、他の条件を一定とするならば、企業にとっては、安全な労働環境を生産・供給するインセンティヴはありません。また、安全な労働環境を生産する技術は、企業間で異なります。安全な労働環境を低い費用で生産する技術を持つ企業もあれば、そうでない企業もあります。

　本章では、安全な労働環境に関する選好が労働者間で異なり、安全な労働環境を生産する技術が企業間で異なる状況を分析します。目標は2つあります。第一に、危険な労働環境の賃金が安全な労働環境の賃金よりも高くなることを説明します。第二に、安全な労働環境を重視する労働者は、安全な労働環境を低い費用で提供できる企業で雇用され、そうでない労働者は、そうでない企業で雇用されるといった多様な労働者と多様な企業との間のマッチング機能を労働市場が持つことを理解します。

　以下では、まず安全な労働環境を生産・供給する技術の異なる2種類の企業が市場に存在する簡単なモデル ([104]) を紹介します。その上で、技術の異なる多種類の企業が存在するより複雑なヘドニックモデルを紹介します。どちらのモデルでも労働環境を安全性で表現しますが、労働者の選好の対象となり得る（賃金以外の）ものであれば、快適性、フリンジベネフィットなどでも、かまい

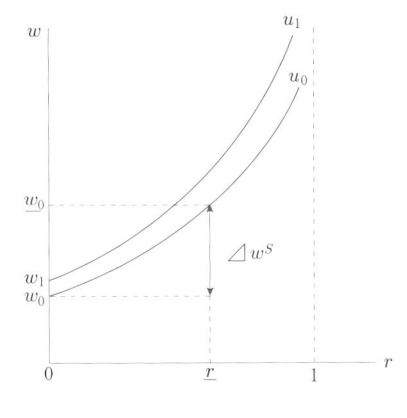

図 8.1　無差別曲線図

ません。

8.1 単純な補償賃金格差モデル

単純化のために、まず労働環境の安全性で異なる 2 種類の仕事のみが提供される労働市場を考えましょう。第一の種類の仕事（「安全な仕事」）は、確実に安全な労働環境を提供し、怪我をする確率が 0 であるとします。第二の種類の仕事（「危険な仕事」）は、危険な労働環境を提供し、怪我をする確率は $\underline{r}$（ただし、$0 < \underline{r} < 1$）であるとします。怪我の確率 (r) と賃金 (w) の組み合わせで「仕事」を定義することにしましょう。以下では、労働者の選好と労働供給、企業の技術と労働需要、均衡の順番で説明します。

8.1.1 労働者の選好

労働者の怪我の確率と賃金に関する選好は、次の効用関数で表されるとします。

$$u = U(r, w) \tag{8.1}$$

図 8.1 は、横軸に怪我の確率 (r)、縦軸に賃金 (w) をとり、ある労働者の無差別曲線図を (8.1) 式に基づき描いています。

無差別曲線には、いくつかの性質があります。まず、賃金が効用を上げるのに対し、怪我の確率は効用を下げるので、無差別曲線は右上がりです。無差別曲線 u^0 は、怪我の確率 r が 0、賃金が w^0 の点と怪我の確率 r が $\underline{r}$、賃金が $\underline{w}^0$

の点を通っているので、これら2つの仕事が労働者にとって同等に好ましいことを示しています。$\underline{w}^0 > w^0$ となっています。次に、ある無差別曲線より左上方に位置する無差別曲線は、効用がより高くなります。例えば、同一の怪我の確率で比べたときに、無差別曲線 u^1 上の賃金は無差別曲線 u^0 の賃金よりも高いので、労働者の効用は、無差別曲線 u^1 上での方が無差別曲線 u^0 上でよりも高くなります。同じことは、同一賃金で2つの無差別曲線を比べることでも確認できます。最後に、無差別曲線は、凸型であると仮定します。これは、例えば、無差別曲線 u^0 上の2点、$(r, w) = (0, w^0)$ と $(\underline{r}, \underline{w}^0)$ を結ぶ直線上の点はすべて2点よりも高い効用を与える、つまり極端な組み合わせよりもバランスの取れた組み合わせの方が高い効用を与えると仮定することを意味します。

労働者に対し安全な仕事でなく危険な仕事を自発的に選ばせるのに必要な賃金の割り増し分を**留保賃金プレミアム**と呼びます。例えば、図8.1に選好が描かれている労働者の場合、もし安全な仕事の賃金が w^0 であるときには、危険な仕事の賃金が $\underline{w}^0$ まで高くならないと、この労働者は両者を同等に好ましいとは捉えないので、留保賃金プレミアム Δw^S は $\underline{w}^0 - w^0$ となります。Δw^S を上回る賃金プレミアムを市場が払うときには、労働者は危険な仕事をする労働を供給します。逆に、Δw^S を下回る賃金プレミアムを市場が払うときには、労働者は安全な仕事をする労働を供給します。

8.1.2 労働供給

異なる労働者の留保賃金プレミアムは異なります。異なる労働者は、怪我の確率と賃金に関して異なる選好を持つので、無差別曲線図も労働者により異なります。怪我を嫌う程度が強い労働者の無差別曲線は、急な勾配を持ち、留保賃金プレミアムは高くなります。怪我を嫌う程度が弱い労働者の無差別曲線は、緩やかな勾配を持ち、留保賃金プレミアムは低くなります。

図8.2は、横軸に危険な仕事をする労働者数、縦軸に市場が払う賃金プレミアム (Δw^M) をとり、危険な仕事の労働市場の供給曲線 L_S を示しています。危険な仕事を選ぶ労働者の数は市場賃金プレミアムが高くなるほど増えます。市場賃金プレミアムがゼロであると、危険な仕事を選ぶ労働者はいません。市場賃金プレミアムが怪我を嫌う程度が他の労働者と比べ最も弱い労働者の賃金プレミアム ($Min\ \Delta w^S$) まで上がると、その労働者が危険な仕事を選ぶように

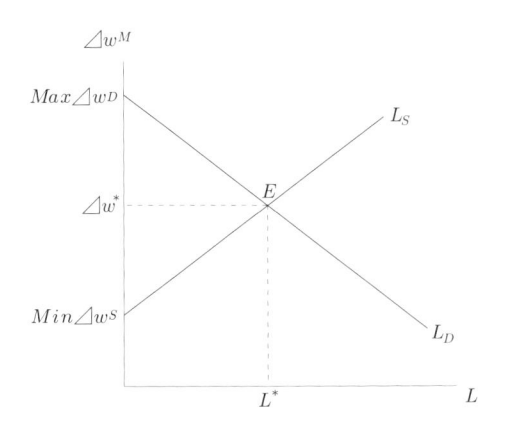

図 8.2 危険な仕事の労働市場

なります。市場賃金プレミアムがさらに上がると、怪我を嫌う程度が弱い順に次々に労働者が危険な仕事を選ぶようになります。

8.1.3 企業の技術

単純化のために、生産財の生産技術と費用関数は、企業間で等しいと仮定します。また、企業が怪我の確率を減らすのにかかる費用は、次の費用関数で与えられるとします。

$$c = C(1-r) \tag{8.2}$$

この費用関数は、怪我の起きない確率を $1-r$ にするのに必要な費用を示します。安全な労働環境を生産する技術が背後にあります。

図 8.3 は、横軸に怪我の確率 (r)、縦軸に賃金 (w) をとり、ある企業の**等利潤曲線図**を (8.2) 式に基づき描いています。等利潤曲線は、最大利潤が等しい怪我の確率と賃金の組み合わせをすべて示します。等利潤曲線には、いくつかの性質があります。まず、賃金の上昇が利潤を下げるのに対し、怪我の確率の上昇は利潤を上げるので、等利潤曲線は右上がりです。等利潤曲線 π^0 は怪我の確率 r が 0、賃金が w^0 の点と怪我の確率 r が $\underline{r}$、賃金が $\overline{w}^0$ の点を通っているので、これら 2 つの仕事が企業にとって同じ利潤をもたらすことを示しています。$\overline{w}^0 > w^0$ となっています。次に、ある等利潤曲線より左上方に位置する等利潤曲線は、利潤がより低くなります。例えば、同一の怪我の確率で比べた

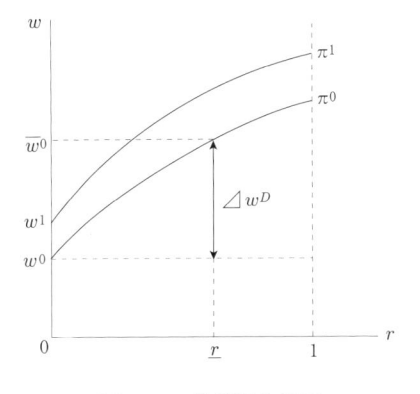

図 8.3 　等利潤曲線図

ときに、等利潤曲線 π^1 上の賃金は等利潤曲線 π^0 の賃金よりも高いので、企業の利潤は、等利潤曲線 π^1 上での方が等利潤曲線 π^0 上でよりも低くなります。同じことは、同一賃金で 2 つの等利潤曲線を比べることでも確認できます。最後に、等利潤曲線は、凸型であると仮定します。これは、例えば等利潤曲線 π^0 上の 2 点、$(r, w) = (0, w^0)$ と $(\underline{r}, \overline{w}^0)$ を結ぶ直線上の点はすべて 2 点よりも高い利潤を与える、つまり極端な組み合わせよりもバランスの取れた組み合わせの方が高い利潤を与えると仮定することを意味します。

　安全な仕事でなく危険な仕事をする労働者に対し企業が自発的に提供できる賃金の割り増し分を**提示賃金プレミアム**と呼びます。提示賃金プレミアムは、企業が危険な仕事を安全な仕事にするのに要する費用に等しくなります。市場の労働者から要求される賃金プレミアムが企業固有の提示賃金プレミアムより低い場合には、企業は危険な仕事を提供し、逆の場合には、安全な仕事を提供することを選びます。例えば、図 8.3 に技術が描かれている企業の場合、もし安全な仕事の賃金が w^0 であるときには、危険な仕事の賃金が $\overline{w}^0$ まで高くなっても、この企業は両者を同等に好ましいと捉えるので、企業の提示賃金プレミアム Δw^D は、$\overline{w}^0 - w^0$ となります。Δw^D を上回る賃金プレミアムを市場が要求するときには、企業は安全な仕事をする労働を需要します。逆に、Δw^D を下回る賃金プレミアムを市場が要求するときには、企業は危険な仕事をする労働を需要します。

8.1.4　労働需要

　異なる企業の提示賃金プレミアムは異なります。異なる企業は安全な労働環境を生産する異なる技術を持つので、等利潤曲線図も企業により異なります。安全な労働環境を高費用でしか生産できない企業の等利潤曲線は、急な勾配を持ち、提示賃金プレミアムは高くなります。安全な労働環境を低費用で生産できる企業の等利潤曲線は、緩やかな勾配を持ち、提示賃金プレミアムは低くなります。

　図 8.2 は、危険な仕事の労働市場の需要曲線 L_D をも示しています。危険な仕事を選ぶ企業の数は、市場賃金プレミアムが低くなるほど増えます。市場賃金プレミアムが非常に高いと危険な仕事を選ぶ企業はなく、すべての企業が安全な仕事を選びます。他の企業と比べ安全な労働環境を最も高い費用で生産する企業の提示賃金プレミアム ($Max\ \Delta w^D$) まで下がると、その企業が安全な仕事の提供を止め、危険な仕事を提供するようになります。市場賃金プレミアムがさらに下がると、安全な労働環境を生産する費用が高い企業から低い企業の順に、企業が危険な仕事を提供し、安全な仕事を提供しないようになります。

8.1.5　市場均衡

　図 8.2 は、危険な仕事の労働市場の均衡 E をも示しています。賃金プレミアムが Δw^* のとき、危険な仕事を提供する労働者数と企業が求める危険な仕事をする労働者数が等しく、労働者余剰と生産者余剰が最大化されています。

　均衡賃金プレミアムは、危険な仕事を選ぶ最後の労働者の留保賃金プレミアムに等しくなります。つまり、均衡賃金プレミアムは、最後の労働者に対し、安全な仕事の代わりに危険な仕事を自発的に選ばせるにちょうど足りる高さの賃金割り増し額です。

　また、均衡賃金プレミアムは危険な仕事を選ぶ最後の企業の提示賃金プレミアムにも等しくなります。つまり、均衡賃金プレミアムは最後の企業に対し、安全な仕事の代わりに危険な仕事を自発的に選ばせるにちょうど足りる低さの賃金割り増し額です。

　均衡賃金プレミアムは留保賃金プレミアムの平均値でもなければ、提示賃金プレミアムの平均値でもないことに注意する必要があります。労働者の留保賃金プレミアムが均衡賃金プレミアムを下回っているときに労働者は危険な仕事を選ぶので、労働者余剰が生じ、危険な仕事で働く労働者の間での留保賃金プ

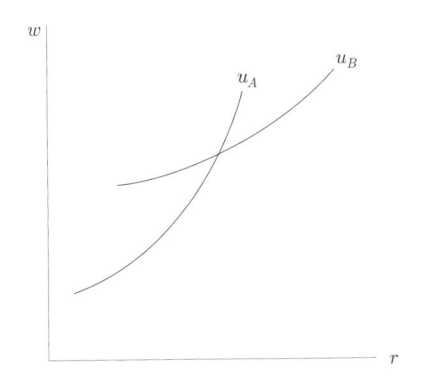

図 8.4 異なる労働者の無差別曲線

レミアムの平均値は、均衡賃金プレミアムを下回ります。同様に、企業の提示賃金プレミアムが均衡賃金プレミアムを上回っているときに企業は危険な仕事を選ぶので、生産者余剰が生じ、危険な仕事を提供する企業の間での提示賃金プレミアムの平均値は、均衡賃金プレミアムを上回ります。

8.2 ヘドニックモデル

上で紹介した簡単なモデルは、確実に安全な仕事と怪我の確率が r である危険な仕事の 2 種類の仕事しか市場に存在しないと仮定しました。以下では、仕事の種類を 2 種類から多種類へ拡張した、より複雑なヘドニックモデルを紹介します。

8.2.1 異なる労働者の無差別曲線

図 8.4 は、横軸に怪我の確率 (r)、縦軸に賃金 (w) をとり、2 つのタイプの労働者の無差別曲線の例を描いています。異なるタイプの労働者は、怪我の確率と賃金に関して異なる選好を持つので、無差別曲線図は、労働者のタイプにより異なります。怪我を嫌う程度が強いタイプ A の労働者の無差別曲線は、急な勾配を持ち、怪我を嫌う程度が弱いタイプ B の労働者の無差別曲線は、緩やかな勾配を持ちます。

無差別曲線の傾きは、怪我の確率が 1 単位上がるときに、労働者の効用を一定に保つのに必要な賃金の増額なので、怪我の確率が 1 単位上がるときの留保

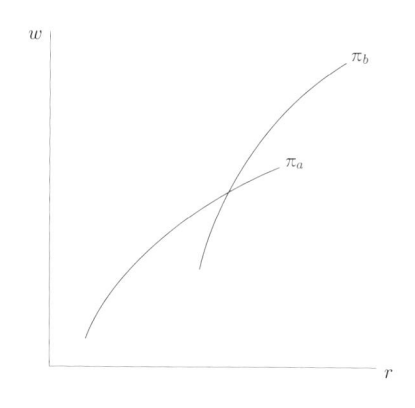

図 8.5　異なる企業の等利潤曲線

賃金プレミアムと解釈できます。これは、怪我の確率が 1 単位下がるときに、労働者があきらめてもかまわないと思う賃金の減額でもあるので、怪我の確率 1 単位下落の限界効用（を貨幣単位で測ったもの）とも解釈できます。

8.2.2　異なる企業の等利潤曲線

　図 8.5 は、横軸に怪我の確率 (r)、縦軸に賃金 (w) をとり、2 つのタイプの企業の等利潤曲線を描いています。財市場への企業の参入・退出が自由であれば利潤はゼロとなるので、利潤ゼロを仮定し、等利潤曲線を描いています。異なるタイプの企業は安全な労働環境を生産する異なる技術を持つので、等利潤曲線図も企業のタイプにより異なります。安全な労働環境を低費用で生産できるタイプ a の企業の等利潤曲線は緩やかな勾配を持ち、安全な労働環境を高費用でしか生産できないタイプ b の企業の等利潤曲線は急な勾配を持ちます。

　等利潤曲線の傾きは、怪我防止の費用を削減し、怪我の確率を 1 単位上げるときに、（利潤が一定に保たれるので）企業が払ってもかまわないと思う賃金の増額なので、怪我の確率が 1 単位上げるときの提示賃金プレミアムと解釈できます。これは、怪我防止の費用を増額し、怪我の確率を 1 単位下げるときに、企業が利潤を一定に保つのに必要な賃金の減額でもあるので、怪我の確率 1 単位下落の限界費用（を貨幣単位で測ったもの）とも解釈できます。

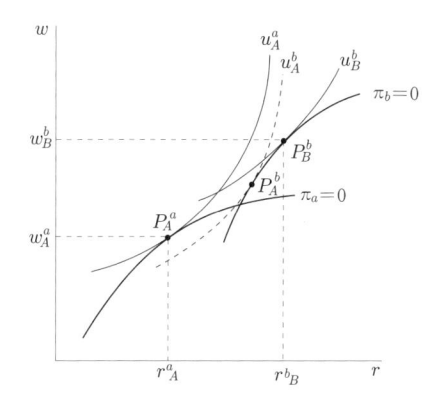

図 8.6　市場均衡 (1)

8.2.3　市場均衡

単純化のために、市場にはタイプ A, B の労働者が 1 人ずつ、タイプ a, b の企業が 1 つずつ存在し、各労働者は 1 単位の労働を供給し、各企業は 1 単位の労働を需要すると仮定します。タイプ A の労働者を労働者 A、タイプ B の労働者を労働者 B、タイプ a の企業を企業 a、タイプ b の企業を企業 b と呼ぶことにします。

ヘドニックモデルでの市場均衡とは、次の状態を指します。第一に、各仕事の供給量と需要量が等しいことです。ここで、「仕事」は怪我の確率 (r) と賃金 (w) の組み合わせ (r, w) を指します。仕事 (r, w) の供給とは (r, w) を条件とする労働需要であり、仕事 (r, w) の需要とは (r, w) を条件とする労働供給です。第二に、個々の労働者は市場で提供されているすべての仕事から効用を最大化する仕事を選びます。そうでなければ、労働供給に変化が生じ、第一の条件が満たされなくなります。第三に、個々の企業は利潤最大化をします。そうでなければ、労働需要に変化が生じ、第一の条件が満たされなくなります。

図 8.6 は、横軸に怪我の確率 (r)、縦軸に賃金 (w) をとり、市場均衡を示しています。労働者 A は企業 a で危険度 r_A^a、賃金 w_A^a の条件で働き、労働者 B は企業 b で (r_B^b, w_B^b) の条件で働く、すなわち、A 対 a、B 対 b の 2 つのマッチができています。

この状態が均衡であることを確かめてみましょう。第一の条件は明らかに満たされています。企業 a により 1 単位供給された仕事 (r_A^a, w_A^a) が労働者 A に

より 1 単位需要され、企業 b により 1 単位供給された仕事 (r_B^b, w_B^b) が労働者 B により 1 単位需要されています。超過供給、超過需要はありません。

　第二の条件が満たされるか確かめるために、まず、労働者 A の効用最大化問題を考えましょう。まず、市場が提供するすべての仕事は、図 8.6 上では、企業 a のゼロ等利潤曲線と企業 b のゼロ等利潤曲線の包絡線（太線）で示されています。各企業が提供するすべての仕事は、ゼロ等利潤曲線上の点（仕事）で示されていますが、包絡線の下に位置するゼロ等利潤曲線上の点（仕事）は、その真上に位置する（怪我の確率が同一である）包絡線上の点（仕事）と比べると賃金が劣るので、労働者に選ばれることはないからです。労働者 A が、企業 a がその等利潤曲線上で提供する仕事の中から効用を最大化するものを選ぶとすると、点 P_A^a になり、効用は u_A^a になります。同様に、仮に労働者 A が企業 b が提供する仕事の中から効用を最大化するものを選ぶとすると、点 P_A^b になり、効用は u_A^b になります。労働者 A が企業 a で働くことにより得る効用 u_A^a は、企業 b で働くことにより得られる効用 u_A^b よりも高いので、労働者 A は企業 a で働くことで効用を最大化します。同様に、労働者 B が企業 b で働くことにより効用を最大化することを示せます。

　第三の条件も満たされています。企業は、ゼロを超える利潤をあげることができないと仮定するので、ゼロ利潤を達成していれば利潤を最大化しています。どの企業もゼロ等利潤曲線上の点（仕事）を提供するので、利潤を最大化しています。

　以上では、単純化のために、市場にタイプ a、b の企業が 1 つずつ存在すると仮定し、市場均衡の例を示しましたが、厳密には、この仮定では均衡が存在しない可能性があります。図 8.7 のように、2 人の労働者 A、B がともに同一企業 (b) のゼロ等利潤曲線上の点（仕事）を選ぶ場合には、市場均衡が存在しません。このような場合でも、2 つのタイプの各企業が潜在的に 2 つ存在すると仮定すれば、均衡は存在し、均衡では、タイプ b の 1 つの企業が仕事 (r_A^b, w_A^b) を労働者 A に提供し、タイプ b の他の 1 つの企業が仕事 (r_B^b, w_B^b) を労働者 B に提供することになります。タイプ a の企業は仕事を提供せず、ゼロ利潤を得ることになります。

　均衡では、怪我の確率が高い仕事の賃金は他の仕事よりも高くなります。図 8.6 の均衡である、2 つの点 P_A^a, P_B^b を比べると、怪我の確率が高い仕事の賃

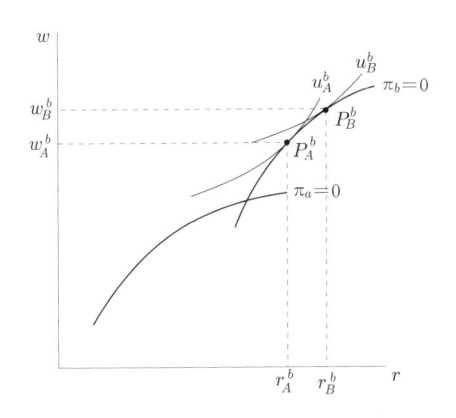

図 8.7　市場均衡 (2)

金は他の企業の賃金よりも高くなります。また、図 8.7 の均衡である 2 つの点 P_A^b, P_B^b を比べても、同じことがいえます。これは、労働者が怪我を嫌い、企業が怪我の確率を減らすには費用がかかるからです。

　多数のタイプの多数の労働者と多数のタイプの多数の企業が市場に存在する場合には、均衡の結果を示す点も多数からなります。均衡の結果を示す多数の点を結ぶと、滑らかな曲線である**ヘドニック賃金関数**が得られます。ヘドニック賃金関数の傾きを怪我の確率が 1 単位上がるときの**賃金プレミアム**、または**補償賃金（格差）**と呼びます。

　賃金プレミアムはヘドニック賃金関数上の点（仕事）の間で異なり、各点（仕事）で働く労働者の留保賃金プレミアムに等しくなります。例えば、点 P_A^a でのヘドニック賃金関数の傾き（賃金プレミアム）は、労働者 A の留保賃金プレミアムに等しくなります。賃金プレミアムは、労働者にとっては怪我の確率の下落に必要な賃金の減額なので、怪我の確率の下落の限界費用（を貨幣単位で測ったもの）です。労働者 A は、怪我の確率の下落の限界効用（留保賃金プレミアム）が限界費用（賃金プレミアム）に等しくなるという限界原理を満たすべく、最適な仕事 P_A^a（怪我の確率と賃金の組み合わせ）を選ぶので、点 P_A^a での賃金プレミアムは労働者 A の留保賃金プレミアムに等しくなるのです。

　賃金プレミアムはヘドニック賃金関数上の点（仕事）の間で異なり、各点（仕事）を提供する企業の提示賃金プレミアムにも等しくなります。例えば、点 P_A^a でのヘドニック賃金関数の傾き（賃金プレミアム）は、企業 a の提示賃金プレ

ミアムに等しくなります。賃金プレミアムは、企業にとっては怪我の確率の下落に伴い可能となる賃金の減額なので、怪我の確率の下落の限界収入（を貨幣単位で測ったもの）です。企業 a は、怪我の確率の下落の限界収入（賃金プレミアム）が限界費用（提示賃金プレミアム）に等しくなるという限界原理を満たすべく、最適な仕事 P_A^a（怪我の確率と賃金の組み合わせ）を選ぶので、点 P_A^a での賃金プレミアムは企業 a の提示賃金プレミアムに等しくなるのです。

8.2.4 仕事の属性と補償賃金格差

以上では、仕事は、怪我の確率と賃金のみで特徴付けられると仮定しました。仕事の単調性、極端な温度や湿度、極端な肉体労働、不安定な仕事、フリンジベネフィットのない仕事など、すべての労働者が嫌う仕事の属性であれば、モデルの中の怪我の確率と読み替えられます。他の条件を一定とすれば、すべての労働者が嫌う属性を持つ仕事は、賃金が高く、すべての労働者が好む属性を持つ仕事は、賃金が低くなります。

8.3 ヘドニックモデルの応用

8.3.1 補論：人命の価値 *

多くの海外の労働経済学者によりヘドニック賃金関数の推定がなされてきました。とりわけ興味深いのは、致死傷の確率が賃金に与える効果を推定した研究です。そのような研究は、次のような式を推定します。単純化のために、賃金は年給で測られているとします。

$$\log w_i = \alpha + \beta X_i + \gamma r_i + \varepsilon_i \tag{8.3}$$

ここで、i は労働者のインデックス、w_i は労働者の賃金、r_i は労働者が直面する致死傷の年間確率、X_i は賃金に影響を与える他の観察可能な変数の列ベクトル、ε_i は賃金に影響を与える観察不可能な変数、α, γ は推定されるべき未知の係数パラメーター、β は未知の係数パラメーターの行ベクトルです。β の各要素は、X の中の対応する変数の 1 単位増加が w に与える効果です。γ は r の 1 単位増加の w に対する効果（賃金プレミアム）を表し、ここで関心のあるパラメーターです。r の 1 単位の増加とは、致死傷を被る確率が 0 から 1 へと上がることと解釈できるので、γ は労働者が命の代償として受け取りを要求する留保賃

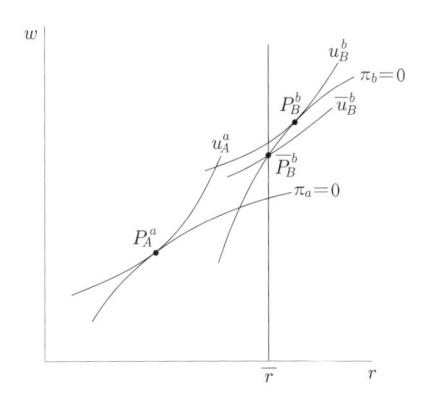

図 8.8 安全基準の効果

金プレミアムと解釈できます。海外では、データから得られる γ の推定値が事故等で失われた人命に対する損害賠償額を裁判所が決定するときに用いられることがあります。

8.3.2 労働者の安全と健康

各国の政府は、労働者の安全と健康を確保する目的で、基準を設定しています。これらの規制の多くは、ヘドニックモデルで図 8.8 のように、r の取り得る値に上限値 $\bar{r}$ を設けることであると解釈できます。ここでは、こうした規制が労働市場と労働者の効用に与える効果を見ます。安全規制は点 P_B^b のような危険な仕事を市場から排除します。規制下では、労働者 B と企業 b は r の値を $\bar{r}$ 以下とし、企業が存続できるようにゼロ利潤曲線上でマッチを組む必要があります。労働者は効用を最大化するために点 $\overline{P}_B^b$ を選びます。

安全規制は、労働者の効用を低下させます。規制後の最適点 $\overline{P}_B^b$ を通る労働者 B の無差別曲線 $\bar{u}_B^b$ が規制前の最適点 P_B^b を通る無差別曲線 u_B^b の下に位置するので、規制は労働者 B の効用を低下させます。

規制の影響を受けるのは、規制前の最適点が新たに設けられる規制をクリアしていない労働者と企業のみです。規制前の最適点が新たに設けられた規制をクリアしていた労働者と企業は影響を受けません。労働者 A と企業 a は P_A^a を選び続けることができ、効用も利潤も変わりません。

この潜在的弊害にもかかわらず、政府が規制を設けるのを擁護するのは、労

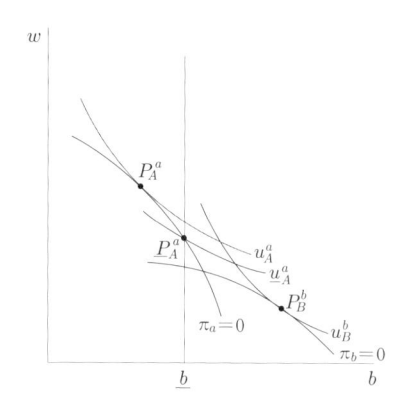

図 8.9　ファミリーフレンドリーなフリンジベネフィットと補償賃金格差

働者が職場の安全、健康に関する情報を持たない場合には、規制が効用を高めると考えられるからです。

8.3.3　ファミリーフレンドリー政策

　企業が、労働者に対し、仕事と家庭の両立を支援する「ファミリーフレンドリーな」フリンジベネフィットを提供するか、どの程度提供するか、いくらの賃金を支払うかといった問題もヘドニックモデルを用い、分析できます。例えば、職場内の高品質の託児サービスはファミリーフレンドリーなフリンジベネフィットの一例です。単純化のために、ファミリーフレンドリーなフリンジベネフィットはすべての労働者にとって望ましいものとします。

　図 8.9 は、横軸にファミリーフレンドリーなフリンジベネフィットの量、縦軸に賃金をとり、市場均衡を示しています。ファミリーフレンドリーなフリンジベネフィットは多ければ多いほど好まれる「財」なので、無差別曲線は右下がりで原点に対し凸型になり、またゼロ等利潤曲線は右下がりで凹型になるように描かれています。ヘドニック賃金関数は右下がりとなり、他の仕事よりも質の高い多くのファミリーフレンドリーなフリンジベネフィットが付加される仕事では、賃金が他の仕事よりも低くなります。

　政府が、企業に対し、ファミリーフレンドリーなフリンジベネフィットの下限 $\underline{b}$ を設けて規制を行うと、ファミリーフレンドリーなフリンジベネフィットへの選好が弱い労働者 A の賃金と効用が下がります。市場が多様な労働者のニーズ

と多様な企業の技術の間のマッチングを行っているので、規制は、そのマッチングの妨げとなります。

ヘドニックモデルの最大の特徴は、労働者の選好と企業の技術の多様性です。企業がその多様性を労働市場で発揮できるためには、労働市場の自由競争に加え、他市場の自由競争が重要です。もし託児サービスの市場が自由競争市場であれば、職場内で高品質の託児サービスを低費用で生産できる企業もあることでしょう。しかし、託児サービス市場で政府の規制があれば、潜在的に低費用で生産できる企業でさえ高費用でしか生産できなくなります。労働市場が自由であったとしても、託児サービス市場に規制があれば、労働市場で多様な仕事（託児サービスと賃金の組み合わせ）は出現しません。

練習問題

1. 補償賃金格差モデルを用い、図 1.7 が示す労働時間数の男女差と男女に共通する短時間化を説明しなさい。
2. 補償賃金格差モデルを用い、パート賃金が正規雇用の賃金より低いことを説明しなさい。

参考文献

[104] は、補償賃金格差に関する展望をしています。[116] は、補償賃金格差の理論により人命の価値を推定し、その後の研究に影響を与えました。[119] は、人命の価値を推定する研究を展望しています。[28] は、賃金とフリンジベネフィットとの間のトレードオフに関する実証研究を展望し、労働者の観察不可能な属性を一定に保つことの重要性を指摘しています。[38] は、パネルデータを用い、労働者の観察不可能な属性を一定に保つと賃金とフリンジベネフィットの間には理論どおりトレードオフがあるという分析結果を報告しています。

日本の補償賃金格差に関する研究例としては次のようなものがあります。[233] は、パートの賃金が正規雇用の賃金よりも低い事実を、パートにはあり、正規雇用にはない、勤務時間や勤務日数の伸縮性など、家事、育児と仕事を両立させ

るのに好ましい仕事属性を反映した補償賃金格差で説明できると報告しています。[226] [140] は、産業間賃金格差とリスクの関係を分析しています。[73] は致死傷を被る確率の賃金に対する効果をオーストラリア、日本、米国の間で比較しています。[152] は労災発生率と勤続年数との間の関係を分析しています。

9章

人的資本投資

　労働市場均衡モデルは、仕事の属性と労働サービスが同質である状況を想定し、需要と供給の変化が賃金の変化を引き起こすことを示します。補償賃金格差の理論は、仕事が異質であれば、賃金が異なることを示します。これに対し、本章で学ぶ人的資本投資理論は、労働サービスが異質であれば、賃金が異なることを示します。

　労働者は生まれつき持ち合わせた「能力」(abilities)、身に付けた「知識」(knowledge) と「技能」(skills) から労働サービスを生み出し、労働市場へ供給します。労働サービスを生み出す能力、知識、技能などの総体を「人的資本」と呼びます。人的資本は教育や訓練により成長させることができます。人的資本を成長させる行為を「人的資本投資」と呼びます。人的資本投資には学校教育や訓練があります。本章では、学校教育を扱った後で訓練を扱います。

　本章の主な目的は3つあります。第一に、どれだけの量の人的資本投資をいつ行うのが労働者にとって最適なのかといった、人的資本投資行動の理論を理解します。第二に、賃金の成長パターンや労働者間の賃金格差を人的資本投資理論により理解します。第三に、人的資本の（限界）収益率の推定がいかに複雑で困難な問題であるかを理解します。政府は、学校教育や訓練に対する財政援助をしています。したがって、人的資本投資の賃金や生産性に対する効果をデータから正確に推定することはきわめて重要です。正確な推定を妨げる諸要因について説明します。

9.1 教育と労働者のパフォーマンス

理論モデルの説明に入る前に、教育投資の量には、男女間、世代間で大きなばらつきがあること、また教育と労働者のパフォーマンスの間には強い相関関係があることをデータで確認しておきましょう。後で見るように、人的資本投資理論は、これらの事実を説明できます。

教育投資は、男女間、世代間で異なります。図 1.10 は、中学卒業生の高校進学率、高校卒業生の短大進学率、大学進学率の推移を男女別に示しています。すでに見たように、平均してみれば、男性は女性よりも高い教育水準を求め、また、新しい世代は古い世代よりも高い教育水準を求めています。

教育と労働者のパフォーマンスの間には、強い相関関係があります。図 1.8 と図 1.9 は、決まって支給する現金給与額を就業形態別、男女別、学歴別、年齢階級別に示しています。すでに見たように、平均すれば、教育程度の高い労働者は、他の労働者と比べ、年間所得が高いことがわかります。また教育程度の高い労働者は、他の労働者と比べ、労働力率が高く、失業率が低いことなどもわかっています。

9.2 大学進学の意思決定モデル

9.2.1 教育の便益と費用

この節では、最も単純な教育投資モデルとして、大学進学に関する意思決定のモデルを紹介します。大学に進学し、大卒者として労働市場に参入するか、高卒者として労働市場に参入するかという 2 つの選択肢のどちらを選ぶかというのがここでの労働者の意思決定問題です。単純化のため、労働市場にいまだ参入していない個人も労働者と呼ぶことにします。労働者は、大学進学の便益と費用を比べ、純便益が正であれば、大学進学を選びます。教育の便益は教育により得られる労働所得の増額です。単純化のために、それ以外の便益はないと仮定します。教育を人的資本投資と捉える教育投資モデルでは、教育は労働者に「知識」(knowledge) と「技能」(skills) を身に付けさせることを通じ、労働生産性を高め、企業が支払う意思のある賃金を高めると考えます。一方、労働者が生まれつき持ち合わせた「能力」(abilities) は、2 つの経路で労働生産性に影響を与えるものと考えます。第一に、能力は直接に労働生産性を上げると考え

ます。第二に、能力は、教育により労働者が身に付けることのできる知識や技能に影響を与えると考えます。そのため、教育の便益は労働者間で異なります。一方、教育の費用は、授業料、経費などの直接的な金銭的費用のみではありません。教育を受けている間は働けないので、その間に失う所得を機会費用として考える必要があります。単純化のために、それ以外の費用はないと仮定します。

9.2.2 現在価値

教育の費用は現在（ないし近い将来に）発生するのに対し、教育の便益は将来、発生します。このように、費用負担が便益の受け取りに先行するのが投資の特徴です。異なる時点で発生する便益と費用を直接に比べることはできません。純便益を評価するには、将来の貨幣単位で測られている便益と現在の貨幣単位で測られている費用を同一時点の貨幣単位に換算する必要があります。

現在価値とは、現在の貨幣単位による価値です。1年後の X_1 円は、1年後の貨幣単位で測られた X_1 円という意味です。これを現在の貨幣単位で測りなおすと、A さんにとっては、PV 円（$< X_1$ 円）の価値しかないとします。このとき、1年後の X_1 円の A さんにとっての現在価値は、PV 円であると表現します。A さん固有の**時間選好**を反映した1年後の X_1 円の現在価値 $PV(X_1)$ 円は、A さんのみが知っています。

以下では、現在価値の数式表現を単純化するために、割引率 ρ という時間選好の尺度を用います。現在の $PV(X_1)$ 円が1年後の X_1 円と効用の上で等しいとき、次式を成立させるような ρ が A さん固有の**割引率**です。

$$PV(X_1) = \frac{X_1}{1+\rho} \tag{9.1}$$

割引率 ρ は、（現在の $PV(X_1)$ 円が1年後の X_1 円と効用の上で等しいとき）(9.1) 式のように、X_1 円を $1+\rho$ で割ったときの額 $X_1/(1+\rho)$ を額の上で $PV(X_1)$ 円と等しくさせる率であるといえます。

現在志向度の強い人は、他の人と比べ高い ρ を持っていると解釈できます。例えば、A さんの方が B さんより現在志向であるとします。これは、1年後の X_1 円の A さんにとっての現在価値 $PV(X_1)_A$ 円が、B さんにとっての現在価値 $PV(X_1)_B$ 円よりも低いことを意味します。したがって、A さんの割引率を ρ_A、B さんの割引率を ρ_B とすると、次式が成立します。

$$PV(X_1)_A < PV(X_1)_B$$

$$\frac{X_1}{1+\rho_A} < \frac{X_1}{1+\rho_B}$$

これから、$\rho_A > \rho_B$ であることがわかります。

割引率 ρ は、名目利子率や物価上昇率の影響も受けます。現在、X_0 円を名目利子率 r で利子の付く資産に投資すれば、1 年後には $X_0(1+r)$ 円（$> X_0$ 円）を得られます。同じことですが、1 年後に X_1 円を得るには、現在、$X_1/(1+r)$ 円（$< X_1$ 円）を保有していれば十分です。このため、名目利子率 r が高くなると、割引率 ρ は高くなる傾向があります。同様に、物価上昇率が高くなると、割引率 ρ は低くなる傾向があります。

以下では、単純化のために、ある個人の割引率は、時間を通して一定であると仮定します。例えば、t 年後の金額 X_t 円を現在価値 $PV(X_t)$ に変換する際の割引率を ρ_t とします。つまり、

$$PV(X_t) = \frac{X_t}{1+\rho_t} \tag{9.2}$$

であるとします。割引率が時間を通して一定であるという仮定は、この式の右辺を 1 年後の金額を現在価値に変換する際の割引率 ρ を用いた複利計算により、次のように書き換えられるという仮定です。

$$PV(X_t) = \frac{X_t}{(1+\rho)^t} \tag{9.3}$$

9.2.3 教育と労働所得

教育と労働者のパフォーマンスの間には、強い相関関係があるにもかかわらず、教育投資は、男女間、世代間、個人間で異なります。教育投資モデルを用いると、これらの一見相反する現象を説明できます。

教育投資モデルでは、労働者は生涯所得の現在価値の和を最大化するように教育水準を選ぶと考えます。以下では、4 年制の大学へ進学するか、高卒として就職するかの 2 つの選択肢から 1 つを選ぶ意思決定問題に直面するある 18 歳の個人を考えましょう。単純化のために、労働者は時給でなく、年給で報酬を支払われていると仮定します。すなわち、年間労働所得は、年間賃金である

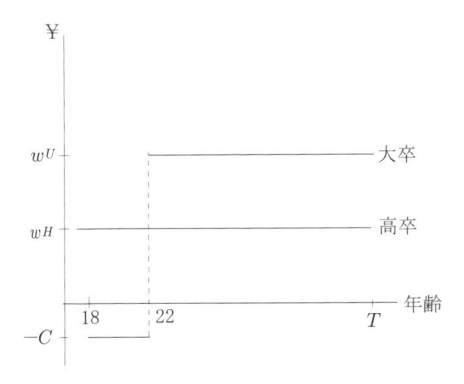

図 9.1 年齢−労働所得プロファイル

とします。大学へ進学した場合には、年間 C 円の授業料などの金銭的費用が発生しますが、大学卒業後は、T 歳で労働市場から退出するまでの $T-22$ 年間、毎年 w^U の労働所得を得るとします。大学へ進学しなかった場合には、高校卒業後、T 歳までの $T-18$ 年間、毎年 w^H の労働所得を得るとします。大卒者の労働所得 w^U は、高卒者の労働所得 w^H よりも高いとします。

図 9.1 は、横軸に年齢、縦軸に金額をとり、年間純所得を選択肢毎に描いています。労働生産性は、教育のみでなく、能力にもよるので、これらのプロファイルは能力を一定として描かれています。これらのプロファイルは同一能力を持つすべての労働者に共通するものであり、プロファイル上の賃金は同一能力を持つ労働者による労働サービスの市場での均衡賃金を示します。同一能力を持つ労働者が高卒として労働市場に参入したときに、需要と供給の力で決まる均衡労働所得が w^H であり、大卒として労働市場に参入したときの均衡労働所得が w^U です。

年齢−労働所得プロファイルの現在価値を選択肢毎に表しましょう。大学進学の場合の現在価値は次式になります。

$$PV^U = -C - \frac{C}{1+\rho} - \frac{C}{(1+\rho)^2} - \frac{C}{(1+\rho)^3}$$
$$+ \frac{w^U}{(1+\rho)^4} + \frac{w^U}{(1+\rho)^5} + \cdots + \frac{w^U}{(1+\rho)^{T-19}} \tag{9.4}$$

高卒の場合の現在価値は、次式となります。

$$PV^H = w^H + \frac{w^H}{(1+\rho)} + \frac{w^H}{(1+\rho)^2} + \frac{w^H}{(1+\rho)^3}$$
$$+ \frac{w^H}{(1+\rho)^4} + \frac{w^H}{(1+\rho)^5} + \cdots + \frac{w^H}{(1+\rho)^{T-19}} \quad (9.5)$$

労働者は、現在価値の高い選択肢を選ぶので、$PV^U > PV^H$ が成り立つときにのみ、大学進学を選びます。この条件は、次式のように表せます。

$$\frac{w^U - w^H}{(1+\rho)^4} + \frac{w^U - w^H}{(1+\rho)^5} + \cdots + \frac{w^U - w^H}{(1+\rho)^{T-19}}$$
$$> (C + w^H) + \frac{C + w^H}{1+\rho} + \frac{C + w^H}{(1+\rho)^2} + \frac{C + w^H}{(1+\rho)^3} \quad (9.6)$$

この式の左辺は、大学を卒業することにより得られる年間労働所得の増額分 $w^U - w^H$ の現在価値の和です。これが大学進学の便益の現在価値の和です。右辺は、大学進学により発生する金銭的費用 (C) と機会費用（高卒として4年間、得られていたであろう労働所得 w^H）の現在価値の和です。これが大学進学の費用の現在価値の和です。

比較静学分析

次に、このモデルを用い、割引率、大学教育の金銭的費用、大卒者の年間給与、高卒者の年間給与、労働市場退出年齢が与える大学進学に対する効果を分析しましょう。

現在志向の強い労働者は、他の労働者と比べ、割引率 ρ が高く、(9.6) 式の左辺（大学教育の便益の現在価値の和）を (9.6) 式の右辺（大学教育の費用の現在価値の和）よりも大きく下げるので、他の条件を一定とすると、大学進学が少なくなります。

大学教育の金銭的費用 C の上昇は、(9.6) 式の右辺（大学教育の費用の現在価値の和）を上げるので、他の条件を一定とすると、大学進学を減らします。大卒者の年間給与 w^U の上昇は、(9.6) 式の左辺（大学教育の便益の現在価値の和）を上げるので、他の条件を一定とすると、大学進学を増やします。高卒者の年間給与 w^H の上昇は、(9.6) 式の右辺（大学教育の費用の現在価値の和）を上昇させ、左辺（大学教育の便益の現在価値の和）を下げるので、他の条件を一定とすると、大学進学を減らします。労働市場退出年齢 T の上昇は、(9.6)

式の左辺（大学教育の便益の現在価値の和）を上げるので、他の条件を一定とすると大学進学を増やします。

大学進学の意思決定モデルは、データ上観察される大学進学行動パターンの多くを説明できます。第一に、女性の大学進学率が男性よりも低い事実を説明できます。上のモデルでは、一度、労働市場に参入すると退出するまで継続的に働くと仮定しました。女性が出産、育児のために、労働市場から一時的に退出する確率が男性よりも高いとすると、(9.6) 式の左辺（大学教育の便益の現在価値の和）の項の数が男性と比べ少なくなり、左辺が男性と比べ小さくなるので、他の条件を一定とすると、大学進学が減ります。また、大卒者の賃金や雇用に男女格差があれば、女性の (9.6) 式の左辺（大学教育の便益の現在価値の和）は男性よりも小さくなるので、他の条件を一定とすると、大学進学が減ります。さらに、雇用機会均等法が大卒者の賃金や雇用の男女格差を縮小することに成功すれば、他の条件を一定とすると、大学進学率の男女格差は縮小します。

第二に、不況期に大学進学が増える事実を説明できます。単純化のために、不況が次の 4 年間のみ続き、その間のみ、労働所得が下がるとします。4 年間の高卒者の労働所得 w^H の下落は大学進学の機会費用の低下を意味し、(9.6) 式の右辺（大学教育の費用の現在価値の和）を下げるので、他の条件を一定とすると、大学進学を増やします。

第三に、大学進学年齢が若い年齢に偏る事実を説明できます。上のモデルでは 18 歳の意思決定問題を考えましたが、大学進学をしていないより高い年齢の労働者の意思決定問題も同様に考えられます。その場合には、現在の年齢を A 歳とすると、(9.6) 式の左辺（大学教育の便益の現在価値の和）の最後の項が、$(w^U - w^H)/(1+\rho)^{T-A-1}$ となるほかは変わりありません。現在の年齢 A の上昇は、(9.6) 式の左辺（大学教育の便益の現在価値の和）の項の数を減らし、左辺を下げるので、他の条件を一定とすると、大学進学を減らします。定年延長や寿命の延長が、若い頃に大学進学を選ばなかった中高年労働者の大学進学を促すこともわかります。

9.3 教育投資モデル

大学進学の意思決定モデルの 1 つの弱点は、高卒（教育年数 12 年）と大卒（教育年数 16 年）の 2 つの教育年数に選択肢が限られていることです。教育年

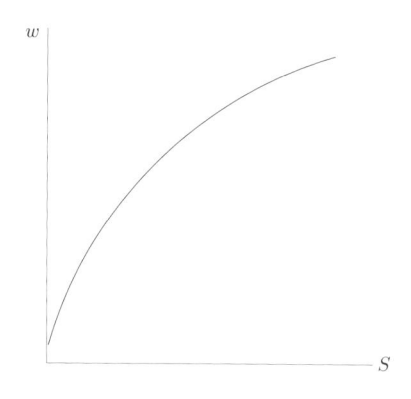

図 9.2　教育―労働所得プロファイル

数は実数なので、実際には無数の選択肢があり、個人は何年間の教育投資をすべきかという意思決定問題に直面します。労働者は、教育の便益と費用を比べ、純便益を最大化するような選択肢を選ぶという、選択肢が 2 つのモデルの結論は、選択肢が無数のモデルでも変わりません。教育の限界便益と限界費用が等しく、限界原理が成り立つような教育年数が最適となります。本節では、こうした一般的な教育年数決定問題へのアプローチを紹介します。後述するように、このアプローチは教育の（限界）収益率を推定する方法を示唆してくれます。単純化のために、教育投資の費用は教育に要する時間の機会費用のみであるとします。

9.3.1　教育―労働所得プロファイル

ある労働者に対し企業が支払う意思のある賃金 (w) と教育年数 (S) の関係を示したのが図 9.2 の**教育―労働所得プロファイル**です。労働生産性は教育年数のみでなく、能力にもよるので、このプロファイルは能力を一定として描かれています。このプロファイルはこの労働者と同一な能力を持つすべての労働者に共通するもので、プロファイル上の賃金は同一能力を持つ労働者による労働サービスの市場での均衡賃金を示します。

教育―労働所得プロファイルにはいくつかの特徴があります。第一に、教育―労働所得プロファイルは右上がりです。同一能力の労働者に対し、さらなる教育を与えれば、知識と技能の成長を通じ、生産性が上がるので、企業はより高い賃金を支払う意思があります。第二に、教育―労働所得プロファイルの傾き $\Delta w / \Delta S$ は、同一労働者に 1 年の教育を追加したときにどれだけ賃金が上がる

かを示し、**教育の限界収益**と呼ばれます。第三に、教育—労働所得プロファイルは凹型であり、教育の限界収益は、教育年数の上昇とともに減ると仮定します。

9.3.2 教育の限界収益率

教育の限界収益率 (Marginal Rate of Return to Schooling, MRRS) とは 1 年の教育を追加したときの賃金の**上昇率** $(\Delta w/w)/\Delta S$ です。前述の教育の限界収益が（1 年の教育を追加したときの）賃金の上昇そのもの $\Delta w/\Delta S$ であるのに対し、教育の限界収益率は賃金の変化率を示します。例えば、教育年数が 12 年のときの賃金が 300 万円、13 年のときの賃金が 330 万円だとすると、教育の収益は $\Delta w/\Delta S = (330 \text{ 万円} - 300 \text{ 万円})/1 \text{ 年} =$（教育 1 年あたり）30 万円、教育の限界収益率は $(\Delta w/w)/\Delta S = \dfrac{(330 \text{ 万円} - 300 \text{ 万円})/300 \text{ 万円}}{1 \text{ 年}} =$（教育 1 年あたり）0.1、あるいは 10%です。

教育の限界収益率は、教育投資に要する時間の機会費用 1 円あたりの賃金上昇率とも解釈できます。例えば、現在、教育年数 12 年の労働者が労働市場への参入を 1 年間遅らせ、もう 1 年の教育を続けるケースを考えましょう。賃金は 30 万円上がりますが、労働市場参入を 1 年間遅らせたため、その間、働いていたならば、稼げたはずの賃金 300 万円が機会費用として発生します。つまり 300 万円を投資し、年間 30 万円を得ているので、教育の限界収益率 10%は教育投資に要する時間の機会費用 1 円あたり年間賃金上昇率であると解釈できます。

図 9.3 は、横軸に教育年数をとり、教育の限界収益率を示しています。教育—労働所得プロファイルが右上がりで、凹型なので、教育の限界収益率は教育年数とともに減少します。教育年数を増やすにつれ、教育は徐々に魅力的な投資対象ではなくなります。

9.3.3 他の資産の利子率

労働者は、教育投資に要する時間の機会費用を教育に投資しなければ、利子の付く他の資産に投資できます。例えば、教育年数 12 年の労働者は、労働市場にただちに参入し、稼いだ 300 万円を利子率 r で他の資産に投資することにより、年間 $r(\times 100)$%の収益を得られます。図 9.3 には、利子率 r の高さが水平線で示されています。教育の限界収益率が教育年数とともに逓減するのに対し、他の資産の利子率は教育年数とは関係なく一定です。

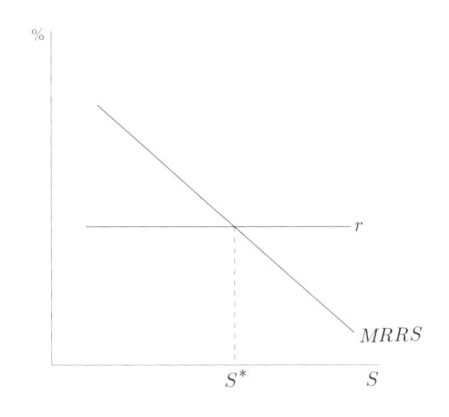

図 **9.3**　教育の限界収益率

9.3.4　教育投資の最適停止条件

労働者は、教育の限界収益率と割引率が等しくなるまで、教育投資を続けます。最適な教育年数を S^* とすると、教育投資の**最適停止条件**は次式で表されます。

$$MRRS(S^*) = \rho \tag{9.7}$$

単純化のために、割引率が利子率に等しいとし、この最適停止条件を解釈しましょう。教育年数が S^* より少ないときには、教育の限界収益率が他の資産の利子率を上回っているので、さらなる教育投資を行うことにより、将来の収益の現在価値の和を増やせます。逆に、教育年数が S^* より多いときには、教育の限界収益率が他の資産の利子率を下回ってしまっているので、できればマイナスの教育投資を行い、教育年数を減らし、将来の収益の現在価値の和を増やしたいところです。実際には、マイナスの教育投資はできないので、労働者は、教育の限界収益率が利子率と等しくなる S^* をあらかじめ見極め、S^* まで教育投資を行います。

9.3.5　比較静学分析

図 9.3 を用いると、割引率と能力が教育投資に与える効果を分析することができます。さらに図 9.2 を組み合わせると、労働所得に与える効果も分析できます。

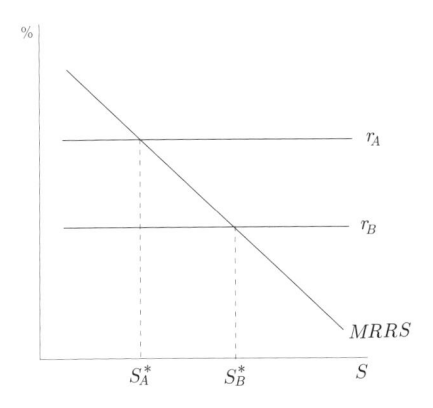

図 **9.4**　割引率の教育年数に対する効果

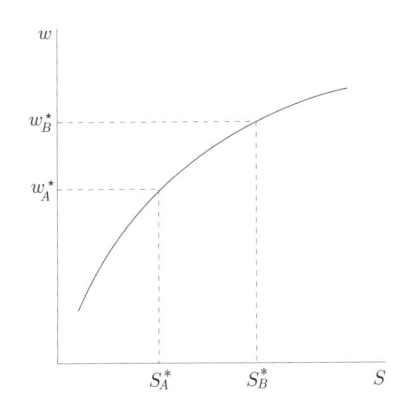

図 **9.5**　割引率の年間労働所得に対する効果

割引率の効果

　割引率の高い（現在志向度の高い）労働者は、教育年数が少なくなり、労働所得も低くなります。図 9.4 は、高い割引率 r_A を持つ労働者 A が、能力が同一で低い割引率 r_B を持つ労働者 B よりも、少ない教育年数を選ぶことを示しています。能力が同一なので、教育の限界収益曲線は、A と B の間で共通ですが、A の割引率が B よりも高いので、最適な教育年数は、A の方が B よりも少なくなります。また図 9.5 は、その結果、A が B よりも低い年間労働所得を得ることを示しています。能力が同一なので、教育—労働所得曲線は A と B の間で共通ですが、割引率の差から最適教育年数が異なるので、A の年間労働所得は B より低くなります。

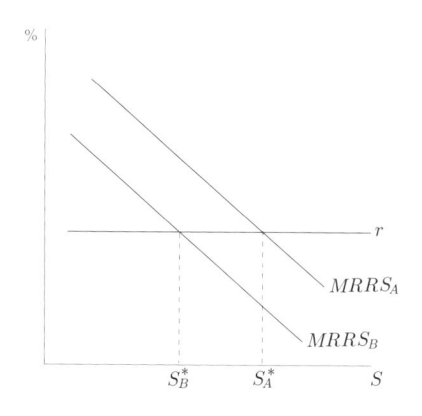

図 **9.6**　能力の教育年数に対する効果

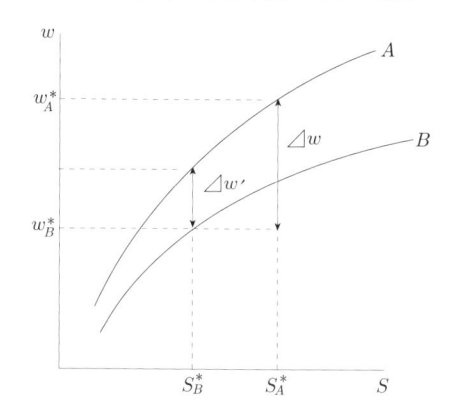

図 **9.7**　能力の年間労働所得に対する効果

能力の効果

　能力の高い労働者は、教育年数が多くなり、労働所得も高くなります。図 9.6 は、高い能力を持つ労働者 A が割引率が同一で低い能力を持つ労働者 B よりも、多い教育年数を選ぶことを示しています。割引率が同一なので、割引率を表す水平線は A と B の間で共通ですが、A の能力が B よりも高いので、A の教育の限界収益曲線は B よりも高く、最適な教育年数は A の方が B よりも多くなります。またその結果、図 9.7 のように、A が B よりも高い年間労働所得を得ることがわかります。A の能力が B よりも高いので、A の教育—労働所得曲線は、B よりも高くなります。さらに、図 9.6 で見たように、能力の差から A の最適教育年数が B よりも多くなっています。この 2 つの効果の相乗

効果により、A の年間労働所得は B よりも高くなります。最適な教育投資は、能力差のみを反映した年間労働所得の格差（図 9.7 の同一教育年数での A と B の教育―労働所得曲線間の縦の距離 $\Delta w'$）を超える年間所得格差 Δw を生み出しています。

9.4　補論：教育の限界収益率（因果的効果）の推定 *

政府は、学校教育に対する財政援助をしています。したがって、教育の限界収益率をデータから正確に推定することは重要ですが、推定はきわめて困難です。

9.4.1　因果的効果の識別問題

ここでは、実証モデルを用い、教育の限界収益率をデータから識別する際の問題を整理します。

実証モデル

まず、単純化のために、賃金の実証モデルが次式で与えられるとします。

$$\log w_i = E[\log w_i | S_i, X_i] + \varepsilon_i = \alpha + \beta S_i + \gamma X_i + \varepsilon_i \tag{9.8}$$

ここで添え字の i は労働者のインデックスです。教育年数 S_i 以外で賃金 w_i に因果的効果を持つ変数のうち、データ上観察可能な変数が諸 X_i です。一方、ε_i は労働者 i の賃金に因果的効果を持つその他のデータ上観察不可能な変数や、賃金の測定誤差を表します。例えば賃金は、生まれつき持ち合わせた能力の強い影響を受けることが知られています。このような情報がデータ上観察されていれば、これらは X_i の一部となり、観察されていなければ、ε_i の一部となります。能力の高い労働者は、他の労働者より高い値の ε_i を持つと考えられます。

私達の目標は、（観察可能な他の変数や観察不可能な変数を一定に保ったときに）教育年数の変化が賃金の条件付期待値 $E[\log w_i | S_i, X_i]$ へ与える因果的効果をデータから学びとることです。(9.8) 式の後半の仮定の下では、α, β, γ のパラメーターの値を推定し、それらの符号を検定することです。とりわけ、その他の条件 (X, ε) を一定としたときの教育の限界収益率を示す β の値を推定することに関心があります。なお、証明はしませんが、(9.8) 式のように左辺の変数 $(\log w)$ が（賃金）水準を表す変数 (w) の自然対数値であり、右辺の変数が

（教育）水準を表す変数（例えば S）である場合には、右辺の変数の係数（例えば β）は右辺の水準を表す変数（例えば S）が1単位増えるときに、左辺の水準を表す変数（w）に約何%の変化を引き起こすかを示します。

能力バイアス（脱落変数バイアス）

　教育年数と観察不可能な能力の相関が、教育の限界収益率の推定を困難にする第一の理由です。労働者が生まれつき持ち合わせた能力は賃金と教育年数の重要な決定要因ですが、通常、分析者が労働者の能力を観察することは不可能です。

　分析者が労働者の能力を観察でき、能力を労働者間で一定に保てるのであれば、教育の限界収益率の推定は容易です。図9.4と図9.5は、同一の能力を持ち、異なる割引率を持つ複数の個人の教育年数と年間労働所得の決定を示しています。教育の限界収益率を推定するということは、図9.5の教育―労働所得曲線の形を推定するということと基本的に変わりありません。労働者は同一能力を持っているので、教育―労働所得曲線は労働者の間で共通です。労働者の教育年数と年間労働所得に関する情報を分析者が持っていれば、その情報から、教育―労働所得曲線の形を推定することは容易です。例えば、労働者 A は S_A 年の教育を得て、w_A 円の年間労働所得を得ています。労働者 B は S_B 年の教育と w_B 円の年間労働所得を得ています。2人の労働者の選択した点は同一の教育―労働所得曲線上にあるので、S_A と S_B の違いが十分に小さければ、教育―労働所得曲線の傾きは $(w_B - w_A)/S_B - S_A$、限界収益率は $\{(w_B - w_A)/w_A\}/(S_B - S_A)$ として推定できるでしょう。

　実際には、分析者が労働者の能力を観察できることはまずなく、教育の限界収益率の推定は困難です。図9.6と図9.7は同一の割引率を持ち、異なる能力を持つ複数の個人の教育年数と年間労働所得の決定を示しています。労働者は異なる能力を持っているので、教育―労働所得曲線は労働者の間で共通ではありません。教育年数の高い労働者達の方が教育年数の低い労働者達よりも平均賃金が多いと観察されても、それが教育年数の差によるのか、教育年数と相関関係を持つ観察不可能な属性の差によるのか、識別できなくなってしまうのです。これは、実験で実験者が被験者グループ間の環境を同一に保てない状況に相当します。

　この種の相関関係を無視し、因果的効果の推定を試みた場合には、脱落変数

バイアスが発生します。この場合、教育の限界収益率を推定するということは、教育の限界収益率の労働者間の平均値を推定するということであり、図 9.7 の 2 つの教育―労働所得曲線の平均的な形を推定するということと基本的に変わりありません。労働者の教育年数と年間労働所得に関する情報を分析者が持っていても、その情報から、教育―労働所得曲線の平均的な形を推定することは困難です。例えば労働者 A は S_A 年の教育を得て、w_A 円の年間労働所得を得ています。労働者 B は、S_B 年の教育と w_B 円の年間労働所得を得ています。2 人の労働者の選択した点は、異なる教育―労働所得曲線上の異なる教育年数に対応するので、S_A と S_B の違いが十分に小さくても、教育―労働所得曲線の傾きの平均値を $(w_B - w_A)/(S_B - S_A)$ として、また、限界収益率の平均値を $\{(w_B - w_A)/w_A\}/(S_B - S_A)$ として推定すれば、いずれも真の値よりも過大な推定値となってしまいます。

このように、能力が教育年数と無相関であると仮定し、因果的効果の推定を試みた場合には、教育年数の賃金への因果的効果は高めに推定されてしまいます。バイアスを生む原因をバイアスの前に付け、**能力バイアス**と呼ぶこともあります。

政策担当者が教育の限界収益率の推定値を評価する際には、能力バイアスに注意する必要があります。例えばある経済学者が、高卒者と比べ大卒者は 100 万円高い年間労働所得を得ることを示唆する限界収益率の推定結果を報告しているとします。経済学者の推定値は、能力バイアスに汚染されているのですが、政策立案者が能力バイアスの存在を知らなかったり、無視し、経済学者の推定値が真の値であると考え、政府の視点から収支が均衡するような、大学進学者に補助金を与えるプログラムを提案したとします。そして、大学進学者の増加による所得税収の増加がプログラムの収入であると考えているとします。能力バイアスを無視したので、大卒者の労働所得の増加は 100 万円を下回り、所得税収は予想を下回り、このプログラムは確実に赤字を生みます。

サンプルセレクションバイアス

観察データを利用して教育年数の因果的効果を識別するのが至難の業である第二の理由は、賃金が観察される労働者のサンプル上では、サンプルセレクションが原因で、教育年数などの説明変数と観察不可能な変数との間に相関関係が生

じてしまうからです。ここで述べているのは、たとえ上記の脱落変数バイアスを引き起こすような説明変数と観察不可能な変数との間の相関関係が（働かない労働者をも含む）全労働者の間ではゼロである状況であっても、賃金が観察される（すなわち賃金が留保賃金を上回る）労働者の間では、教育年数などの説明変数と観察不可能な変数との間に相関関係が生じてしまうということです。単純化するために、賃金に影響を与えるのは教育年数と観察不可能な能力のみであり、両者とも賃金に正の因果的効果を持つものの、全労働者の間では両者の間に相関関係がないとします。私達が見たいのは、教育年数の賃金への因果的効果です。しかし、賃金が観察されるのは、賃金が留保賃金を上回り、実際に働いている労働者のみであるということに注意しなければなりません。賃金が高い値となるためには、教育年数が高いか、能力が高いかのどちらかが必要です。教育年数が高ければ能力がある程度低くても賃金は高くなります。教育年数が低ければ能力が十分に高くなければ賃金は高くなりません。したがって、賃金が留保賃金を上回る労働者間で見れば、教育年数と能力の間には負の相関関係があります。

　この種の相関関係を無視し、因果的効果の推定を試みた場合には、サンプルセレクションバイアスと呼ばれる推定バイアスが発生します。例えば、賃金が留保賃金を上回る労働者のサンプルを用い、その中で教育年数が能力と無相関であると仮定してしまえば、教育年数の賃金への因果的効果は低めに推定されてしまいます。これを理解するために、教育年数と能力の賃金への因果的効果が正であり、かつ全労働者の間では教育年数と能力の間には相関関係がないとします。つまり、先程述べた脱落変数バイアスが生じ得ない状況を考えましょう。賃金が留保賃金を上回る労働者の間では、サンプルセレクションにより、教育年数が高い労働者は、他の労働者と比べ、平均してみれば能力が低くなります。高い教育年数は賃金を上昇させますが、低い能力は賃金を低下させるので高い教育年数の労働者の賃金は (サンプルセレクションの結果生じる教育年数と能力の間の負の相関関係がない場合と比べ)、それほど上昇しません。したがって、サンプルセレクションが引き起こす相関関係を無視し、平均賃金の違いを教育年数の差によるものと解釈してしまえば、教育年数の因果的効果は実際の値よりも小さな正の値と推定され、推定バイアスが働くことがわかります。サンプルセレクションが厳しいものであれば、因果的効果はゼロや負と推定されてしまうことさえあり得るのです。

測定誤差バイアス

観察データを利用して教育年数の因果的効果を識別するのが至難の業である第三の理由は、観察可能な説明変数に測定誤差があるからです。観察データでは、教育年数が正確に報告されず、誤差を伴って記録される場合がよくあります。これを無視し、因果的効果の推定を試みた場合には、(ある追加的条件の下で) 教育年数の賃金への因果的効果は、絶対値で小さめに (ゼロに近づく方向で) 推定されることが知られています。これを古典的測定誤差バイアスと呼びます。

9.4.2 識別戦略と応用

脱落変数バイアス、サンプルセレクションバイアス、測定誤差バイアスは、観察データによる因果的効果の識別をきわめて困難なものにします。脱落変数バイアスを克服する識別戦略については 4 章で詳細に説明したので、ここでは、教育年数の賃金に対する効果の識別をする上で留意を要する点や応用例を中心に説明します。

パネルデータによる固定効果モデル推定

多数の労働経済学者がパネルデータによる識別戦略を用いています。パネルデータによる固定効果モデル推定では、労働者 i は時間 t の進行にかかわらず同一能力 θ_i を持つと仮定します。また、時点 t で生じ、全労働者に共通な観察不可能なイベント ϕ_t も考慮できます。新たな誤差項を $\mu_{it} = \varepsilon_{it} - \theta_i - \phi_t$ と定義することにより、実証モデルを (9.9) 式のように書き換えます。

$$\log w_{it} = \alpha + \beta S_{it} + \gamma X_{it} + \theta_i + \phi_t + \mu_{it} \tag{9.9}$$

ここで、(9.9) 式を労働者 i の 2 つの年 ($t = 1, 2$) の間で差分をとると、(9.10) 式が得られます。

$$\log w_{i1} - \log w_{i2} = \beta(S_{i1} - S_{i2}) + \gamma(X_{i1} - X_{i2}) \\ + (\phi_1 - \phi_2) + (\mu_{i1} - \mu_{i2}) \tag{9.10}$$

さらに、(9.10) 式を異なる労働者 i と j の間で差分をとると、次式になります。

$$[(\log w_{i1} - \log w_{i2}) - (\log w_{j1} - \log w_{j2})] = \beta[(S_{i1} - S_{i2}) - (S_{j1} - S_{j2})]$$
$$+ \gamma[(X_{i1} - X_{i2}) - (X_{j1} - X_{j2})]$$
$$+ [(\mu_{i1} - \mu_{i2}) - (\mu_{j1} - \mu_{j2})]$$
$$(9.11)$$

直感的には、教育年数以外の変数の変化が一定である労働者の間で、賃金の変化の労働者間差 $[(\log w_{i1} - \log w_{i2}) - (\log w_{j1} - \log w_{j2})]$ と教育年数の変化の労働者間差 $[(S_{i1} - S_{i2}) - (S_{j1} - S_{j2})]$ の比から、β が識別されます。誤差項 μ_{it} が説明変数と無相関であるという仮定が識別上の重要な仮定です。

この戦略の問題点には次のようなものがあります。第一に、同一労働者の教育年数が 2 時点間で変わることは滅多にないので、固定効果モデルによる識別ができない可能性があることです。第二に、2 時点間の教育年数の変化は稀であり、変化の背後には事情があると疑われ、ランダムな変化とはみなせないことです。能力が同一の労働者が 2 時点間で教育年数を増すに至った背景には観察不可能な（能力以外の）変数 μ_{i1}, μ_{i2} が関与すると疑われます。例えば、1 年目に分析者には観察不可能な理由から賃下げをされた（μ_{i1} が平均を下回った）労働者が、対策として学校にパートタイムで復学した（$S_{i2} > S_{i1}$）とします。この場合には、1 年目の μ_{i1} の減少を経験した労働者は、2 年目の教育年数 S_{i2} を増すので、$(\mu_{i1} - \mu_{i2})$ が小さくなると $(S_{i1} - S_{i2})$ が小さくなる傾向があります。労働者間で比較すると、$[(\mu_{i1} - \mu_{i2}) - (\mu_{j1} - \mu_{j2})]$ が小さいときには、$[(S_{i1} - S_{i2}) - (S_{j1} - S_{j2})]$ が小さくなる傾向があります。その結果、教育年数以外の変数の変化 $(X_{i1} - X_{i2}), (X_{j1} - X_{j2})$ が一定の労働者の中で、賃金の変化の労働者間差と教育年数の変化の労働者間差の比から β を識別することはできなくなります。

双生児データによる固定効果モデル推定

Ashenfelter と Krueger ([13]) は、一卵性双生児データによる識別戦略を提案したことでよく知られています。一卵性双生児データを利用した識別戦略は、基本的にパネルデータを利用した識別戦略と同一です。家庭 i の一卵性双生児達 $j = 1, 2$ は同一能力 θ_i を持つと仮定し、新たな誤差項を $\nu_{ij} = \varepsilon_{ij} - \theta_i$ と定

義することにより、実証モデルを (9.12) 式のように書き換えられます。

$$\log w_{ij} = \alpha + \beta S_{ij} + \gamma X_{ij} + \theta_i + \nu_{ij} \tag{9.12}$$

ここで、家庭 i の 2 人の双生児 ($j=1,2$) の間で差分をとると、(9.13) 式が得られます。

$$\log w_{i1} - \log w_{i2} = \beta(S_{i1} - S_{i2}) + \gamma(X_{i1} - X_{i2})$$
$$+ (\nu_{i1} - \nu_{i2}) \tag{9.13}$$

さらに、(9.13) 式を異なる家族 i と j の間で差分をとると、(9.11) 式と似た式が得られます。

双生児データによる識別戦略の問題は、パネルデータの場合と類似しています。同一能力の一卵性双生児間の教育年数の差は、各双生児が成長過程で経験した（教育達成に効果を持つ）固有の人生経験により生じたものであり、ランダムに生じたとはみなしがたいのです。その結果、$(s_{i1} - s_{i2})$ と $(\nu_{i1} - \nu_{i2})$ の間の相関関係が疑われるのです。

ナチュラルエクスペリメント

ナチュラルエクスペリメントからのパネルデータと差の差推定法による識別には、4 章で紹介した次の 3 つの条件を満たす事例を現実から見出す必要がありますが、法治国家では数多くの事例を見出すことは困難です。3 つの条件とは、(1) トリートメントグループが教育年数の外生的な変化を経験し、(2) トリートメントグループと同質のコントロールグループが教育年数の外生的な変化を経験せず、(3) 変化前と変化後の 2 時点で両グループの労働者の賃金、教育年数、その他の観察可能な説明変数に関する情報を記録したパネルデータがあることです。条件 (3) が要求するように、教育年数に外生的な変化が生じる以前の時点で賃金に関する情報があるためには、労働者はすでに働いている必要があります。ところが、理論モデルが予測するように、他の条件を一定とすれば、若年期に教育投資を集中して行い、その後で働き始めるという順序が労働者にとっては最適です。労働者がすでに働いているということは、労働者はすでに最適な教育投資を終えているということです。したがって、条件 (1) が要求する教育年数の外生的な変化は、すでに働いている労働者の意思に反して

復学を強制することになります。しかも、条件 (1)(2) が要求するように、復学の強制は一部の労働者にランダムに不公平になされねばなりません。

これに関連し、政府の補助金による復学をナチュラルエクスペリメントとして扱うことの妥当性を検討しましょう。例えば、日本の教育訓練給付制度は、一度は教育投資を終え、労働を始めた（一定の条件を満たす）労働者が（一定の条件を満たす）さらなる教育訓練投資をする場合に補助金を支給する制度です。この制度を利用して復学した労働者をトリートメントグループ、その他の労働者をコントロールグループとして扱うことは適切ではありません。仮に、条件 (3) が要求するように、教育年数の変化前と変化後の 2 時点で両グループの労働者の賃金、教育年数、その他の観察可能な説明変数に関する情報を記録したパネルデータが得られるとします。問題は、他の条件が満たされないことです。まず、労働者による制度利用は、労働者と教育訓練が一定の条件を満たす必要があることに加え、労働者の同意を必要とするので、制度を利用し、教育訓練投資をするのが自分の便益に適うと思う労働者が制度を利用し、他の労働者は利用しません。したがって、条件 (1) に反し、制度利用者の間で観察される教育年数の変化は労働者が自らの意思で行ったものであり、外生的なものではありません。また、条件 (2) に反し、この制度を利用して復学した労働者とその他の労働者は同質ではありません。

このように、一度、教育投資を終え、働き始めた労働者に対し、さらなる教育投資を外生的、直接に引き起こすナチュラルエクスペリメントは、現実にはごく稀にしか生じません。

Kawaguchi と Ma ([69]) は、日本での稀に見るナチュラルエクスペリメントを利用し、トップ大学卒業の昇進への因果的効果を分析しています。トップ大学卒業者には労働市場で成功することはよく知られています。これに関しては、(1) トップ大学卒業が成功につながっているという仮説と、(2) トップ大学の学生の高い能力が成功につながっているという仮説の 2 つがあります。Kawaguchi と Ma は、学園紛争のため東大入試が中止になり 1969 年度に東大入学者が外生的にゼロになったことをナチュラルエクスペリメントとして扱い、東大卒業の昇進への因果的効果の有無（仮説 (1) の妥当性）を分析しています。1969 年度に東大に入学していたであろう約 3000 人の学生達の多くは、他大学へ入学しています。そこで、Kawaguchi と Ma は、（東大入試中止の影響を受けた）他大

学の 1969 年度入学生をトリートメントグループとしています。(東大入試中止の影響を受けなかった) 他大学の 1969 年度入学生をコントロールグループとしたいところですが、他大学の 1969 年度入学生は、程度の差こそあれ、全員が東大入試中止の影響を受けているので、通常のコントロールグループが作れません。そこで、Kawaguchi と Ma は、他大学の他年度入学生を実質的なコントロールグループとみなし、トリートメントグループと比べ、30 年後の労働市場で重要な役職に就いている確率が高いかを分析しています。差異が認められれば、仮説 (2) が支持され、そうでなければ、仮説 (1) が支持されます[1]。

操作変数法

操作変数とは、教育年数とは相関するものの、能力や時間選好とは相関しない第 3 の変数です。この条件を満たす操作変数があるときには、直感的には、(操作変数の変化により生じる) 賃金の変化と (操作変数の変化により生じる) 教育年数の変化との比から教育年数の賃金への因果的効果を識別できます。操作変数法はクロスセクショナルデータでも用いることができます。

操作変数法の難点は、2 つの条件を満たす操作変数を見つけるのが困難であるということです。教育年数と相関を持つ一方で、能力や時間選好とは相関がない変数を見つけるのは容易ではありません。例えば、操作変数の候補として自宅から最も近い大学までの距離を考えましょう。まず、距離と教育年数は相関します。距離が近いほど、大学進学率が高いことはデータ上観察できます。ところが、距離と能力が相関していないとは断言できません。大学の近くには、教育程度の高い大学関係者が通勤の便のため多く住んでいます。教育程度の高い親の子供の能力は平均して他の子供より高いことが知られています。また、大学関係者以外でも、大学の近所の教育程度の高い子供達と一緒の学校に子供達を通わせたい親達は、大学の近所に移り住み、他の親達よりも教育投資を重視するかもしれません。

Angrist と Krueger ([9], [10]) は、優れた操作変数を利用したことでよく知られています。まず、[9] で Angrist と Krueger が教育年数の操作変数として用いているのは、アメリカ政府がベトナム戦争末期に派兵候補者の派兵順位を決めるために使ったくじの番号です。くじは 1 から 365 の番号を 1 年の各日に割

---

[1] この識別戦略を、「回帰不連続デザイン」(regression discontinuity design) と呼びます。

り振りました。ある年に生まれた派兵候補者の派兵順位は、自分の誕生日に割り振られた番号により決められました。派兵候補者は、学生であれば、派兵を延期してもらうことができました。このため、低い番号を割り振られた派兵候補者は、派兵を逃れるために大学進学する傾向がありました。それに対し、高い番号を割り振られた派兵候補者は、派兵は遠い将来のことであったので、大学進学のインセンティヴを与えられませんでした。

くじの番号は、操作変数の2つの条件を満たします。まず、くじの番号は教育年数と相関します。低いくじの番号が割り振られた派兵候補者は、派兵を回避するために教育年数を高くする傾向があり、高いくじの番号が割り振られた派兵候補者は、教育年数を変える傾向がありません。また、くじの番号は無作為に割り振られているので、派兵候補者の能力とは相関がありません。

操作変数法は、次のように理解できます。単純化のために、操作変数が2つの値をとるとします。例えば、1951年7月9日生まれの派兵順位は1位であり、同年7月7日生まれの派兵順位は365位でした。7月9日生まれの派兵候補者達と7月7日生まれの候補者達の能力は、平均してみれば同一のはずです。7月9日生まれの派兵候補者達は7月7日生まれの候補者達よりも教育年数が平均して Δs 年多く、賃金が $\Delta \log w$ 円高いならば、直感的には、$\Delta \log w / \Delta s$ から教育年数の賃金への因果的効果を識別できます。

Angrist と Krueger ([9]) は、誕生月（を含む四半期）を操作変数とする斬新な発想で注目を浴びました。米国の義務教育制度の下では誕生月により義務教育終了時点が異なることを利用しています。誕生月が能力と無相関であることを仮定する必要がありますが、これをめぐっては異論もあります。

9.5　教育のシグナリングモデル

教育と賃金の間の正の相関関係を説明する代表的な理論には、教育投資モデルの他に教育のシグナリングモデルがあります。教育投資モデルは、教育が生産性を上昇させ、企業が支払う賃金を上げるという考え方に基づいていました。教育のシグナリングモデルは、教育は生産性を上げることはないが、教育は、労働者の生産性を潜在的な雇用主にシグナル（信号）として伝達する機能を持つという考え方に基づいています。

労働者は、生まれつき高能力者（タイプ H）か低能力者（タイプ L）であるとします。タイプ H が全人口に占める割合は p、L の割合は $1-p$ の割合であるとします。ただし、$0 < p < 1$ であるとします。労働者は、自分がどちらのタイプであるか知っているとします。労働者の生産性は、生まれつきの能力のみで決まり、教育は生産性を上げることができないとします。

企業は、労働者の能力を見極めることができないとします。もし企業が労働者の能力を見極めることができれば、タイプ H には w^H の（年間）賃金、タイプ L には w^L の（年間）賃金を毎年、支払う意思があるとします。どちらのタイプの労働者も、自分が高能力であると企業に申告した方が高い賃金を得られるのであればそうするので、企業は労働者のタイプに関する自己申告に基づきタイプ別の賃金を支払えば、損失を被ってしまいます。

9.5.1　一括均衡

能力に関する他の情報がないときには、企業は異なるタイプの労働者をプールし、同一とみなさざるを得ません。企業は、次式のとおり、平均能力に基づく賃金 $\overline{w}$ をすべての労働者に支払います。

$$\overline{w} = pw^H + (1-p)w^L \tag{9.14}$$

このように、すべての労働者に対し同一賃金を支払う均衡を**一括均衡** (pooling equilibrium) と呼びます。(9.14) 式から明らかなように、一括均衡では、タイプ L は、自身の能力を上回る賃金を得ていますが、タイプ H は自身の能力を下回る賃金しか得ていません。

9.5.2　分離均衡

教育のシグナリングモデルでは教育が能力に関する信頼性の高いシグナルとして使われると考えます。タイプ H は、自らのタイプを企業に伝達することができれば、一括均衡賃金よりも高い賃金を得られるので、信頼性の高いシグナル（信号）を企業に送ろうとします。

一括均衡賃金を支払う企業とタイプ別賃金を支払う企業は、市場で共存し得ません。タイプ H が自らをタイプ L から識別することに成功すれば、タイプ毎に異なる賃金を支払う企業が出現します。タイプ別賃金を支払う企業が存在する

ときには、タイプ H はタイプ別賃金を一括均衡賃金よりも好むので、一括均衡賃金を支払う企業はタイプ H を失い、損失を被り、市場から消滅してしまいます。以下では、タイプ別賃金を支払う企業のみが存在する**分離均衡** (separating equilibrium) を見ます。

企業は、次の賃金決定ルールを用いるとします。労働者の教育年数が S^* 年以上であれば、タイプ H とみなし、毎年、w_H の賃金を支払い、それ以外の場合には、タイプ L とみなし、毎年、w_L の賃金を支払う。同じことですが、毎年、w_H の賃金支払いの現在価値を I_H、毎年、w_L の賃金支払いの現在価値を I_L とすれば、次の賃金決定ルールを用いるとも言えます。労働者の教育年数が S^* 年以上であれば、タイプ H とみなし、I_H の現在価値を持つ生涯賃金を支払い、それ以外の場合には、タイプ L とみなし、I_L の現在価値を持つ生涯賃金を支払う。企業がどのように S^* を決めるかは後で議論します。

教育がシグナルとして機能するためには、教育年数 S の限界費用は、タイプ H の方がタイプ L よりも低い必要があります。例えば、単位を修得するには、タイプ L はタイプ H よりも多くの家庭教師や塾を必要としたり、学年を繰り返す確率が高いからと考えてください。単純化のために、タイプ H にとっての S 年の教育費用 $C(S)_H$ は、次の一次式で与えられるとします。

$$C(S)_H = c_H S \tag{9.15}$$

同様に、タイプ L の費用 $C(S)_L$ は次式で与えられるとします。

$$C(S)_L = c_L S \tag{9.16}$$

ただし、$(c_H < c_L)$ とします。

労働者は、企業の賃金決定ルールを与えられたものとし、生涯支払われる賃金の現在価値の和から教育費用を差し引いたものが最大化されるように最適な教育年数を決めます。教育費用が労働者間で異なるので、最適な教育年数も労働者間で異なる可能性があります。例えば図 9.8 は、タイプ H が S^* 年の教育を選び、タイプ L が 0 年の教育を選ぶことを示しています。

それでは、企業は、どのように S^* を選ぶのかを考えてみたいと思います。教育年数をシグナルとして使うためには、タイプ H が S^* 年を選び、タイプ L が 0 年を選ぶ必要があります。つまり、次の 2 式が成り立つよう、企業は S^* を

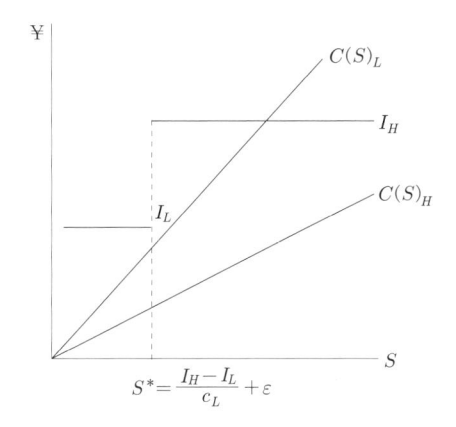

図 **9.8** シグナルとしての教育年数

選ぶ必要があります。

$$I_H - c_H S^* > I_L - c_H \cdot 0 \tag{9.17}$$

$$I_H - c_L S^* < I_L - c_L \cdot 0 \tag{9.18}$$

(9.17) 式は、タイプ H の純現在価値は、S^* 年の教育を受けたときの方が 0 年の教育を受けたときよりも高くなることを表します。(9.17) 式の左辺は、タイプ H が S^* 年の教育を得たときの純現在価値です。(9.17) 式の右辺は、タイプ H が 0 年の教育を得たときの純現在価値です。同様に、(9.18) 式はタイプ L の純現在価値は、0 年の教育を受けたときの方が S^* 年の教育を受けたときよりも高くなることを表します。

(9.17) 式と (9.18) 式を連立不等式として S^* の範囲を求めると、次のようになります。

$$\frac{I_H - I_L}{c_L} < S^* < \frac{I_H - I_L}{c_H} \tag{9.19}$$

さらに、タイプ H の労働者を獲得するには、企業は他の企業よりもなるべく小さい S^* を選ぶ必要があるので、企業間の競争の結果、S^* は次式になります。

$$S^* = \frac{I_H - I_L}{c_L} + \varepsilon \tag{9.20}$$

ここで、ε はごく小さな正の数を意味します。現実の世界では、制度的な理由か

ら教育年数は自然数なので、ε は (9.20) 式の右辺を最も小さい自然数にする値であると考えてください。

9.6 教育の社会的限界収益率

教育の私的限界収益率と社会的限界収益率を区別する重要性が主張されることがあります。教育投資モデルと教育のシグナリングモデルとの間では、教育の役割がまったく異なります。教育投資モデルでは、教育は生産性を高めることにより賃金を上げるのに対し、教育のシグナリングモデルでは、教育は生まれつきの能力の高さをシグナルとして企業に伝達することにより賃金を上げます。教育投資モデルでは、個々の労働者の賃金上昇の裏に社会全体での生産の拡大があるので、教育の私的限界収益率と社会的限界収益率が正であるのに対し、教育のシグナリングモデルでは、個々の労働者の賃金上昇の裏に社会全体での生産の拡大がないので、教育の私的限界収益率は正であっても、社会的限界収益率がゼロとなります。

しかし、この違いは先に紹介したシグナリングモデルが単純なものであったことによると考えられます。先に紹介したシグナリングモデルでは、経済には1つのタイプの仕事しかないと暗黙的に仮定していました。しかし、現実経済には要求する能力の面で多様な仕事があります。仕事の要求する能力と労働者の能力のマッチングも重要であり、そのようなマッチングを達成する教育の社会的役割も重要なはずです。例えば、医師やパイロットのような高い能力を要する仕事に低能力の労働者を割り当てれば、生命の危険を伴います。逆に、低い能力しか要しないマニュアル労働の仕事に高能力の労働者を割り当てれば、労働者のインセンティヴが低迷し、生産性が低下することがあります。

生産性とマッチングの質の向上以外にも、教育はさまざまな私的・社会的便益をもたらすことがわかってきています。最近の研究では、教育は、例えば健康や民主主義的態度を促進することが知られています。

9.7 教育終了後の人的資本投資

図 1.8 は、学歴毎の年齢—労働所得プロファイルを示しています。すでに見たように、この図は次の点を明らかにしています。第一に、教育年数の多い労働

者は、他の労働者と比べ、労働所得が多くなっています。これは教育投資モデルや教育のシグナリングモデルで説明できます。第二に、年齢—労働所得プロファイルは、年齢とともに上がりますが、上昇率は低減しています。これは教育投資モデル、教育のシグナリングモデルでは説明できません。おそらく学校教育を終了し、労働市場に参入した後も労働者は OJT（on-the-job training; 職場内訓練）や Off JT（off-the-job training; 職場外訓練）と呼ばれる訓練を通して人的資本投資を続けるか、より自分に適した仕事とのマッチングを続けるものと考えられます。上昇率が低減することから、労働市場参入後の人的資本投資とマッチングは若い頃により多く行われるものと考えられます。第三に、年齢が上がるに従い、異なる教育年数グループの年齢—労働所得プロファイル間の距離が広がっています。教育年数が多いグループほど、労働所得の成長は大きくなっています。これも、教育投資モデル、教育のシグナリングモデルでは説明できません。人的資本の観点からは、訓練が教育投資と補完的であるか、能力の高い労働者は、教育と訓練の両方に多く投資をするものと考えられます。マッチングの観点からは、マッチングと教育が何らかの意味で補完的であるか、能力の高い労働者は、教育、マッチングの両方に多く投資するものと考えられます。以下では、学校教育終了後の人的資本の理論を紹介します。マッチングの理論については、次章で説明します。

　人的資本には、すべての企業で同様のメリットを持つ一般的人的資本（general human capital）、特定の企業でのみメリットを持つ企業特殊人的資本（firm-specific human capital）があります。学校教育は、一般的人的資本投資の代表的な例です。Off JT（off-the-job training）と呼ばれる職場を離れて行われる職場外訓練では企業外の講師により行われる集合研修が多く、これも一般的人的資本投資の例です。一方、OJT（on-the-job training）と呼ばれる職務の遂行を通じて行われる職場内訓練では企業での仕事に必要な知識やスキルを実際の仕事を通じて身に付けさせるものが多く、他企業でもメリットのある一般的人的資本投資とみなされるものもあれば、自企業でのみメリットのある企業特殊人的資本とみなされるものもあるでしょう。以下では、まず一般的人的資本投資の理論を紹介し、その後で、企業特殊人的資本投資の理論を紹介します。

9.7.1 訓練の基礎モデル

まず一般的人的資本投資と企業特殊人的資本投資の双方に共通する労働投入量と労働時間に占める訓練時間の割合の最適な決定に関する理論を説明します。単純化のために、企業とある労働者の雇用関係は 2 期間のみ続くものとします。このモデルでは、訓練は第 1 期のみに行われます。第 2 期で雇用関係が終わるので、訓練を第 2 期に行えば投資の収益を回収できないからです。

第 1 期の生産関数は、次式で表されるものとします。

$$q_1 = f_1(L, \lambda) \tag{9.21}$$

ここで、q_1 は第 1 期の生産量、L は労働投入量、λ は第 1 期に労働時間に占める訓練時間の割合です（$0 \leq \lambda \leq 1$）。以下、単純化のために、誤解が生じそうにない場合には、これを訓練と呼びます。添え字の 1 は、第 1 期の変数であることを示します。単純化のために、雇用量は第 1 期と第 2 期で変わらず、L であるとします。労働時間に占める訓練時間の割合が高くなると、生産量は減るので、次式が成り立ちます。

$$\frac{\Delta f_1(L, \lambda)}{\Delta \lambda} < 0 \tag{9.22}$$

これに生産財の価格をかけたものが訓練の機会費用です。

第 2 期の生産関数は、次式で表されるものとします。

$$q_2 = f_2(L, \lambda) \tag{9.23}$$

ここで、q_2 は第 2 期の生産量です。第 1 期に労働時間に占める訓練時間の割合が高くなると、第 2 期の生産量は増えるので、次式が成り立ちます。

$$\frac{\Delta f_2(L, \lambda)}{\Delta \lambda} > 0 \tag{9.24}$$

また、訓練は労働の限界生産物を高めると仮定します。すなわち、$0 < \lambda < 1$ のとき、次式が成り立つとします。

$$\frac{\Delta f_1(L, \lambda)}{\Delta L} < \frac{\Delta f_2(L, \lambda)}{\Delta L} \tag{9.25}$$

第 t 期の労働の限界生産物を MP_{Lt} で表すと、この式は次式になります。

$$MP_{L1}(L,\lambda) < MP_{L2}(L,\lambda) \tag{9.26}$$

訓練がないときには、生産関数は第 1 期と第 2 期との間で共通であるとします。すなわち、$\lambda = 0$ のとき、次式が成り立つとします。

$$f_1(L,0) = f_2(L,0) \tag{9.27}$$

訓練の限界費用は、先述した生産量の減少から生じる機会費用の他に直接的な費用をも含みます。単純化のために、もう 1 人の労働者を訓練する限界費用は、$c\lambda$ で一定であるとします。つまり、すべての労働時間を訓練に費やしたときの訓練の限界費用は c 円であり、λ の割合を訓練に費やしたときの訓練の限界費用は、c 円の λ の割合となるとします。さらなる単純化のために、生産財の価格は第 1 期と第 2 期との間で変わらないとします。

2 期間モデルでの企業の目的は、次式で表される 2 期間の利潤の現在価値の和を最大化するよう、労働投入量 L を選ぶことです。

$$\begin{aligned} PV &= pf_1(L,\lambda) - (w_1 + c\lambda)L + \frac{pf_2(L,\lambda) - w_2 L}{1+r} \\ &= \left[pf_1(L,\lambda) + \frac{pf_2(L,\lambda)}{1+r} \right] - \left[(w_1 + c\lambda)L + \frac{w_2 L}{1+r} \right] \end{aligned} \tag{9.28}$$

ここで、p は生産財の価格、w_1, w_2 は第 1 期、第 2 期の賃金、r は企業の割引率です。

最適な労働投入量 L^* は、2 期間の労働の限界収入の現在価値の和が 2 期間の労働の限界費用の現在価値の和と等しくなるという次式で表される限界原理が成り立つように選ばれます。

$$p\frac{\Delta f_1(L^*,\lambda^*)}{\Delta L} + \frac{p\dfrac{\Delta f_2(L^*,\lambda^*)}{\Delta L}}{1+r} = (w_1 + c\lambda^*) + \frac{w_2}{1+r} \tag{9.29}$$

(9.29) 式の左辺の第 1 項は第 1 期の労働の限界収入、第 2 項は第 2 期の労働の限界収入の現在価値、右辺の第 1 項は第 1 期の労働の限界費用（賃金と訓練の直接的費用）、第 2 項は第 2 期の労働の限界費用の現在価値です。第 t 期の労働の限界収入を VMP_{Lt} で表すとこの式は次式になります。

$$VMP_{L1}(L^*,\lambda^*) + \frac{VMP_{L2}(L^*,\lambda^*)}{1+r} = (w_1 + c\lambda^*) + \frac{w_2}{1+r} \tag{9.30}$$

同様に、最適な訓練 λ^* は、2 期間の訓練の限界収入の現在価値の和が 2 期間の訓練の限界費用の現在価値の和と等しくなるという限界原理が成り立つよう選ばれます。

$$\frac{p\dfrac{\Delta f_2(L^*, \lambda^*)}{\Delta \lambda}}{1+r} = -p\frac{\Delta f_1(L^*, \lambda^*)}{\Delta \lambda} + cL^* \tag{9.31}$$

(9.31) 式の左辺は第 2 期の訓練の限界収入の現在価値、右辺の第 1 項は第 1 期の訓練の限界費用（機会費用）、第 2 項は第 1 期の訓練の限界費用（直接的費用）です。

9.7.2 一般的訓練モデル

訓練の基礎モデルは、訓練が一般的人的資本投資、企業特殊人的資本投資のいずれの場合でも該当する労働投入量と労働時間に占める訓練時間の割合の最適な選び方を説明しています。基礎モデルが説明していないのは、2 期間の賃金の最適な設定の仕方です。訓練が一般的人的資本投資であるか、企業特殊人的資本投資であるかにより、賃金の設定の仕方は異なってきます。ここでは、まず一般的人的資本の場合の賃金設定について考えてみることにします。

第 2 期の賃金 w_2 は、第 2 期の労働の限界収入 $VMP_{L2}(L^*, \lambda^*)$ に等しくなければなりません。基礎モデルでは、第 1 期に雇った労働者全員を第 2 期にも雇えるという仮定をおいています。この仮定が満たされるためには、訓練を受けた労働者に対し第 2 期に他企業が支払う意思のある賃金と同じ賃金を第 2 期に支払う必要があります。一般的人的資本の場合には、訓練の収益は、労働者が 100% 得ます。そうでなければ、労働者は他企業へ移動してしまいます。労働移動にわずかでも費用がかかるのであれば、同一賃金でも労働者は他企業へ移動しません。

第 1 期の賃金 w_1 は、第 1 期の労働の訓練がない場合の限界収入 $VMP_{L1}(L^*, 0)$ から訓練の限界費用（機会費用 $VMP_{L1}(L^*, 0) - VMP_{L1}(L^*, \lambda^*)$ と直接的費用 $c\lambda^*$）を差し引いた純限界収入に等しくなければなりません。いま見たように、(9.30) 式の左辺の第 2 項が右辺の第 2 項に等しくなるので、(9.30) 式の左辺の第 1 項は右辺の第 1 項に等しくなければなりません。一般的人的資本の場合には、収益を労働者が 100% 得ることになるので、費用も労働者が 100% 負

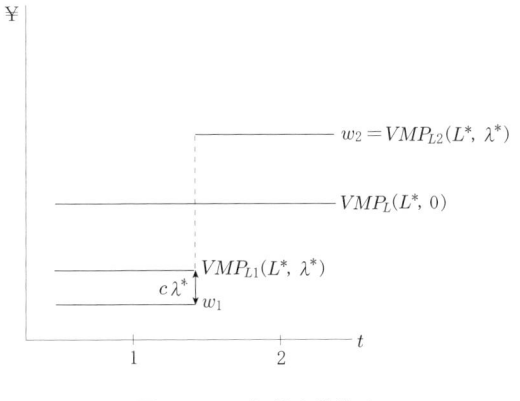

図 9.9　一般的人的資本

担することになるのです。このため、労働者が第 2 期に他企業へ移動したとしても企業は損失を被りません。

図 9.9 は、一般的人的資本の場合の労働の限界収入、限界費用、賃金を期毎に示しています。訓練がない場合（$\lambda = 0$ のとき）には、生産関数は第 1 期と第 2 期の間で共通（$f_1(L^*, 0) = f_2(L^*, 0)$）なので、労働の限界生産収入 $VMP_{L1}(L^*, 0)$ は第 1 期と第 2 期の間で一定です。図 9.9 の水平線はこれを示しています。

訓練がある場合（$0 < \lambda^* < 1$ のとき）には、労働の限界生産収入は第 2 期が第 1 期よりも高くなります。図 9.9 の右上がりの線はこれを示しています。投資が行われると、第 1 期の労働時間のうち、生産活動に割り当てられる時間が減るので、第 1 期の労働の限界生産収入 $VMP_{L1}(L^*, \lambda^*)$ は訓練がない場合と比べ低くなります。第 2 期の限界生産収入 $VMP_{L2}(L^*, \lambda^*)$ は訓練がない場合と比べ高くなります。労働の限界収入曲線は訓練がない場合の限界収入曲線を下から上へ突き抜ける右上がりの形になります。

第 2 期の限界生産収入 $VMP_{L2}(L^*, \lambda^*)$ が第 2 期の賃金 w_2 を示します。第 2 期の限界生産収入と訓練がない場合の限界生産収入の差が訓練の収益です。訓練がない場合の第 1 期の限界生産収入と訓練がある場合の第 1 期の限界生産収入の差が訓練により生産時間が減ることの機会費用です。これからさらに訓練の直接的費用を差し引いたものが訓練がある場合の第 1 期の賃金です。

一般的訓練モデルは、賃金が労働者の労働市場での経験年数とともに上がる

と予測します。第 1 期と第 2 期の賃金を比べれば $w_1 < w_2$ となります。第 2 期には、労働者は移動する可能性がありますが、移動するか否かとは無関係に賃金は上がるので、賃金は労働者の労働市場での**経験年数**とともに上がります。つまり、経験年数─労働所得プロファイルが右上がりです。図 1.8 で年齢─労働所得プロファイルが右上がりであることを見ました。経験年数─労働所得プロファイルが右上がりであるときにこれが観察されやすいことは想像がつきます。

一般的訓練モデルは、離職率に関して予測がありません。第 2 期には、企業は、他企業が支払う意思のある賃金（第 2 期の労働者の限界収入）を支払いますが、第 1 期に訓練の費用を回収するので、他企業が支払う意思のある賃金を上回る賃金を支払うインセンティヴはありません。このため、第 2 期に労働者が移動する可能性はありますが、その確率をモデルの中の変数と関連付けることはできません。

9.7.3 企業特殊訓練モデル

企業特殊人的資本の場合には、訓練による労働の限界収入の上昇は現企業のみに限られるので、労働者と企業との間の雇用関係が失われると訓練のメリットも失われてしまいます。第 2 期に他企業が労働者に支払う意思のある賃金は訓練とは無関係であり、訓練がない場合の賃金です。ここでは、企業特殊人的資本の場合の賃金設定について考えましょう。

まず、第 1 期に企業が訓練費用を 100%負担したとします。第 1 期に企業が支払う賃金は、訓練がない場合の賃金です。第 2 期に企業は、労働者が離職しなければ、訓練がない場合の賃金を再び支払うことにより訓練の収益を 100%回収できます。労働者が離職する場合には、企業は訓練の収益をまったく回収できません。したがって、企業は、労働者が自ら離職しないという保証を得たいでしょう。

次に、第 1 期に労働者が訓練費用を 100%負担したとします。第 1 期に企業が支払う賃金は、訓練がない場合の賃金から訓練の限界費用（機会費用と直接的費用）を差し引いた額です。第 2 期に労働者は、企業により解雇されなければ、訓練後の限界収入を反映した高い賃金の支払いを受けることにより訓練の収益を 100%回収できます。企業が解雇する場合には、労働者は訓練の収益をまったく回収できません。したがって、労働者は、企業が解雇しないという保

証を得たいでしょう。

労働者と企業が互いに離れないことを契約で保証するのも 1 つの方法です。しかし、訓練の収益を労働者と企業の間で分かち合うように、第 2 期の賃金を適切に設定すれば、労働者には離職を回避するインセンティヴを、また企業には解雇を回避するインセンティヴを与えるができます。そのためには、次式のように、第 2 期の賃金 w_2 を訓練がない場合の労働の限界収入と訓練がある場合の労働の限界収入の間に設定します。

$$p\frac{\Delta f_2(L^*, 0)}{\Delta L} < w_2 < p\frac{\Delta f_2(L^*, \lambda^*)}{\Delta L} \qquad (9.32)$$

労働者は、第 2 期に他企業へ移動すれば、(9.32) 式の左辺で表される（他企業が支払う意思のある）訓練がない場合の労働の限界収入 $p \times (\Delta f_2(L^*, 0))/\Delta L$ に等しい賃金の支払いしか受けられませんので、それを上回る賃金の支払い w_2 を受けられるのであれば、離職を避けるインセンティヴを与えられます。同様に企業も、第 2 期に労働者を解雇すれば、(9.32) 式の右辺で表される訓練がある場合の労働の限界収入 $p \times (\Delta f_2(L^*, \lambda^*))/\Delta L$ と労働者への賃金支払い w_2 の差額を失うので、解雇を避けるインセンティヴを与えられます。

訓練の費用も労働者と企業の間で分かち合うように、第 1 期の賃金を適切に設定する必要があります。労働者が第 2 期に訓練の収益の一定割合 α ($0 < \alpha < 1$) を受け取り、残りを企業が受け取るのであれば、第 1 期の賃金は、労働者が訓練の費用の一定割合 α を負担し、企業が残りを負担するように決められます。そうすることが、企業の受容する労働者数と労働者の供給の均衡を保証します。もし、企業の費用負担のシェアが収益受け取りのシェアよりも大きかったならば、企業の需要する労働者数を上回る労働者の供給が生じてしまいますし、逆の場合には、企業の需要する労働者数に満たない労働者の供給しかないことになってしまいます。

企業特殊訓練モデルは、賃金が労働者の企業での**勤続年数**とともに上がると予測します。第 1 期と第 2 期の賃金を比べれば $w_1 < w_2$ となります。第 2 期に、労働者が移動しなければ賃金は上がるので、賃金は労働者の企業での勤続年数とともに上がります。つまり、勤続年数—労働所得プロファイルが右上がりです。

企業特殊訓練モデルは、離職率が企業での勤続年数とともに下がると予測します。第 2 期には、労働者は離職を回避するインセンティヴを、また企業は解雇を回避するインセンティヴを与えられています。

9.7.4　OJT と年齢—労働所得プロファイル

　図 1.8 で示された年齢—労働所得プロファイルの第 2 の特徴は、労働所得の上昇率が年齢とともに逓減することでした。これは、直感的には訓練が年齢とともに逓減するためと考えられます。その直感が正しいことを理論的に示すには、3 期間以上の長さを持つモデルが必要です。分析もより複雑になるので、このトピックは上級テキストに譲ることにします。

　年齢—労働所得プロファイルの第 3 の特徴は、年齢が上がるに従い、異なる教育年数グループの年齢—労働所得プロファイル間の距離が広がることでした。これは、基礎モデルの簡単な応用により説明できます。一般的人的資本の場合も企業特殊人的資本の場合も説明は基本的に同様なので、一般的人的資本の場合を考えましょう。

　新たな仮定として、教育は訓練の機会費用を低めるか、訓練の効果を高めると仮定します。以下では、両方の効果があるとします。前者は、(9.22) 式で示される訓練の機会費用が教育年数とともに（絶対値で）低下することを意味し、後者は、(9.24) 式で示される訓練の限界収入が教育年数とともに上がることを意味します。単純化のために、教育の生産への直接的な効果はなく、訓練のない場合の労働の限界収入は教育年数の異なる労働者間で一定であるとします。この仮定は最後に取り除きます。また、教育年数の多い労働者のみを雇う企業と他の労働者のみを雇う企業の 2 種類の企業のみがあるとします。

　教育年数の多い労働者を雇う企業は、他の労働者を雇う企業と比べ、より多くの訓練を行います。教育年数の多い労働者は、他の労働者と比べ、第 2 期の訓練の限界収入の現在価値（(9.31) 式の左辺）が高く、第 1 期の訓練の限界費用（機会費用）（右辺の第 1 項）が低くなるからです。

　教育年数の多い労働者の賃金プロファイルは、他の労働者のプロファイルよりも急な傾きを持ち、他の労働者のプロファイルを下から上へ突き抜けます。第 2 期の賃金 w_2 は、第 2 期の労働の限界収入 $p \times (\Delta f_2 / \Delta L)$ に等しくなければならないので、教育年数の多い労働者を雇う企業は、他の労働者を雇う企業と比べ、より高い第 2 期賃金を払います。第 1 期の賃金 w_1 は、第 1 期の労働の訓練がない場合の限界収入から訓練の限界費用（機会費用と直接的費用）を差し引いた純限界収入に等しくなければならないので、教育年数の多い労働者を雇う企業は、他の労働者を雇う企業と比べ、より低い賃金を払います。

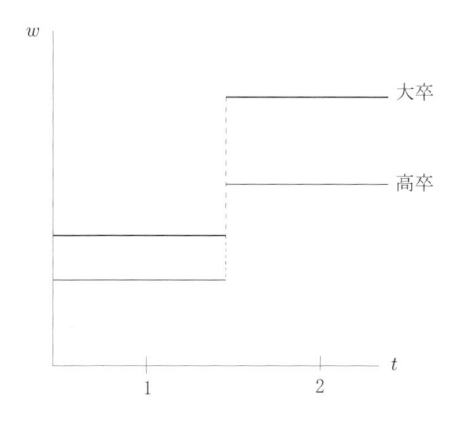

図 9.10　教育年数別の賃金プロファイル

　ここで、先の単純化のための仮定の 1 つを緩め、教育は生産を高める直接的効果を持つとします。これは、教育年数の多い労働者の賃金プロファイル全体を上へ平行移動させます。図 9.10 のように、教育年数の異なる労働者の賃金プロファイルの間の距離が第 1 期よりも第 2 期に拡大します。

　以上の説明は、教育は訓練の機会費用を低めるか、訓練の効果を高めるとの仮定に基づいていました。しかし、教育を生まれつき能力で置き換えても同様の議論が可能であり、能力の異なる労働者の賃金プロファイルの間の距離が第 1 期よりも第 2 期に拡大することを示せます。能力の高い労働者は、高い教育年数を選ぶので、たとえ訓練の機会費用を低めたり、訓練の効果を高めるのが教育でなく能力であったとしても、教育年数の異なる労働者の賃金プロファイルの間の距離が第 1 期よりも第 2 期に拡大する傾向が見られるはずです。

　教育が訓練の機会費用を低めたり、訓練の効果を高めるのであれば、教育には教育投資モデルで想定していなかった教育終了後も続くさらなる効果があります。そのような長期的効果が教育にあるのか否かは、重要な実証研究課題です。しかし、教育と能力の間に存在する正の相関関係のため、そのような効果の識別はきわめて困難であると考えられています。

9.8 補論：賃金関数の推定 *

9.8.1 ミンサー型賃金関数

　教育投資モデル、一般的訓練モデル、企業特殊訓練モデルから、賃金は教育年数、労働市場での経験年数、現企業での勤続年数の3つの関数となることがわかりました。実証研究では、賃金が次のミンサー（Mincer）型賃金関数と呼ばれる関数形で与えられるとするのが一般的になっています。

$$\log w_{ijt} = \beta_0 + \beta_1 S_{it} + \beta_2 X_{it} + \beta_3 X_{it}^2$$
$$+ \beta_4 T_{ijt} + \beta_5 T_{ijt}^2 + \beta_6 Z_{ijt} + \varepsilon_{ijt} \qquad (9.33)$$

ここで、i, j, t はそれぞれ労働者、企業、時間のインデックス、w は賃金、S は教育年数、X と X^2 は労働市場での経験年数とその2乗、T と T^2 は現企業での勤続年数とその2乗、Z は賃金に影響を与える観察可能なその他の変数、ε は賃金に影響を与える観察不可能な変数です。実証研究の重要な目的の1つは、未知のパラメーターである β_0 から β_6 をデータから推定することです。

　これらのパラメーターには、重要な経済学的意味があります。β_1 は教育の限界収益率に相当することがわかります。まず、

$$\frac{\Delta \log w}{\Delta S} = \beta_1$$

ですが、

$$\frac{\Delta \log w}{\Delta S} = \frac{\frac{\Delta w}{w}}{\Delta S}$$

なので、

$$\beta_1 = \frac{\frac{\Delta w}{w}}{\Delta S} \qquad (9.34)$$

となり、β_1 が教育の限界収益率であることがわかります。

　経験の限界収益率は $\beta_2 + 2\beta_3 X$ となります。まず、

$$\frac{\Delta \log w}{\Delta X} = \beta_2 + 2\beta_3 X$$

ですが、

$$\frac{\Delta \log w}{\Delta X} = \frac{\frac{\Delta w}{w}}{\Delta X}$$

なので、

$$\beta_2 + 2\beta_3 X = \frac{\frac{\Delta w}{w}}{\Delta X} \qquad (9.35)$$

となり、$\beta_2 + 2\beta_3 X$ が経験の限界収益率であることがわかります。

　(9.33) 式は X^2 の項を含むので、経験の限界収益率が経験年数とともに逓減することを許容する点で優れています。$\beta_2 > 0, \beta_3 < 0$ であれば、経験年数 X の上昇とともに経験の限界収益率 $\beta_2 + 2\beta_3 X$ は逓減します。もし、(9.33) 式が X^2 の項を含まなければ、経験の限界収益率は β_2 となり、経験年数 X の値にかかわらず一定となってしまいます。同様に、勤続の限界収益率は $\beta_4 + 2\beta_5 T$ となり、$\beta_4 > 0, \beta_5 < 0$ であれば、勤続年数とともに逓減します。

　このように、理論は未知のパラメターの符号に関して明確な予測をします。教育投資モデルは $\beta_1 > 0$ と予測し、一般的訓練モデルは $\beta_2 > 0, \beta_3 < 0$ であると予測し、企業特殊訓練モデルは $\beta_4 > 0, \beta_5 < 0$ であると予測します。大多数の実証研究がこれらの予測と整合的な結果を示しています。しかし、教育の限界収益率の推定に関連して議論した能力バイアスやその他のバイアスは、経験や勤続の限界収益率の推定に関しても当てはまるため、既存研究の推定値の信頼性については議論の分かれるところです。パラメターの識別に既存研究よりも優れた戦略を用いた研究が世界の労働経済学者と計量経済学者により進められています。

9.8.2　公的訓練プログラムの効果

　訓練モデルは、労働者に訓練を与えることにより賃金を上げることができると予測します。実際、各国政府は、無業者、低所得者などを対象とした公的訓練プログラムを運営しています。政府は、訓練の設定、維持、運営に膨大な費用をかけています。したがって、公的訓練プログラムが実際にどの程度、賃金を上げるかを推定することは重要な実証研究課題です。

誤った方法により訓練プログラムの賃金に対する効果が推定されることがしばしばあります。とくに、訓練プログラムへの参加に応募した労働者の賃金を訓練前と訓練後で比較するナイーブな評価法は、少なくとも次の3つの重要な問題を無視しており、誤っています。

　第一の問題は、訓練前と訓練後では、時間の経過があるので、その間、賃金に影響を与え得る訓練の有無以外の他の要因が変わっている可能性があるにもかかわらず、他の要因の変化が賃金に与える影響を訓練の効果に含めてしまっている点です。例えば、訓練前の時期 (t_0) と比べ、訓練後の時期 (t_1) の方が景気回復などにより労働需要が拡大し、賃金を上げる圧力が働いているかもしれません。実際、訓練を受けなかった労働者の賃金を t_0 時点と t_1 時点との間で比べると上がることがあります。訓練を受けた労働者の経験した賃金上昇の一部は、訓練を受けなかった労働者も経験した他の要因による賃金上昇を反映することになります。

　第一の問題を解決する標準的な識別戦略は、訓練を受けた労働者と訓練を受けなかった労働者の両方のグループの労働者について、t_0 時点と t_1 時点で賃金を記録したパネルデータを収集し、差の差推定法（Difference in Difference Estimator）により訓練効果を推定することと考えられています。

　ナイーブな評価法の第二の問題は、訓練を受ける労働者と受けない労働者の間では観察不可能な属性が異なり、その観察不可能な属性が賃金に効果を与える可能性があるにもかかわらず、観察不可能な属性の賃金に対する効果を訓練の効果に含めてしまっている点です。これを、**訓練の内生性**、あるいは**セルフセレクション**（**自己選抜**、**self-selection**）の問題と呼びます。通常の訓練プログラムでは、参加資格を定め、参加希望者を募り、オリエンテーションでプログラムの説明を行った後で最終的に参加の意思表示をし、実際に訓練を受けにきた労働者のみが訓練を受けます。その際、訓練を受けた労働者と比較されるべき、訓練を受けなかった労働者は、参加資格を満たし、オリエンテーションにはきたものの、最終的に訓練を受けなかった労働者です。しかし、訓練を受けた労働者は訓練を受けなかった労働者と比べ、能力が高く、将来志向であるなど、観察不可能な属性が異なると考えられます。高い能力は、賃金を高める直接的効果を持ちます。将来志向の強い労働者が現在志向の労働者よりも企業により評価されるのであれば、時間選好も賃金を高める直接の効果を持つで

しょう。訓練を受けた労働者と訓練を受けなかった労働者の間で観察不可能な能力や時間選好を一定に保たないと訓練を受けた労働者が訓練を受けなかった労働者との比較で経験した高い賃金の一部は、訓練を受けた労働者が受けなかった労働者よりも高い能力や将来志向であることによる高い賃金を反映します。

第一と第二の問題を解決する標準的な識別戦略は、訓練を受ける・受けないがランダムに決まるようなナチュラルエクスペリメント（natural experiment、自然実験）的状況を探し、t_0 時点と t_1 時点で賃金を記録したパネルデータを収集し、差の差推定法（Difference in Difference Estimator）により訓練の効果を推定することであると考えられています。例えば、プログラム参加応募者のうちから訓練を受ける権利をランダムに割り当てる場合には、ナチュラルエクスペリメント的状況になります。ただし、そのような場合でも、訓練を受ける権利を得ながら、訓練を受けない労働者がいたり、当該プログラムで訓練を受ける権利を得られないので、他のプログラムに応募し、訓練を受ける労働者がいるので、完全なナチュラルエクスペリメントは見受けられません。

ナイーブな評価法の第三の問題は、訓練を受けた労働者も訓練を受けなかった労働者も、参加に応募した労働者は（プログラム参加資格を満たすのみでなく）参加に自ら応募しているので、（プログラム参加資格を満たすものの）参加に自ら応募しなかった労働者とは、観察不可能な属性が異なり、その観察不可能な属性が賃金に効果を与える可能性があるので、応募者のサンプルから得られる訓練の賃金効果は、プログラム参加資格を満たす全労働者の間での訓練の賃金効果には等しくないという点です。通常の訓練プログラムでは、参加資格を定め、参加希望者を募り、オリエンテーションでプログラムの説明を行った後で最終的に参加の意思表示をし、実際に訓練を受けにきた労働者のみが訓練を受けます。参加募集を満たし、かつ参加募集に応募した労働者は、参加資格を満たしていても参加者募集にさえ応募しなかった労働者と比べ、平均して見れば、能力が高いか、将来志向が強いなど、観察不可能な属性が異なると考えられます。参加に応募した労働者は、訓練の有無にかかわらず、応募しなかった労働者と比べ賃金が高いので、参加応募者のサンプル内で訓練がランダムに割り当てられたとしても、参加資格を満たす全労働者の間で訓練がランダムに割り当てられるような、真のナチュラルエクスペリメントにはなっていません。第一、第二、第三の問題を解決する標準的な識別戦略は、現在のところ、確立

されていません。

練習問題

1. 人的資本モデルを用い、図 1.2 が示す年齢と労働力率との関係を説明しなさい。
2. 人的資本モデルを用い、図 1.3 が示す年齢と労働力率との関係の男女差と近年の変化を説明しなさい。
3. 人的資本モデルを用い、図 1.8、1.9 が示す年齢—労働所得プロファイルの特徴を説明しなさい。
4. 人的資本モデルを用い、図 1.10 が示す進学率の特徴を説明しなさい。

参考文献

[81] は、進学のモデルを最初に示しました。[110] は、シグナリングモデルを最初に示しました。[20] は、人的資本理論を最初に示しました。[52] は、企業特殊人的資本の理論を示しました。[82] は、ミンサー型賃金関数を示しました。[32] は、高度な内容ですが、教育投資モデルの理論と実証研究に関する最近の展望論文です。[13] は、双子データを用い、教育年数の因果的効果を識別しています。[10] は、ベトナム戦争時にアメリカ政府が派兵候補者の派兵順位を決めるために使ったくじの番号を操作変数として用い、教育年数の因果的効果を識別しています。[8] は、同様の手法でベトナム戦争派兵の生涯所得への因果的効果を識別しています。[120] と [56] は高度な内容ですが、ミンサー型賃金関数に関する実証研究を展望しています。[57] は高度な内容ですが、訓練プログラムの効果に関する最近の展望論文です。

日本の人的資本に関する研究例としては次のようなものがあります。[168] は、教育の経済学に関する研究を展望しています。

大学進学行動の決定要因に関しては、時系列データを用いた [89] [172] [133] [230]、都道府県データを用いた [12]、クロスセクショナルデータを用いた [170][241] [100] による分析があります。[39] は、消費生活に関するパネル調査

を用い、雇用機会均等法が女子高校生の進学行動に与えた効果の分析をしています。[274] は、小中学校レベルでの私立校と塾通いの選択を分析しています。

就職先や賃金の大学間格差に関しては、[248] [143] [278] [183] [132] [306] [256] [158] [223]、最近では [2] [101] [273] など、多数の分析があります。例えば [101] は、大学の質の労働所得に対する効果を分析しています。

教育が人的資本投資なのか、シグナルなのかを識別するのは難題ですが、[158] [128] [2] などによる分析、[225] による展望などがあります。例えば [128] と [2] は、4 年制大学・学部のパネルデータを用い、偏差値の卒業後進路に対する効果を分析しています。また [18] は、「羊の皮効果」（sheepskin effect）と呼ばれる教育年数を一定に保ったときの学位の効果について分析しています。

教育の賃金に対する効果を分析した研究は限られています。[219] は、学習塾や家庭教師等学校外教育投資の高校進学に対する効果よりも、親の社会的・経済的地位の効果が重要であると報告しています。[142] は、大学入試での数学受験が大学進学後の成績と将来のキャリア形成に大きな効果を持つと報告しています。[69] は、学園紛争のため 1969 年度の東大入試が中止になったことをナチュラルエクスペリメントとして扱い、トップ大学を卒業することが昇進に与える因果的効果を見出しています。

[174] と [68] は、女性の訓練の決定要因と訓練の賃金効果を分析しています。[144] は、企業の教育訓練投資の規模、特質、決定要因と分野別の資源投資、特質、決定要因を分析しています。[177] は、製造業事業所に行ったアンケート調査により、企業内訓練、小規模集団活動、人的資源管理策の決定要因とそれらが事業所の生産性、賃金に与える効果を報告しています。[267] は、訓練を受ける労働者の属性、訓練費用の負担、企業による教育訓練の離職率と賃金上昇率に対する効果を分析し、1990 年代前半までは労働者を問わず広く企業は教育訓練を行っていたが、その後一部の人材に教育訓練が集中した結果、企業による教育訓練の離職率や賃金に対する効果が表れることになったと指摘しています。[176] は、中小企業に中途採用された労働者について、職歴、教育歴、採用方法、企業情報等などが入社後の労働者と企業の満足度、給与、業務達成度、訓練量に与える効果を分析しています。

労働者が自発的に行う教育訓練に関しては、[167] と [299] が、女性の自己啓発に関する分析をしています。例えば [299] は、女性の自己啓発が賃金に与え

る効果を分析し、通学講座や通信講座の受講が 4 年後の年収を増やすと報告しています。また [127] は、教育訓練給付金制度の所得に対する効果を分析しています。

10章

労働移動

　前章では、一般的訓練は、賃金が労働市場での経験年数とともに上がると予測し、企業特殊訓練は、賃金が現企業での勤続年数とともに上がると予測することを学びました。そこでも触れたように、人的資本理論のみが、賃金—経験年数プロファイルと賃金—勤続年数プロファイルの形状を説明する理論ではありません。本章では、これらのプロファイルの形状を説明できる他の強力な理論としてサーチ理論とジョブマッチング理論を紹介します。章の後半では、地域間の労働移動についての理論を紹介します。

10.1　サーチ

　競争均衡モデルでも補償賃金格差モデルでも、同質の仕事に対して支払われる賃金は、市場均衡賃金であり、企業間で同一であると仮定していました。しかし現実には、同質の仕事に対して支払われる賃金が異なることがよくあります。労働者が最高賃金を支払っている企業を知っているのであれば、労働者はその企業で働きますが、通常、労働者はそのような情報を持っていません。ここでは、情報が不完全なときに、労働者がどの企業でどの賃金で働くことを決めるのかを考えてみたいと思います。

10.1.1　単純なサーチモデル

　単純化のために、市場に属する企業が支払いを提示する賃金 w が図 10.1 のように分布しており、労働者はこの分布 $f(w)$ を知っているとします。横軸は

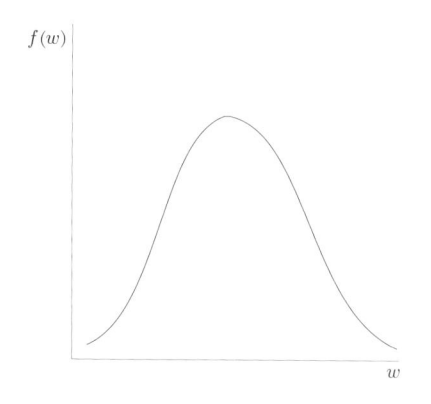

図 10.1 提示賃金分布

賃金 w を示し、縦軸はその賃金を提示する企業数が市場全体の企業数の中で占める割合を示しています。後者を**相対頻度**と呼びます。

単純化のため、労働者は 2 期間生きるとします。労働者は、各期の初めにジョブサーチ（仕事探し）を行います。ジョブサーチは、現在働いているか、いないかに関係なく行うものとします。ジョブサーチには費用がかからないとします。ジョブサーチの結果、労働者は 1 つの企業から賃金を提示され、その賃金は分布 $f(w)$ に従うものとします[1]。第 1 期には、労働者は提示された賃金 w で働くか否かを決めます。働く場合には、一定の時間、働くものとします。単純化のため、賃金 w は期間当たりの賃金であるとします。働かない場合には、失業保険を受給し、余暇を楽しむものとし、失業保険と余暇の効用の金銭的価値は b であるとします。以下、単純化のため、これを余暇の価値と呼びます。また、働かない場合には、第 1 期に提示された賃金（仕事）は、第 2 期には無効であるとします。第 2 期には、労働者がすでに第 1 期からある企業で働いている場合と第 1 期には働かなかった場合の 2 つのケースがあります。前者の場合には、第 2 期に新たに他企業から提示された賃金で働くか第 1 期に働いていた現企業で働き続けるかを決めます。後者の場合には、第 2 期に提示された賃金で働くか否かを決めます。

労働者は 2 期間の所得の現在価値の和を最大化するように行動するものとし

---

[1] 労働者が各期の初めにジョブサーチの強度を選ぶことができ、各期の賃金の提示数がジョブサーチの強度とともに増えるような状況の方がより現実的です。モデルを簡単にするため、そのような状況は考慮しないことにします。モデルの予測はほとんど変わりません。

ます。第 1 期に労働者が取る行動が第 2 期の選択肢に影響を及ぼすので、第 2 期の意思決定問題を先に解き、その後で第 1 期の問題を解きます。まず、第 1 期に労働者が取った行動を与えられたものとし、第 2 期に労働者の取るべき行動について考え、その上で第 1 期の行動について考えます。

第 1 期に労働者が働かなかった場合には、第 2 期の労働者の行動原理は次のようになります。労働者は、第 2 期に提示された賃金が余暇の価値より高ければ ($w_2 > b$)、提示された賃金で働くことを選び、そうでなければ ($w_2 < b$)、働かないことを選びます。

第 1 期に労働者が働いておらず、労働者が第 2 期に上の行動原理に従うときの、第 2 期の平均所得は次のようになります。

$$E[I_2|\text{第 1 期に失業}] = Pr(w > b)E[w|w > b]$$
$$+ (1 - Pr(w > b))b$$
$$= Pr(w > b)(E[w|w > b] - b) + b \quad (10.1)$$

(10.1) 式の右辺の第 1 項 $Pr(w > b)E[w|w > b]$ は、提示賃金が b を超える確率とその場合の平均所得の積を示します。提示賃金 w が b を超える確率は、$Pr(w > b)$ です。提示賃金 w が b を超えるという条件を課したときの賃金の平均値は、提示賃金の分布 $f(w)$ で b を超える部分のみから成る**条件付分布**の平均値 $E[w|w > b]$ です。第 2 項 $(1 - Pr(w > b))b$ は、提示賃金が b 以下である確率とそ場合の平均所得の積を示します。提示賃金が b 以下となる確率は、$1 - Pr(w > b)$ です。このとき、労働者は余暇を選び、その価値は b です。

第 1 期に労働者が働いていたのであれば、第 1 期の賃金 w_1 は余暇の価値 b より高くなければなりません。とくに、第 1 期に b を下回る賃金 w_1 しか支払わない仕事を受諾したとしても、第 2 期にも b が w_1 を上回るので、第 1 期の仕事を続けることはありません。したがって、第 2 期のメリットをあらかじめ考え、第 1 期に b を下回る賃金 w_1 しか支払わない仕事を受諾することはありません。

第 1 期に労働者が働いていた場合には、労働者の第 2 期の行動原理は、次のようになります。$w_2 > w_1$ であれば、第 2 期に新たに他企業から提示された賃金 (w_2) で働くことを選びます。$w_1 > w_2$ であれば、第 1 期の現企業で賃金 (w_1) で働き続けることを選びます。

第 1 期に労働者が賃金 (w_1) で働き、労働者が第 2 期に上の行動原理に従うときの、第 2 期の平均所得は次のとおりです。

$$E[I_2|\text{第 1 期に雇用}] = Pr(w > w_1)E[w|w > w_1]$$
$$+ (1 - Pr(w > w_1))w_1$$
$$= Pr(w > w_1)(E[w|w > w_1] - w_1) + w_1 \quad (10.2)$$

(10.2) 式の右辺の第 1 項 $Pr(w > w_1)E[w|w > w_1]$ は、提示賃金が w_1 を超える確率とその場合の平均所得の積を示します。提示賃金 w が w_1 を超える確率は、$Pr(w > w_1)$ です。提示賃金 w が w_1 を超えるという条件を課したときの賃金の平均値は、提示賃金の分布 $f(w)$ で w_1 を超える部分のみから成る**条件付分布**の平均値 $E[w|w > w_1]$ です。同様に、第 2 項 $(1 - Pr(w > w_1))w_1$ は、提示賃金が w_1 以下である確率とその場合の所得の積を示します。提示賃金 w が w_1 以下である確率は、$1 - Pr(w > w_1)$ です。このとき、労働者は、第 1 期の現企業で賃金 w_1 で働き続けることを選びます。したがって、(10.2) 式は、第 1 期の賃金 w_1 とともに増えます。

　第 1 期に労働者が取った行動を与えられたものとし、第 2 期の労働者の行動原理と平均所得がわかりましたので、次に、第 1 期の労働者の行動原理について考えましょう。ここでの労働者の問題は、第 1 期の提示賃金 w_1 を得たとき、この賃金を受諾して働くべきか、あるいは失業を選び、余暇を選ぶべきかという問題です。労働者は、第 1 期の行動が第 1 期の所得のみでなく、第 2 期の所得に与える影響をも考慮に入れ、2 期間の所得の現在価値の和を最大化するように第 1 期の行動を決める必要があります。

　まず、賃金を受諾した場合の 2 期間の所得の現在価値の和を求めてみましょう。これは、(10.2) 式を現在価値に直したものと第 1 期の賃金の和となります。

$$PV(\text{受諾}) = w_1 + \frac{Pr(w > w_1)(E[w|w > w_1] - w_1) + w_1}{1 + r} \quad (10.3)$$

　次に、失業を選んだ場合の 2 期間の所得の現在価値の和を求めてみましょう。これは、(10.1) 式を現在価値に直したものと第 1 期の余暇の価値の和となります。

$$PV(\text{失業}) = b + \frac{Pr(w > b)(E[w|w > b] - b) + b}{1 + r} \quad (10.4)$$

提示賃金 w_1 が余暇の価値 b より高いときには、労働者は、常に提示賃金を受諾します。(10.3) 式 (10.4) 式を比べれば明らかなように、w_1 が b と等しいときには、受諾と失業は同一価値を生みます。w_1 が b を超えるときには、受諾が失業よりも高い価値を生みます。なぜならば、受諾すれば、第 1 期の所得が失業した場合と比べ高くなるのみでなく、第 2 期の所得が w_1 以上になり、第 2 期の所得も第 1 期に失業した場合と比べ高くなるからです。

10.1.2 経験年数、勤続年数、賃金

サーチモデルは、賃金が経験年数、勤続年数とどのような関係を持つかに関していくつかの重要な予測をします。詳細に入る前に、モデルの中で労働者が取り得る経歴を整理しておきましょう。第 1 期では、労働者が働く場合には、(a) 経験期間と勤続期間も 0 で、賃金が w_1 です。第 1 期に失業した労働者が第 2 期で働く場合には、(b) 経験期間と勤続期間が 0 で、賃金が w_2 です。第 1 期に働いた労働者が第 2 期で w_1 を上回る賃金を他企業から受け、他企業で働く場合には、(c) 経験期間が 1、勤続期間が 0 で、賃金が w_2 です。第 1 期に働いた労働者が第 2 期で w_1 を下回る賃金しか他企業から提示されず、現企業で働き続ける場合には、(d) 経験期間と勤続期間が 1 で、賃金が w_1 です。

第一に、同一労働者の同一企業の賃金は、勤続年数にかかわらず一定です。これはモデルの仮定です。

第二に、同一労働者の賃金は、経験年数とともに上がります。これは経験年数を積むに従い、同一労働者は、より多くの提示賃金に接し、そのつど高い賃金を支払う企業で働くことを選ぶためです。労働者の経験期間が 0 であるときの平均賃金 (a)、(b) を同一労働者の経験期間が 1 であるときの平均賃金 (c)、(d) と比べると、前者は $E[w|w>b]$、後者はいずれも $E[w|w>b]$ 以上なので、同一労働者の賃金は経験期間とともに上がることがわかります。この予測は、勤続期間を一定に保ったときにも成り立ちます。ともに上がることがわかりました。

第三に、(クロスセクショナルデータを用い) 経験年数が等しい労働者間で見ると、賃金は勤続年数と負の相関関係を持ちます。経験期間が 1 である労働者 (c) と (d) を比べると、(c) が勤続期間 0、第 2 期の賃金 w_2 は (第 1 期の賃金 w_1 を上回るのに対し、(d) が勤続期間 1、第 2 期の賃金は第 1 期の賃金 w_1 の

ままであることから、(第 2 期の) 賃金が勤続年数との間には負の相関関係が予測されます。これは、経験年数が同一である労働者のうち、勤続年数が短い労働者は勤続年数が長い労働者と比べると、最近、高い賃金を提示され転職した労働者であるからです。この相関関係は、異なる労働者間の比較で見られるものであり、同一労働者の賃金は、勤続年数と関係なく一定です。ちなみに、経験期間が 0 である労働者 (a) と (b) は、どちらも勤続期間が 0 なので、経験期間を 0 で一定に保ち、勤続年数が異なるときに賃金がどのように異なるかを見ることができません。

第四に、(クロスセクショナルデータを用い) 経験年数を一定に保つことなく、労働者間で見ると、賃金は勤続年数と正の相関関係を持つ可能性があります。勤続期間が 1 である労働者 (d) を勤続期間が 0 である労働者 (a)、(b) に比べると、賃金と勤続年数との間には正の相関関係が予測されます。勤続期間が 0 である労働者 (c) をも含めて比べると、この正の相関関係は弱まることが予想されますが、正の相関関係が残る可能性があります。これは、現企業で高い賃金を支払われている労働者は、他の労働者と比べ、他企業が現企業の賃金を上回る賃金を提示する確率が低く、現企業で働き続ける確率が高いからです。第 1 期に運よく高い賃金を提示した企業で働くことができた労働者は、第 2 期もその企業で働き続ける確率が相対的に大です。第 1 期に運悪く低い賃金を提示した企業で働くことになった労働者は、第 2 期は他企業で働く確率が相対的に大です。したがって、経験年数を一定に保たず、異なる労働者間で賃金と勤続年数との間の相関関係を見ると、正の相関関係が見られると可能性が高いと考えられます。この正の相関関係の一部は、第 2 期に他企業で働くことになった労働者の高い賃金と短い勤続期間のため、相殺されます。これらの相関関係も、異なる労働者間の比較で見られるものです。

第三と第四の予測の違いは、観察期間の差を反映すると解釈できます。図 10.2 は、賃金と勤続年数の関係を説明しています。w^H で示されるような高い賃金を支払う仕事は、他企業の提示賃金を上回る確率が大きいので、長続きしやすく、長い勤続年数で観察される傾向があるのに対し、w^L で示されるような低い賃金を支払う仕事は、他企業の提示賃金を下回る確率が大きいので、長続きし難く、短い勤続年数で観察される傾向があります。したがって、半永久的に観察することができれば、異なる労働者（仕事）の間で賃金と勤続年数の関係を

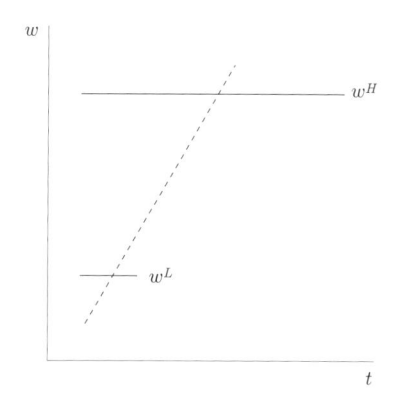

図 10.2 賃金と勤続年数

見ると、正の相関があるように見えるはずです。しかし実際には、半永久的な観察はできず、(例えば、理論モデルのように 2 期間で観察が終わるので) 最近 (例えば、理論モデルの第 2 期で)、w^H の賃金を支払う仕事に転職したばかりの高い賃金と短い勤続期間の労働者が観察されます。これが、上の正の相関関係を部分的に相殺すると予測されるのです。したがって、経験年数を一定に保たずに、賃金と勤続年数との相関関係を観察するときに、長期間にわたり多数の同一労働者を観察するパネルデータを分析に用いる場合には、強い正の相関関係が見出されやすいのに対し、短期間しか観察しないパネルデータや 1 時点でしか観察しないクロスセクションデータを用いる場合には、弱い正の相関関係が見出されやすくなります。

10.1.3 経験年数、勤続年数、離職率

サーチモデルは、離職率が経験年数、勤続年数とどのような関係を持つかに関していくつかの重要な予測もできます。単純な 2 期間モデルでは、転職は第 2 期でのみ発生するので、離職率が経験年数、勤続年数とどのような関係を持つかを見ることはできません。期間の数を増やしたモデルは次のような予測ができます。

第一に、同一労働者の離職率は、経験年数とともに低下します。これは、経験年数を積むに従い、同一労働者は、より多くの提示賃金に接し、そのつど高い賃金を支払う企業で働くことを選ぶので、経験年数を積むに従い、他企業が

現企業の賃金を上回る賃金を提示する確率が低下するためです。

第二に、（クロスセクショナルデータを用い）経験年数が等しい労働者間で見ると、離職率は勤続年数と正の相関関係を持ちます。これは、経験年数が同一である労働者のうち、勤続年数が短い労働者は勤続年数が長い労働者と比べると、最近、高い賃金を提示され転職した労働者である確率が高いからです。

第三に、（クロスセクショナルデータを用い）経験年数を一定に保つことなく、労働者間で見ると、離職率は勤続年数と負の相関関係を持つ可能性があります。これは、現企業で高い賃金を支払われている労働者は、他の労働者と比べ、他企業が現企業の賃金を上回る賃金を提示する確率が低く、現企業で働き続ける確率が高いからです。

10.1.4 失業保険のモラルハザード効果

上のモデルでは、失業保険は、失業中の労働者の生活を保障し、労働者に対し、時間をかけ、よりよい仕事を探すインセンティヴを与えています。上のモデルでは、労働者による職探しの努力は一定であると仮定されています。労働者が職探しに費やす努力を選択できるようなモデルでは、失業保険の増額には職探しの努力を減らし、失業保険に依存するインセンティヴ効果があることを示せます。これを失業保険のモラルハザード効果と呼びます。

10.1.5 ジョブマッチングモデル

サーチモデルでは、ある企業の提示賃金は異なる労働者間で同一であると仮定していました。良い仕事はすべての労働者とって良い仕事であり、高い賃金の支払いがなされ、悪い仕事はすべての労働者にとって悪い仕事であり、低い賃金の支払いがなされていました。現実には、ある仕事は、ある労働者にとっては労働者と仕事との間のマッチの生産性が高い（相性が良い）仕事であり、高いマッチの生産性を反映し、高い賃金が支払われる一方で、同じ仕事が、他のある労働者にとってはマッチの生産性が低い仕事であり、低いマッチの生産性を反映し、低い賃金しか支払われないということがあるでしょう。さらに、マッチの生産性は、マッチを組んで生産を始め、時間をかけ、正確な評価が可能となります。ジョブマッチングモデルは、マッチの生産性の多様性に着目し、労働者のサーチ行動を扱います。ここでは、詳細に触れませんが、ジョブマッチングモデルは、サーチモデルと基本的に似た予測をします。

10.1.6 補論：訓練モデル、サーチモデル、観察不可能な属性 *

　訓練モデルとサーチモデルは、賃金が経験年数、勤続年数にどのような相関を持つかに関して似通った、しかし異なる予測をします。第一に、訓練モデルとサーチモデルは、いずれも同一労働者の賃金が経験年数とともに上がると予測します。第二に、（クロスセクショナルデータを用い）経験年数の等しい労働者間で見ると、サーチモデルは、賃金が勤続年数との間に負の相関関係を持つと予測しますが、訓練モデルは、賃金が勤続年数との間に正の相関関係を持つと予測します。第三に、（クロスセクショナルデータを用い）経験年数を一定に保つことなく、労働者間で見ると、サーチモデルは、賃金が勤続年数との間に正の相関関係を持つ可能性を予測するのに対し、訓練モデルは、賃金が勤続年数と正の相関関係を持つと予測します。

　前章で紹介した単純な訓練モデルでは、転職が起こりません。一般的訓練モデルでは、第 2 期に転職が起こる可能性がありますが、それはランダムな現象に過ぎません。また、少額の転職費用を課すだけで、転職は消滅してしまいます。企業特殊訓練モデルでは、第 2 期に転職が起こる可能性はありません。第 2 期に転職が起こらないように、企業と労働者の間で訓練の費用と収益の配分を行うからです。離職率のパターンを見るには、単純なモデルで考慮されていない他の転職要因を導入すると同時に、期間の数を増やす必要があります。例えば、各期に家庭事由の変化がランダムに発生し、労働者が現企業で働き続ける（賃金以外の）便益が変わったり、生産物価格の変化がランダムに発生し、労働の限界収入を変えるとします。このような拡張モデルでは、転職は第 2 期以降に正の確率で発生します。

　拡張された企業特殊訓練モデルとサーチモデルは、離職率が経験年数、勤続年数にどのような相関を持つかに関しても似通った、しかし異なる予測をします。第一に、サーチモデルと企業特殊訓練モデルは、いずれも同一労働者の離職率が、経験年数とともに低下すると予測します。第二に、（クロスセクショナルデータを用い）経験年数の等しい労働者間で見ると、サーチモデルは離職率は勤続年数との間に正の相関関係を持つと予測しますが、企業特殊訓練モデルは、離職率は勤続年数との間に負の相関関係を持つと予測します。第三に、（クロスセクショナルデータを用い）経験年数を一定に保つことなく、労働者間で見ると、サーチモデルは、離職率が勤続年数との間に負の相関関係を持つ可能

性を予測するのに対し、企業特殊訓練モデルは、離職率が勤続年数との間に負の相関関係を持つと予測します。

同一労働者の賃金が経験年数とともに上がることや、労働者間で経験年数を一定に保たないと賃金が勤続年数との間に正の相関関係を持つことはよく知られた事実です。これらが訓練によるものなのか、サーチによるものなのかをデータから識別することは政策上、重要です。例えば、これらが訓練ではなく、サーチによるものであれば、訓練よりもサーチを支援することにより、政府は労働者の賃金を上げられます。

このようなモデルの間に見られる予測の違いは、データからモデルを識別する上で役立つだけでなく、データから企業特殊訓練の賃金や転職率に対する効果を推定する際に生じ得るバイアスを評価する上でも役立ちます。例えば、企業特殊訓練の賃金に対する効果を推定したいときには、(9.33) 式のように、その他の変数とともに、経験年数を一定に保ち、勤続年数の賃金に対する効果を推定します。経験年数を一定に保ったとき、サーチ行動によるセレクションの結果、賃金が勤続年数との間に負の相関関係を持つと予測されるので、サーチ行動によるセレクションを無視して (9.33) 式の推定を行うと、企業特殊訓練の効果（勤続年数の賃金への因果的効果）には、下方バイアスが働き、効果が過少推定されてしまうことがわかります。

以上の議論は、訓練が観察不可能であると暗黙的に仮定しています。訓練が観察可能であれば、競合するモデルの識別は容易になる可能性があります。ただその場合でも、訓練はランダムに行われるのではなく、賃金、勤続年数、離職に影響を及ぼす観察不可能な要因の影響を受けると考えられるので、訓練の賃金、勤続年数、離職への因果的効果を識別する問題が新たに生じます。

企業特殊訓練モデル、サーチモデル、ジョブマッチングモデルのほかにもデータで観察される賃金、離職率、経験年数、勤続年数の間の相関関係を少なくとも部分的に説明できる仮説が多く存在します。後の章では、それらを紹介し、データによるモデルの識別と推定バイアスについて再度、議論したいと思います。

10.2　地域間労働移動

競争均衡モデルでは、地域労働市場間に賃金格差があれば、瞬時に労働者、または企業が移動し、格差が解消されると考えました。現実には、移動には費

用がかかるので、瞬時の移動は困難です。以下では、移動に費用がかかる状況でどのように労働者が地域労働市場間の移動の意思決定を行うかを考えていきたいと思います。労働者が費用を負担し、地域労働市場を移動するのは、将来、移動の収益が期待されるからです。労働移動は投資であるといえます。まず、単純な労働移動モデルを紹介し、次に家族の労働移動モデルを紹介します。

10.2.1 単純な地域間労働移動モデル

ここでは、2つの地域労働市場を想定し、現在、労働者がいる地域労働市場から他の労働市場への移動を投資モデルの観点から分析してみたいと思います。労働者は毎年（年間）賃金 $\underline{w}$ を支払う地域労働市場 A にいるとします。労働者は費用 C を負担すれば、毎年（年間）賃金 $\overline{w}$ を支払う地域労働市場 B へ移動することができるとします。移動の費用には、引越し費用のみでなく、現在の地域の友人との別離や移動先での新たな生活の心理的負担など、移動に伴う心理的費用も含まれます。市場 B の賃金 $\overline{w}$ が市場 A の賃金 $\underline{w}$ を上回らなければ、そもそも労働者は移動のインセンティヴを持たないので、$\overline{w} > \underline{w}$ を仮定します。

労働者は、市場 A に滞在し続ける場合に得られる賃金の現在価値の和を市場 B に移動した場合に得られる賃金の現在価値の和から移動の費用を差し引いたものを比べ、前者を後者が上回るとき、移動を選びます。移動の条件は、次式で与えられます。

$$\overline{w} - \underline{w} + \frac{\overline{w} - \underline{w}}{(1+\rho)} + \cdots + \frac{\overline{w} - \underline{w}}{(1+\rho)^{T-1}} > C \tag{10.5}$$

ここで、ρ は割引率、T は労働市場退出までの年数です。ただし、市場 B への移動直後から市場 B で働けると仮定します。

労働移動モデルからはいくつかの重要な予測ができます。第一に、労働移動は、賃金の低い地域から高い地域へ生じ、地域間賃金格差が大きいほど生じやすくなります。$\overline{w} - \underline{w}$ が大きいほど、(10.5) 式の左辺が右辺を上回りやすくなります。第二に、移動の費用が低いほど、労働移動は生じやすくなります。C が小さいほど、(10.5) 式の左辺が右辺を上回りやすくなります。第三に、労働者が若いほど、労働移動は生じやすくなります。T が大きいほど、(10.5) 式の左辺が右辺を上回りやすくなります。

10.2.2 家族の地域間労働移動モデル

単純なモデルでは、単身労働者の地域間移動の意思決定問題を暗黙的に想定していました。家族の場合には、一体行動を取るので、単身労働者の移動とは行動原理が異なります。夫のみを見ると移動の便益がある場合でも、妻のみを見ると移動の便益がないこともあるでしょう。あるいは、その逆もあるでしょう。ここでは、家族の移動について考えてみたいと思います。

まず単純化のため、家族は夫 (H) と妻 (W) の 2 人からなるものとします。夫も妻も利己的であり、移動が自分の利益にかなう場合には、単独で移動するとします。また、夫と妻の労働サービスには質的な差があり、夫の賃金は、市場 A では w_H^A、市場 B では w_H^B であるのに対し、妻の賃金は、市場 A では w_W^A、市場 B では w_W^B であるとします。このとき、夫は次の条件が満たされれば移動します。

$$w_H^B - w_H^A + \frac{w_H^B - w_H^A}{(1+\rho_H)} + \cdots + \frac{w_H^B - w_H^A}{(1+\rho_H)^{T_H-1}} > C_H \qquad (10.6)$$

ここで、ρ_H は夫の割引率、T_H は夫の労働市場退出までの年数、C_H は夫の移動費用です。一方、妻は次の条件が満たされれば移動します。

$$w_W^B - w_W^A + \frac{w_W^B - w_W^A}{(1+\rho_W)} + \cdots + \frac{w_W^B - w_W^A}{(1+\rho_W)^{T_W-1}} > C_W \qquad (10.7)$$

ここで、ρ_W は妻の割引率、T_W は妻の労働市場退出までの年数、C_W は妻の移動費用です。

夫と妻は、(10.6) 式と (10.7) 式が同時に満たされるときのみ、一緒に移動します。(10.6) 式のみが満たされるときには、夫は単身移動し、妻は残ります。(10.7) 式のみが満たされるときには、妻は単身移動し、夫は残ります。

夫と妻が利己的に行動するという仮定は極端なものでした。次に、夫と妻は家族全体の純便益のみを最大化するように行動するという、もう一方の極端な仮定を置いてみましょう。この場合は、夫と妻は同じ家族全体の純便益に基づき行動するので、夫、妻が単独移動することはありません。次式が示すように、家族全体の純便益が正であるときに、家族（夫と妻）は一緒に移動します。

$$\Delta NPV_H + \Delta NPV_W > 0 \qquad (10.8)$$

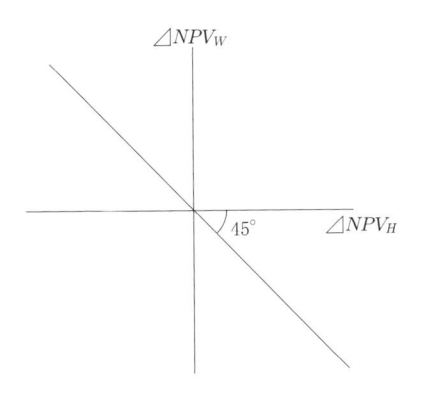

図 10.3　家族の移動

ここで、ΔNPV_H は (10.6) 式の左辺から右辺を引いたもの（夫の純便益）、ΔNPV_W は (10.7) 式の左辺から右辺を引いたもの（妻の純便益）です。

　図 10.3 は、夫と妻が利己的な場合と、家族全体の純便益を最大化するように行動する場合とでは、移動条件が異なることを示しています。横軸は、夫の純便益を、縦軸は妻の純便益を示しています。まず、夫と妻が利己的に行動する場合を考えて見ましょう。夫の純便益が縦軸よりも右側の領域にあるときには、妻の純便益の大きさとは関係なく、夫は移動します。同様に、妻の純便益が横軸よりも上側の領域にあるときには、夫の純便益の大きさとは関係なく、妻は移動します。夫と妻が一緒に移動するのは、夫の純便益と妻の純便益の組み合わせが 2 つの重複領域にあるときです。夫と妻が一緒に留まるのは、夫の純便益と妻の純便益の組み合わせが、原点の左下の領域にあるときです。夫と妻は個別に行動するので、自らの純便益の最大化に反する移動や滞在はありません。

　次に、夫と妻が家族全体の純便益を最大化するように行動する場合を考えてみましょう。夫の純便益と妻の純便益の組み合わせが原点を通る右下がりの 45 度線よりも上にあるときには、夫と妻が一緒に移動します。45 度線よりも下にあるときには、夫と妻が一緒に留まります。夫と妻は全体の純便益を最大化するように行動するので、個々の純便益が最大化されるとは限りません。例えば、45 度線よりも上で横軸よりも下の領域では、妻の純便益は負であるにもかかわらず、夫の純便益がそれを相殺し上回るので、妻も夫に付き添って移動します。このとき、妻は同伴移動者（tied mover）であると表現します。また、45 度線よりも下で横軸よりも上の領域では、妻の純便益は正であるにもかかわらず、夫

の負の純便益がそれを相殺し下回るので、妻も夫と一緒に留まります。このとき、妻は同伴滞在者（tied stayer）であると表現します。夫が同伴移動者、同伴滞在者になることもあります。

実際の家族は2つの両極端の間にあると考えられます。夫か妻のどちらかが同伴移動者、同伴滞在者となる可能性もあれば、単身移動する可能性もあるでしょう。さらに、家族は存続すると暗黙的に仮定しましたが、実際の家族は崩壊することがあります。夫と妻の利害が対立するとき、同伴移動者、同伴滞在者となる構成員は、家族の一員として拘束されるよりは離婚や別居（単身滞在、単身移動）を選ぶかもしれません。あるいは、都市部など、仕事が豊富にあり、夫と妻の利害が対立しないような地域への移動を選ぶかもしれません。女性の労働市場進出が進み、夫と妻の利害が対立する確率が高まると、離婚率、別居率、都市部人口密度が高まると予測されます。

練習問題

1. サーチとジョブマッチングモデルを用い、図1.3が示す年齢と労働力率との関係の男女差と近年の変化を説明しなさい。
2. サーチとジョブマッチングモデルを用い、図1.8、1.9が示す年齢—労働所得プロファイルの特徴を説明しなさい。
3. 家族の地域間労働移動モデルを用い、夫の所得と妻の労働力率の間の負の相関関係を説明しなさい。

参考文献

[79]が、基本的なサーチモデルを詳しく説明しています。[65]は、高度な内容ですが、ジョブマッチングモデルを示しています。[42]と[85]は、パネルデータを用い、労働者の観察不可能な属性を一定に保ち、勤続年数の離職率に対する効果を推定し、理論と整合的な結果を報告しています。[93]は、異なる職業の垣根を超えるマッチングを最初に行い、マッチのよい職業を見つけたら、ジョブとのマッチングを行うというシステマティックなマッチングを行うという理論

を示し、実証分析をしています。[43] は、高度な内容ですが、離職率に関する研究の優れた展望をしています。[58] が、初めて地域間労働移動を人的資本投資として捉えました。[109] は、地域間労働移動のモデルを示しています。[47] は、地域間労働移動モデルに関する実証研究を展望しています。[83] [37] [106] は、家族の地域間労働移動モデルを示しています。

日本の労働移動に関する研究例としては次のようなものがあります。転職に関しては、[242] が、転職によりジョブマッチングが改善するかどうかを分析し、[176] が、中小企業に転職した労働者の満足度や賃金に影響を与える要因を分析しています。[151] と [46] は、景気は、労働者と仕事の間のマッチングの質に影響し、その後の転職に影響するという仮説と整合的な分析結果を報告しています。

失業保険に関しては、[146] が、再就職先の労働条件に失業給付が与える効果を分析し、また [147] が、失業給付によるモラルハザードを分析しています。

産業間の労働移動、規模の異なる企業間の労働移動に関しては、[220] が、工業化期の第一次産業から第二次産業への労働移動を分析しています。[139] は、賃金の低い中小企業から賃金の高い大企業への労働移動が稀であるという労働市場の二重構造を報告しましたが、[296] は、昭和 30 年代以降の非農林業以外での大企業への転職の増大を報告しています。地域間労働移動については、[243] [203] などがあります。[136] は、学際的に労働移動を分析しています。

11章

賃金プロファイル

　クロスセクショナルデータ上で（経験年数を一定に保たないときに）労働者の間で観察される賃金と勤続年数との間の正の相関関係と離職率と勤続年数との間の負の相関関係は、企業特殊訓練モデル、サーチモデル、ジョブマッチングモデルのいずれでも説明が可能であることを学びましたが、ほかにもこれらの相関関係を説明できる重要な仮説がいくつかあります。本章では、それらのさらなる仮説を紹介し、勤続年数の賃金、離職率への因果的効果をデータから識別する戦略について考えてみたいと思います。

11.1　労働者の観察不可能な属性

　同一労働者の賃金と離職率が勤続年数にかかわらず一定であったとしても、賃金と離職率に影響を与える労働者の属性が労働者間で異なり、かつデータ分析者がその属性を観察できず、属性の異なる労働者間でデータを観察せざるを得ないときには、賃金と勤続年数との間に正の相関関係、また離職率と勤続年数との間に負の相関関係があるように見える可能性があります。すなわち、企業特殊熟練モデル、サーチモデル、ジョブマッチングモデルのいずれも正しくない場合でも、労働者の観察不可能な属性がデータ分析者の分析を妨げるときには、あたかもこれらのモデルが正しいことを示唆するような見かけ上の相関関係が観察される可能性があるのです。以下では、これを説明します。

　属性の異なる2タイプの労働者がいるとします。タイプSの労働者は能力が高く、忍耐強く、タイプMの労働者は能力が低く、飽きやすいとします。労働

者の属性は、企業には観察可能であるものの、データ分析者には観察不可能とします。

タイプSの労働者は能力が高いので企業から高賃金を支払われ、忍耐強いので離職率が低く、同一企業での勤続年数が長くなります。タイプMの労働者は能力が低いので企業から低賃金しか支払われず、飽きやすいので離職率が高く、同一企業での勤続年数が短くなります。

同一労働者の真の賃金―勤続年数プロファイルと真の離職率―勤続年数プロファイルは水平線です。どちらのタイプの労働者も、勤続年数にかかわらず一定の賃金を支払われるので、同一労働者の真の賃金―勤続年数プロファイルは、水平線です。また、どちらのタイプの労働者も、勤続年数とはかかわらず忍耐強さ、飽きやすさは一定なので、同一労働者の真の離職率―勤続年数プロファイルは水平線です。

データ分析者には2タイプの労働者を区別することができないので、賃金―勤続年数プロファイルは右上がり、離職率―勤続年数プロファイルは右下がりに見えてしまいます。長い勤続年数では、タイプSの労働者がタイプMの労働者より相対的に多く観察されるので、長い勤続年数を持つ労働者は、比較的に高い賃金と低い離職率を持つように観察されます。短い勤続年数では、タイプMの労働者がタイプSの労働者より相対的に多く観察されるので、短い勤続年数を持つ労働者は、比較的に低い賃金と高い離職率を持つように観察されます。このため、同一労働者の真の賃金―勤続年数プロファイルと真の離職率―勤続年数プロファイルが水平線であるにもかかわらず、データ分析者により観察される賃金―勤続年数プロファイルは右上がり、離職率―勤続年数プロファイルは右下がりになります。

11.2　準固定費用回収策としての後払い賃金（自己選抜モデル）

上で紹介した労働者の観察不可能な属性の議論では、企業は労働者の属性を観察でき、属性に応じた賃金を支払うと仮定しました。企業が労働者の属性を観察できない場合には、同一個人の賃金―勤続年数プロファイルを右上がりに設計することにより、企業の求める属性を持つ労働者を選別することができる場合があります。

属性の異なる2つのタイプの労働者がいるとします。労働者は生涯2期間、働くものとします。タイプSの労働者は忍耐強く、2期間、同一企業で働きます。タイプMの労働者は飽きやく、1期間、企業で働くと辞めてしまい、他企業へ転職してしまいます。単純化のため、2つのタイプの労働者の能力は同一であるとします。労働者の属性は、企業にもデータ分析者にも観察不可能であるとします。企業は労働者を雇った後でも、個々の労働者の属性を把握できないとします。

企業も2期間、操業するものとします。企業は、新たな労働者を雇うときには、採用費用等の準固定費用 C を負担する必要があるとします。企業はタイプSの労働者を雇うことができれば、2期間の準固定費用の現在価値の和を最小化できます。

企業は、賃金—勤続年数プロファイルを適切に設定することにより、タイプSの労働者のみを引き付けられます。まず、第1期の賃金をタイプMの労働者が他企業で得ることのできる賃金よりも低く設定します。タイプMの労働者は1期間しか同一企業で働かないので、この企業では働かず、他企業で働くようになります。次に、第2期の賃金を十分に高く設定し、タイプSの労働者がこの企業から2期間を通じて得る賃金の現在価値の和が他企業から2期間を通じて得る賃金の現在価値の和以上になるようにします。タイプSの労働者は、2期間同一企業で働くので、この企業で働くようになります。その結果、他企業は、タイプMの労働者のみを引き付ける結果となります。

図11.1は、タイプMの労働者を引き付ける賃金—勤続年数プロファイルとタイプSの労働者を引き付ける後払い賃金形式の賃金—勤続年数プロファイルを示しています。まず水平線は、タイプMの労働者を引き付ける他企業のプロファイルです。労働者の各期の限界生産収入（限界生産物の価値）を VMP とすると、賃金 w_M はこれから準固定費用を差し引いた $VMP - C$ でなければなりません。なぜならば、それ以上高い賃金では企業は損失を被り、それ以上低い賃金では、他の企業がより高い賃金を提示するので、労働者を雇うことができないからです。この賃金プロファイルの現在価値の和 PV_M は次のとおりです。

$$PV_M = VMP - C + \frac{VMP - C}{1 + \rho} \tag{11.1}$$

次に、右上がりの線は、タイプSの労働者を引き付ける企業のプロファイル

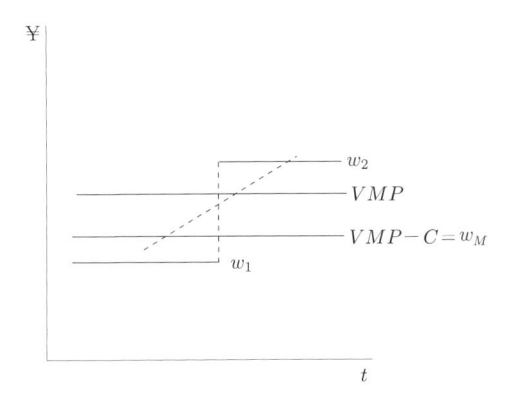

図 **11.1** 準固定費用と後払い賃金

です。第 1 期の賃金 w_1 は、他企業の各期の賃金 $VMP - C$ よりも低くなります。このため、この企業はタイプMの労働者を引き付けません。第 2 期の賃金を w_2 とすると、この賃金プロファイルの現在価値の和 PV_S は、次のとおりです。

$$PV_S = w_1 + \frac{w_2}{1+\rho} \tag{11.2}$$

企業がタイプSの労働者を引き付けるためには、この現在価値の和は (11.1) で示されるタイプSの労働者が他企業で 2 期間働いたときに得ることのできる賃金の現在価値の和以上である必要があります。

$$w_1 + \frac{w_2}{1+\rho} \geq VMP - C + \frac{VMP - C}{1+\rho} \tag{11.3}$$

あるいは、同じことですが、

$$w_2 \geq (VMP - C) + (VMP - C - w_1)(1+\rho) \tag{11.4}$$

である必要があります。

一方、企業が利潤の現在価値の和を最大化するには、限界原理が成立していなければなりません。

$$VMP + \frac{VMP}{1+\rho} = w_1 + C + \frac{w_2}{1+\rho} \tag{11.5}$$

ここで、左辺は労働の限界収入の現在価値の和、右辺は労働の限界費用（賃金

と採用費用）の現在価値の和です。タイプSの労働者は、2期間、同一企業で働くので、採用費用は第1期にのみ発生します。あるいは同じことですが、

$$w_2 = VMP + (VMP - C - w_1)(1 + \rho) \tag{11.6}$$

である必要があります。(11.6) 式で示される第2期の賃金 w_2 は、(11.4) 式で示される、タイプSの労働者がこの企業で働く条件を満たすので、第2期の賃金 w_2 は、(11.6) 式で示されます。

　各タイプの労働者を引き付ける異なる賃金—勤続年数プロファイルが市場に共存します。タイプSの同一労働者の真のプロファイルは右上がりであり、タイプMの同一労働者の真のプロファイルは水平線となります。企業は各タイプの労働者に自己選抜をさせ、各労働者のタイプを正しく把握できます。異なる賃金—勤続年数プロファイルが異なるタイプの労働者をスクリーニングする機能を持っています。データ分析者も、このモデルが正しいという仮定の下では、企業と同様に、各労働者のタイプを正しく推測できます。

　同一労働者の真の離職率—勤続年数プロファイルは、労働者のタイプにかかわらず水平線です。仮定により、タイプSの労働者は2期間を通して同一企業で働き、タイプMの労働者は1期間しか同一企業で働きません。離職率はタイプ間では異なるものの、同一労働者の離職率は一定なので、同一労働者の真の離職率—勤続年数プロファイルは水平線です。

　図 11.1 は、データ分析者が2つのタイプの労働者を区別することができない場合には、賃金—勤続年数プロファイルが、見かけ上、点線のような右上がりのプロファイルになることを示しています。0 期間の勤続年数で観察される労働者は、第1期に低い賃金 w_1 を支払われているタイプSの労働者であるか、第1期に中間的な賃金 w_M を支払われているタイプMの労働者です。これに対し、1期間の勤続年数で観察される労働者は、第2期に高い賃金 w_2 を支払われているタイプSの労働者です。したがって、労働者間で賃金と勤続年数の関係を見ると、見かけ上、右上がりになります。

　同様に、データ分析者が2つのタイプの労働者を区別することができないと考える場合には、離職率—勤続年数プロファイルは、見かけ上、右下がりになります。0 期間の勤続年数で観察される労働者は、第1期のタイプMの労働者であるか、第2期の離職後のタイプMの労働者であるか、第1期のタイプSの

労働者です。1期間の勤続年数で観察される労働者は第2期のタイプSの労働者のみです。したがって、労働者間で転職率と勤続年数の関係を見ると、見かけ上、右下がりになります。

11.3　サボタージュ防止策としての後払い賃金

　サボタージュや汚職は、企業の利潤に深刻な打撃を与える問題です。サボタージュは労働者による職務怠慢を指し、企業が得る労働の限界収入を低下させます。汚職は、労働者が職務上の権限や職務上得た機密情報を悪用し、賄賂を受け取ったり、株のインサイダー取引を行うなどにより、企業の社会的評価を落とすことを指し、企業利潤を間接的に低下させます。単純化のため、以下では、「サボタージュ」という用語でサボタージュと汚職を表すことにします。

　企業は、適切な賃金設定により労働者によるサボタージュを防止できます。1つは後払い賃金であり、もう1つは効率性賃金と呼ばれます。ここでは、後払い賃金について説明します。これまで、労働者は、まじめに働くものと暗黙的に仮定してきました。しかし、労働者がまじめに働いているかを企業がモニタリング（監視）する費用が高ければ、モニタリングが十分に行われず、労働者にはサボタージュをするインセンティヴが働きます。企業は、完璧なモニタリングをすることなく、後払い賃金を設定し、労働者にとってのサボタージュの機会費用を高くすることにより、労働者をまじめに働かせられます。

　企業は、2期間、操業するとします。企業はモニタリング M を行い、労働者が少しでもサボタージュを行っている場合には、確率 p でそれを発見できるとします。企業は、第1期の期末に一定量のモニタリング M を行い、その費用はゼロであるとします。後述するように、モニタリングによりサボタージュが発覚した労働者は解雇されます。

　労働者は2期間働き、解雇されない限り、同一企業で働くとします。単純化のため、労働者はサボタージュの程度を第1期の期首に選び、そのレベルを2期間維持するものとします。労働者はサボタージュのレベルを選べます。ただ、企業のモニタリングによりサボタージュが発覚する確率がサボタージュのレベルに依存しないので、労働者が実際に選ぶ最適なサボタージュのレベルは、サボタージュをまったくしないか、完全にサボタージュをするかの両極端になり

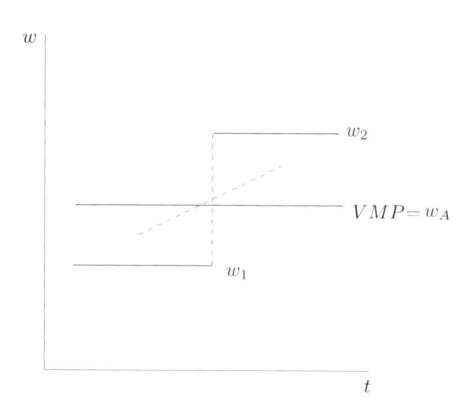

図 11.2　サボタージュと後払い賃金

ます。労働者がサボタージュを行わないのであれば、企業が得る労働の限界収入は VMP となります。労働者がサボタージュを行うのであれば、フルにサボタージュを行い、企業が得る労働の限界収入はゼロとなります。

各期、他企業が労働者に支払う意思のある賃金は、w_A で一定であるとします。他企業では、労働者がサボタージュをする余地はないものとします

現企業は、第1期のモニタリングの結果、サボタージュを行っていることが判定した労働者を解雇します。そのような労働者から企業が得る真の限界収入はゼロなので、そのような労働者を解雇することが利潤の現在価値の最大化には必要だからです。

後払い形式の賃金─勤続年数プロファイルを適切に設定することにより、現企業は労働者を他企業に失うことなく、サボタージュをしないインセンティヴを労働者に与え、利潤の現在価値を最大化できます。

図 11.2 は、サボタージュの余地のない他企業の賃金─勤続年数プロファイルとサボタージュをしないインセンティヴを労働者に与える現企業の後払い賃金形式の賃金─勤続年数プロファイルを示しています。まず水平線は、他企業のプロファイルです。他企業が各期に得る労働の限界生産収入（限界生産物の価値）を VMP とすると、他企業の賃金 w_A は VMP でなければなりません。この他企業の賃金プロファイルの現在価値の和 PV_A は次のとおりです。

$$PV_A = w_A + \frac{w_A}{1+\rho}$$

$$= VMP + \frac{VMP}{1+\rho} \tag{11.7}$$

次に、右上がりの線は、サボタージュをしないインセンティヴを労働者に与える現企業のプロファイルです。第 1 期の賃金を w_1、第 2 期の賃金を w_2 とします。企業がサボタージュをしないインセンティヴを労働者に与えるためには、サボタージュの機会費用を高くし、サボタージュをしない場合に労働者が得られる賃金の現在価値の和がサボタージュをした場合に労働者が得られる賃金の現在価値の和を上回るようにする必要があります。サボタージュの機会費用は、サボタージュを行い、それが確率 p で発覚し、解雇されたときに経験する賃金の下落です。解雇された労働者は、他企業で働き、賃金 w_A を得られるので、第 2 期の賃金 w_2 を他企業の賃金 w_A を上回るように設定すれば、サボタージュの機会費用 $p(w_2 - w_A)$ が労働者に発生します。

サボタージュをしない場合に労働者が得られる賃金の現在価値の和 PV_{NS} は次式で与えられます。

$$PV_{NS} = w_1 + \frac{w_2}{1+\rho} \tag{11.8}$$

サボタージュをする場合に労働者が得られる賃金の現在価値の和 PV_S は次式で与えられます。

$$PV_S = w_1 + s + \frac{pw_A + (1-p)w_2}{1+\rho} \tag{11.9}$$

(11.9) 式の右辺の第 2 項の s はサボタージュの便益を示し、第 3 項は労働者は確率 p でサボタージュが発覚し、解雇され、他企業で賃金 w_A で働くことになり、確率 $1-p$ でサボタージュの発覚を免れ、現企業で賃金 w_2 で働き続けることになることを反映します。

現企業で働く労働者に対し、サボタージュをしないインセンティヴを与えるためには、次式のように、PV_{NS} が PV_S よりも大きくなるように賃金 w_1 と w_2 を設定する必要があります。

$$w_1 + \frac{w_2}{1+\rho} > w_1 + s + \frac{pw_A + (1-p)w_2}{1+\rho} \tag{11.10}$$

あるいは同じことですが、

$$w_2 > w_A + \frac{s(1+\rho)}{p} \tag{11.11}$$

を満たす必要があります。

　また、現企業が労働者を引き付けるためには、次式のように PV_{NS} が PV_A 以上になるように賃金 w_1 と w_2 を設定する必要があります。

$$w_1 + \frac{w_2}{1+\rho} \geq w_A + \frac{w_A}{1+\rho} \tag{11.12}$$

あるいは同じことですが、

$$w_1 \geq w_A - \frac{w_2 - w_A}{1+\rho} \tag{11.13}$$

を満たす必要があります。

　一方、現企業が利潤の現在価値の和を最大化するには、限界原理が成立していなければなりません。

$$VMP + \frac{VMP}{1+\rho} = w_1 + \frac{w_2}{1+\rho} \tag{11.14}$$

ここで、左辺は労働の限界収入の現在価値の和、右辺は労働の限界費用の現在価値の和です。サボタージュをしないインセンティヴを労働者に与えることに成功するので、各期の労働の限界収入は VMP になります。あるいは同じことですが、

$$w_1 = VMP - \frac{w_2 - VMP}{1+\rho} \tag{11.15}$$

である必要があります。先に見たように、$w_A = VMP$ なので、第 1 期の賃金 w_1 ((11.15) 式) は労働者がこの企業で働く条件 ((11.13) 式) を満たし、第 1 期の賃金 w_1 は、(11.15) 式で示されます。したがって、$w_1 < w_A$ となります。

　同一労働者の真の賃金─勤続年数プロファイルは、サボタージュの余地のない企業とサボタージュが潜在的な問題である企業との間で異なります。前者の真のプロファイルは (w_A) で水平線であり、後者の真のプロファイルは右上がり ($w_1 < w_A < w_2$) となります。

　同一労働者の真の離職率─勤続年数プロファイルは、サボタージュの余地のない企業とサボタージュが潜在的な問題である企業どちらでもゼロで、水平線

となります。サボタージュの余地のない企業では離職はないので、同一労働者の真のプロファイルは水平線です。サボタージュが潜在的に問題である企業では、解雇による離職が潜在的にはあるものの、サボタージュをしないインセンティヴが機能し、解雇による離職は実際にはないので、同一労働者の真のプロファイルは水平線です。

図 11.2 は、データ分析者が 2 つの企業を区別することができない場合に、(クロスセクショナルデータを用い) 企業間で見ると、賃金―勤続年数プロファイルが、見かけ上、点線のような右上がりのプロファイルになることを示しています。0 期間の勤続年数で観察される労働者は、第 1 期にサボタージュが潜在的に問題となる企業で低い賃金 w_1 を支払われている労働者であるか、第 1 期にサボタージュの余地のない企業で中間的な賃金 VMP を支払われている労働者です。これに対し、1 期間の勤続年数で観察される労働者は、第 2 期にサボタージュが潜在的に問題となる企業で高い賃金 w_2 を支払われているタイプの労働者か、第 2 期にサボタージュの余地のない企業で中間的な賃金 VMP を支払われている労働者です。したがって、労働者間で賃金と勤続年数の関係を見ると、見かけ上、右上がりになります。

データ分析者が 2 つの企業を区別することができない場合に、クロスセクショナルデータを用い、企業間で見ると、見かけ上の離職率―勤続年数プロファイルも水平線になります。同一労働者の真の離職率―勤続年数プロファイルは、サボタージュの余地のない企業とサボタージュが潜在的な問題である企業、どちらでもゼロで水平なので、見かけ上のプロファイルもゼロで水平線となります。

11.4 後払い賃金の特徴と応用

後払い賃金制度（右上がりの同一労働者の賃金―勤続年数プロファイル）は、企業特殊訓練の費用や採用費用のような準固定費用を回収したり、サボタージュを防止する上で潜在的に重要な役割を果たすことを見ました。ここでは、後払い賃金に共通する特徴について詳しく見てみましょう。

11.4.1 暗黙の貸借契約

後払い賃金では、労働の限界収入が賃金と一致することはありません。労働者は、勤続年数の短いときには、そのときの労働の限界収入未満の賃金を支払

われ、勤続年数の長いときには、そのときの労働の限界収入以上の賃金を支払われています。

つまり、後払い賃金は、労働者と企業の間の暗黙的な貸借の契約です。労働者は、勤続年数の短いときには、企業に対し貸付を実質的に行い、勤続年数の長いときには、企業から元本と利子の返済を実質的に受けています。労働者は企業に対する貸付があるので、返済を受けるまでは離職しないと解釈できます。

興味深いことに、日本を初め多くの国では労働者と企業との間の金銭の貸借を法律で禁じています。後払い賃金は、実質的には労働者と企業との間の金銭の貸借であるにもかかわらず、契約書のない暗黙的な契約であり、各時点での労働者の本来の価値を示す労働の限界収入が外部者には観察不可能であるため、金銭の貸借があるとみなされることはありません。法律が労働者と企業との間の金銭の貸借を禁じていても、後払い賃金に見られる実質的な貸借には経済合理性があり、貸借の排除は困難ですし、経済合理性の観点からは望ましくありません。

この契約は、契約書のない暗黙的な契約である点が通常の貸借契約と異なります。第2期の賃金が予定通り支払われるという確証はありません。実際、企業の業績不振や退職金ファンドの運用利回りの低下などが原因で勤続年数が長い労働者に対し予定していた賃金を支払うことができなかったり、解雇や希望退職を募らざるを得なくなったり、退職金額を減額せざるを得なくなるなど、契約が不履行になることがあります。契約が暗黙的なものであるため、契約不履行による損害額の確定も困難となります。

それにもかかわらず、企業が暗黙的契約を守ろうとするのは、企業が長期的に労働市場で労働者を確保し、生産物市場で存続するためには、労働市場での企業に対する信用が重要であるからと考えられます。企業が同じ2期間の契約を将来の世代を相手に繰り返し結ぼうとする際には、過去の契約違反は、企業の信頼を低下させ、大きな障害となることが予想されます。このため、将来を考慮し行動する企業には暗黙的な契約を遵守するインセンティヴが生じます。

また、倒産確率の低い大企業が中小企業よりも後払い賃金と長期雇用を採用する傾向があるのも、信用が重要であるからと考えられます。例えば、日本の多くの大企業は、同一労働者の賃金が勤続年数とともに定期的に上がる**年功賃金制度**と労働者の採用から定年までの継続的雇用を暗黙的に保証する**終身雇用制度**を採用しています。これらは、日本固有の文化を背景とした制度であると

誤解されることがあります。年功賃金制度は後払い賃金制度であり、終身雇用制度は長期雇用制度なので、日本以外でも適用可能な経済合理性に基づく制度です。実際、日本の終身雇用と年功賃金の歴史を見ると、比較的最近の制度であり、かつ大企業を中心とした制度であることがわかります。また、終身雇用と年功賃金は、米国等でも普及していることを示す研究もあります。

11.4.2 定年廃止法の効果

日本では、企業は定年を設定することが認められていますが、米国など、法律により定年を禁止している国もあります。ここでは、定年廃止法の効果について考えましょう。

定年制度は経済合理性のある制度です。後払い賃金は、雇用関係は最長2期間で終わる、つまり定年があるという仮定に基づいています。日本を初め、多くの国では、企業が賃金を下げたり、労働者を解雇するには正当な事由が必要であり、賃金の引き下げと解雇は、法的に困難となっています。したがって、もし定年がない状況で、企業が後払い賃金を導入すると、労働の限界収入を上回る賃金の支払いを受けている勤続年数の長い労働者が辞めず、企業は損失を被る可能性があります。企業は定年を設定することが許されるので、後払い賃金の導入により、企業特殊訓練や採用費用などの準固定費用の回収、サボタージュの防止ができると期待できるのです。

政府が法律により定年を廃止したり、定年の設定に際し定年がある最小年齢を上回ること（定年延長）を義務付けるなどの規制を設ければ、企業が自ら選んだ定年に基づく後払い賃金を使ってきた企業は、企業特殊訓練や採用費用などの準固定費用の回収、サボタージュの防止を他のより費用を要する方法により達成せざるを得なくなるので、次のような事態を招く可能性があります。企業特殊訓練費用の上昇は、企業特殊訓練の減少、長期的な労働の限界収入の減少を通じ、労働需要の減少と賃金の下落を招く可能性があります。採用費用の上昇は、採用の縮小と賃金の下落を招く可能性があります。サボタージュ防止費用の上昇は、生産費用の上昇を通じ、雇用の減少と賃金の下落を招く可能性があります。

労働者の寿命が伸び、高齢で働く意思を持つ労働者が増えるに従い、政府が政策介入を行わなくとも、企業が自ら選ぶ定年は高齢化し、労働需要量は増えると予測されます。より長い期間の雇用が可能となれば、企業特殊訓練の収益

を回収できる期間が長くなるので、企業はより多くの企業特殊訓練を行うインセンティヴを持ち、より多くの労働者を（若年齢から高齢まで）雇用するようになります。より長い期間の雇用が可能となれば、採用費用などの準固定費用の回収できる期間も長くなるので、企業はより多くの労働者を採用するようになります。より長い期間の雇用が可能となれば、サボタージュの機会費用も増すので、企業はより多くの労働者を採用するようになります。

　ここで指摘しているのは、政府が規制によりすべての企業に対し強制的に定年を廃止させ、後払い賃金を制限することは、後払い賃金がその目的を達成する上で最も効率的な方法である企業の効率的行動に反するので、上で述べたような問題を引き起こす可能性があるということです。

11.4.3　日本版 401K プラン

　企業が定年退職者に対し支払う**企業年金**や**退職金**も、後払い賃金の一種であると解釈できます。つまり、企業に特殊な企業年金や退職金であるからこそ、これらは後払い賃金として機能し、企業特殊訓練や採用費用などの準固定費用の回収、サボタージュの防止ができると期待できるのです。

　これに対し、**日本版 401K プラン（企業型）**は、労働者が企業間でポータビリティのある（持ち運べる）企業年金制度です。401K は労働者の企業間の移動費用を低め、労働者と企業の間のミスマッチを改善するために政府により導入されました。企業が 401K を採用すれば、ポータビリティのない企業年金を採用する場合と比べ、労働者の離職率は高くなります。

　他の条件を一定とすれば、これまでポータビリティのない企業年金を採用してきた企業が 401K に切り替えることはなく、401K を採用する企業は一部の企業に限られると考えられます。これらの企業は、企業特殊訓練や採用費用などの準固定費用の回収、サボタージュの防止を後払い賃金以外の方法で効率的に達成できるか、企業特殊訓練、準固定費用、サボタージュが少ない企業であると考えられます。

　しかし、401K プラン導入時に多くの企業が切替を行ったのは、他の条件が一定でなかったからです。401K プランは、企業による現在の拠出額は確定しているものの、労働者への将来の給付額が未確定である**確定拠出型年金**です。これに対し、401K プラン導入以前の企業年金制度では、あらかじめ労働者への

将来の給付額が確定している**確定給付型年金**しか認められていませんでした。低金利期に年金退職金が積み立て不足に陥り、差額の埋め合わせを余儀なくされていた企業の多くが 401K への切替を行いました。

　切替を行った企業は、後払い賃金の暗黙的な貸借契約を遵守することをあきらめ、労働者への借金返済を放棄したと解釈できます。これらの企業が、理論の予測どおり、その後、労働市場で信用を失い、労働者を安定的に確保することが困難になったかに関しては、今後の実証研究が待たれるところです。例えば、ほぼ同時期に、これらの企業の多くが年功賃金制度や終身雇用制度などの見直しを行っています。企業は年功賃金を減らし、能力給を導入したり、正規社員を減らし、派遣社員やパートなどの非正規社員を増やしました。これらの事実は理論の予測と整合的です。しかし、政府が 401K プランを導入し、切替を合法化し、多くの企業が同時に切替を行ったため、各企業の相対的信用は切替によりさほど影響を受けなかった可能性もあります。

11.5　補論：勤続年数の賃金への因果的効果の識別 *

　労働者間で観察される右上がりの賃金―勤続年数プロファイルを説明できる仮説には、企業特殊訓練、サーチ、ジョブマッチング、労働者の観察不可能な属性、準固定費用回収策としての後払い賃金、サボタージュ防止策としての後払い賃金など、複数の仮説があることがわかりました。現実にどの仮説が正しいかを知ることは、労働市場の機能に関する正確な知識を得るためだけでなく、政策上もきわめて重要です。

　これらの競合仮説は、同一労働者の賃金―勤続年数プロファイルの傾きに関して異なる予測をするので、同一労働者のプロファイルの傾きを推定することが競合仮説の妥当性を評価するうえで重要な手がかりとなります。競合する仮説のうち、企業特殊訓練、準固定費用回収策としての後払い賃金、サボタージュ防止策としての後払い賃金の 3 つの仮説は、同一労働者の賃金―勤続年数プロファイルの傾きが右上がりであると予測します。労働者の観察不可能な属性仮説では、同一労働者の賃金―勤続年数プロファイルの傾きがゼロであると予測（仮定）します。サーチとジョブマッチング仮説では、同一の労働者と企業の間のマッチの賃金―勤続年数プロファイルの傾きがゼロであると予測（仮定）し

ます。

　競合するすべての仮説を互いから完全に区別できませんが、次のような区別ができます。労働者の観察不可能な属性、労働者と企業の間のマッチの観察不可能な属性を与えられたものとしたときに、賃金—勤続年数プロファイルが右上がりであれば、企業特殊訓練、準固定費用回収策としての後払い賃金、サボタージュ防止策としての後払い賃金の3つの仮説のうち、少なくとも1つの仮説が妥当性を持ち、賃金—勤続年数プロファイルが水平であれば、企業特殊訓練、準固定費用回収策としての後払い賃金、サボタージュ防止策としての後払い賃金の3つの仮説のいずれも妥当性を持たず、労働者の観察不可能な属性仮説、サーチとジョブマッチング仮説のうちの少なくとも1つが妥当性を持ちます。

　競合する仮説をすべて考慮した同一労働者の賃金関数は次のようになります。

$$\log w_{ijt} = \beta_0 + \beta_1 S_{it} + \beta_2 X_{it} + \beta_3 X_{it}^2$$
$$+ \beta_4 T_{ijt} + \beta_5 T_{ijt}^2 + \beta_6 Z_{ijt} + \theta_i + \phi_{ij} + \nu_{ijt} \qquad (11.16)$$

ここで、i, j, t はそれぞれ労働者、企業、時間のインデックス、S, X, T, Z はそれぞれ教育年数、労働市場での経験年数、現企業での勤続年数、その他の観察可能な変数、θ_i は労働者の観察不可能な属性、ϕ_{ij} は労働者と企業の間のマッチの観察不可能な属性、ν_{ijt} は誤差項です。

　仮説の中には、説明変数と観察不可能な項との間の相関関係を予測するものがあります。労働者の観察不可能な属性仮説は労働者の観察不可能な属性 θ_i が賃金を決定する要因であり、θ_i が勤続年数 T_{ijt} との間に正の相関関係を持つと主張します。サーチとジョブマッチング仮説は労働者と企業の間のマッチの観察不可能な属性 ϕ_{ij} が賃金を決定する要因であり、ϕ_{ij} が経験年数 X_{it}、勤続年数 T_{ijt} との間に（長期のパネルデータでは）正の相関関係を持つと主張します。

　競合する仮説を区別するためには、説明変数と観察不可能な項との間の相関関係を考慮しつつ、勤続年数 T_{ijt} の賃金への因果的効果に関わる β_4 と β_5 をバイアスなく推定し、β_4 が正であるかゼロであるかを検定する必要があります。β_4 が正であれば、企業特殊訓練、準固定費用回収策としての後払い賃金、サボタージュ防止策としての後払い賃金の3つの仮説の少なくとも1つが妥当性を持ち、β_4 が0であれば、これら3つの仮説ではなく、労働者の観察不可能な属性仮説、サーチとジョブマッチング仮説の少なくとも1つが妥当性を持ちます。

複雑な相関関係が存在するときに、勤続年数 T_{ijt} の賃金への因果的効果を識別するためには、パネルデータと固定効果モデル推定が有用であると考えられます。(11.16) 式から明らかなように、労働者と企業の間のマッチの観察不可能な属性 ϕ_{ij} の効果をコントロールするためには、労働者と企業の間の各マッチにつき2回以上の観察値が記録されるようなパネルデータが必要です。通常のパネルデータはこの要件を満たしていません。2回以上観察されるマッチのみデータから抽出し、分析を行う誘惑に駆られます。しかしそれは、勤続期間の長い、質の高いマッチをシステマティックに抽出することになり、サンプルセレクションバイアスという別の識別問題を引き起こしてしまうので、問題解決にはなりません。

練習問題

1. 離職を抑制する後払い賃金プロファイルを用い、図 1.2 が示す年齢と労働力率との関係を説明しなさい。
2. 離職を抑制する後払い賃金プロファイルを用い、図 1.3 が示す年齢と労働力率との関係の男女差と近年の変化を説明しなさい。
3. 離職を抑制する後払い賃金プロファイルを用い、図 1.8、1.9 が示す年齢—労働所得プロファイルの特徴を説明しなさい。

参考文献

[105] は、後払い賃金を自己選抜の観点から説明しています。[77] は、サボタージュ防止策としての後払い賃金と定年制度を理論的に説明しています。[64] は、後払い賃金に関する実証研究の優れた展望をしています。[6] [3] [80] 等は、労働者の観察可能な属性と労働者や企業の間のマッチの観察不可能な属性により賃金と勤続年数との間の正の相関関係を説明できるという分析結果を報告しています。より最近の [118] と [7] の研究は、同一労働者の賃金—勤続年数プロファイルは右上がりであると報告しています。

同一労働者の賃金—勤続年数プロファイルの傾きが右上がりであると予測す

る、企業特殊訓練、準固定費用回収策としての後払い賃金、サボタージュ防止策の3つの仮説のより直接的な証拠を掴もうとする実証的試みもなされています。例えば、賃金―勤続年数プロファイルの傾きが企業特殊訓練期間中と期間後で異なることを見出し、それを企業特殊訓練仮説を支持する証拠と解釈する研究 ([30]) があります。[63] は、繰り返し作業では、サボタージュのモニタリング費用が低いと仮定し、繰り返し作業に従事する労働者が他の労働者と比べ、定年による退職をせず、勤続年数が短く、企業年金のフリンジベネフィットを支給されないことを見出し、それをサボタージュ防止策仮説を支持する証拠と解釈しています。その一方で、[78] は、日本と米国のマイクロデータを用い、賃金―勤続年数プロファイルの傾きが急である事業所での訓練の水準が高くない、離職率が低くない、訓練水準が高い事業所での離職率が低くないといった、人的資本理論の予測に反する分析結果を報告しています。

　日本の賃金プロファイルに関する研究例としては次のようなものがあります。まず多くの研究が、日本の賃金―勤続年数プロファイルは米国と比べ、傾きが急であることを見出しています。[197] と [54] は、日本の集計データと米国のマイクロデータを用い、また [71] と [84] は、日米のマイクロデータを用い、日本の賃金―勤続年数プロファイルが米国のプロファイルより傾きが急であるという分析結果を報告しています。

　賃金プロファイルの傾きの変化や決定要因に関しても、多くの研究があります。[74] は、集計データを用いてはいるものの、日本の賃金―経験年数プロファイルは、ブルーカラー労働者とホワイトカラー労働者の間で似通っているという結果を報告しています。[34] と [55] は、[54] で用いられたデータよりも後の年の集計データを用い、日本の賃金―勤続年数プロファイルの傾きが緩やかになったと報告しています。[35] は、日本で退職年齢の上昇が賃金―勤続年数プロファイルの傾きを緩やかにするという分析結果を報告しています。[95] は、日本の製造業のデータを用い、日本の賃金―勤続年数プロファイルの傾きの決定要因を分析し、成長要因の重要性を報告しています。日本の賃金―勤続年数プロファイルを推定する他の研究としては [111] [294] [115] [101]、保育士の賃金プロファイルに関する詳細な分析を行っている [199] などがあります。

　企業特殊訓練、サーチ、ジョブマッチング、労働者の観察不可能な属性、準固定費用回避策としての後払い賃金、サボタージュ防止策としての後払い賃金

など、後払い賃金を説明できる競合仮説を計量経済学的手法で識別を試みた研究は、数少なく、訓練の賃金に対する効果を直接に分析したものとして [75] があります。[75] は、北九州の企業とそこで働く労働者のマイクロデータを用い、訓練の発生・種類・期間の決定要因と訓練の賃金に対する効果に関する詳細な分析をしています。

日本の賃金構造に変化をもたらした要因を分析するものとしては、[86] [67] [59] [114] 等があります。

転職率に関しては [264] が、転職による賃金格差は男性の転職率を高めると報告しています。

参考文献リスト

[1] Abe, Yukiko. (2001). "Employees' Pension Benefits and the Labor Supply of Older Japanese Workers, 1980s. 1990s," in S. Ogura, T. Tachibanaki and D. Wise, editors, *Aging Issues in the United States and Japan,* Chicago: University of Chicago Press: 273-306.

[2] Abe, Yukiko. (2002). "Universities and the Entry-Level Job Market: Evidence from Japanese Panel Data," *Labour Economics* 9 (6) (December 2002): 699-715.

[3] Abraham, Katherine, and Henry Farber. (1987). "Job Duration, Seniority and Earnings," *American Economic Review,* 77 (3) (June 1987): 278-297.

[4] Abraham, Katharine G. and Susan N. Houseman. (1989). "Job Security and Work Force Adjustment: How Different Are U.S. and Japanese Practices?" *Journal of the Japanese and International Economies* 3 (4) (December 1989): 500-521.

[5] Altonji, Joseph and David Card. (1991). "The Effects of Immigration on the Labor Market Outcomes of Less-Skilled Natiaves," in John M. Abowd and Richard B. Freeman, editors, *Immigration, Trade, and the Labor Market.* Chicago: University of Chicago Press, 1991: 201-234.

[6] Altonji, Joseph and Robert Shakotko. (1987). "Do Wages Rise with Job Seniority?" *Review of Economic Studies,* 5 (July 1987): 437-459.

[7] Altonji, Joseph and Nicolas Williams. (1998). "The Effects of Labor Market Experience, Job Seniority, and Mobility on Wage Growth," *Research in Labor Economics* 17 (1998): 233-276.

[8] Angrist, Joshua D. "Lifetime Earnings and the Vietnam Era Draft Lottery: Evidence from Social Security Administrative Records," *American Economic Review* 80 (3) (June 1990): 313-336.

[9] Angrist, Joshua D. and Alan B. Krueger. (1991). "Does Compulsory Schooling Affect Schooling and Earnings?" *Quarterly Journal of Economics* 106 (november 1991): 979-1014.

[10] Angrist, Joshua D. and Alan B. Krueger. (1992). "Estimating the Payoff to Schooling Using the Vietnam-era Draft Lottery," *NBER Working Paper* No. 4067, May 1992.

[11] Angrist, Joshua D. and Alan B. Krueger, "Empirical Strategies in Labor Economics," in Orley C. Ashenfelter and David Card, editors, *Handbook of Labor Economics,* Volume 3A, Amsterdam: Elsevier, 1999: 1277-1366.

[12] Arai, K. (1989). "A Cross-sectional Analysis of the Determinants of Enrollment in Higher Education in Japan," *Hitotsubashi Journal of Economics* 30 (2): 101-120.

[13] Ashenfelter, Orley, C. and Alan B. Krueger. (1994). "Estaimtes of the Economic Return to Schooling from a New Sample of Twins," *American Economic Review,* 84 (December 1994): 1157-1173.

[14] Autor, David H. (2003). "Outsourcing at Will : The Contribution of Unjust Dismissal Doctrine to the Growth of Employment Oursourcing," *Journal of Labor Economics,* 21 (January 2003): 1-42.

[15] Autor, David H., John J. Donahue III, Stephen J. Schwab. (2002). "The Costs of Wrongful-Discharge Laws," *NBER Working Paper* No. 9425, December 2002.

[16] Barro, Robert J. and Xavier Sala-i-Martin. (1991). "Convergence across States and Regions," *Brookings Papers on Economic Activitiy* (1991): 107-159.

[17] Barro, Robert J. and Xavier Sala-i-Martin. (1992). "Regional Growth and Migration: A Japan-United States Comparison," *Journal of the Japanese and International Economies* 6 (December 1992): 312-346.

[18] Bauer, Thomas K, Dross, Patrick J and Haisken-DeNew, John P. (2005). "Sheepskin effects in Japan," *International Journal of Manpower* 26 (4) 2005: 320-335.

[19] Beach, Charles and Fredelick Balfour. (1983). "Estimated Payroll Tax Incidence and Aggregate Demand for Labour in the United Kingdom," *Econometrica* 50 (February 1983): 35-48.

[20] Becker, Gary S. (1993). *Human Capital,* 3rd ed., Chicago: University of Chicago Press, 1993.

[21] Blanchard, Olivier Jean and Lawrence F. Katz. (1992). "Regional Evolutions," *Brookings Papers on Economic Activitiy* 1 (1992): 1-61.

[22] Blundell, Richard and Thomas MaCurdy. (1999) "Labor Supply: A Review of Alternative Approaches," in Orley C. Ashenfelter and David Card, editors, *Handbook of Labor Economics,* Volume 3A, Amsterdam: Elsevier, 1999: 1559-1695.

[23] Bronfenbrenner, Martin, and Yasukichi Yasuba. (1987). "Economic Welfare in The Political Economy of Japan," in Kozo Yamamura and Yasukichi Yasuba, editors, *The Domestic Transformation,* Vol.1, Stanford, CA: Stanford University Press: 93-136.

[24] Borjas, George J. (1994). "The Economics of Immigration," *Journal of Economic Literature* 32 (December 1994): 1667-1717.

[25] Borjas, George J. (2003). "The Labor Demand Curve Is Downward Sloping: Re-examining the Impact of Immigration in the Labor Market," *Quarterly Journal of Economics* 118 (November 2003): 1335-1374.

[26] Borjas, George J. (2005). *Labor Economics* 3rd ed., New York: McGraw-Hill/Irwin.

[27] Borjas, George J. Freeman, Richard B. and Lawrence F. Katz. (1997). "How Much Do Immigration and Trade Affect Labor Market Outcomes?" *Brookings Papers on Economic Activity* (1997): 1-67.

[28] Brown, Charles. (1980). "Equalizing Differences in the Labor Market," *Quaterly Journal of Economics* 94 (February 1980): 113-134.

[29] Brown, Charles. (1999). "Minimum Wages, Employment, and the Distribution of Income," in Orley C. Ashenfelter and David Card, editors, *Handbook of Labor Economics*, Volume 3B, Amsterdam: Elsevier, 1999: 2101-2163.

[30] Brown, James. (1989). "Why Do Wages Increase with Tenure?" *American Economic Review* 70 (December 1989): 971-991.

[31] Card, David. (1990). "The Impact of the Mariel Boatlift on the Miami Labor Market," *Industrial and Labor Relations Review* 43 (January 1990): 245-257.

[32] Card, David. (1999). "The Causal Effects of Education on Earnings," in Orley C. Ashenfelter and David Card, editors, *Handbook of Labor Economics*, Volume 3A, Amsterdam: Elsevier, 1999: 1801-1863.

[33] Card, David and Alan B Krueger. (1994). "Minimum Wages and Employment: A Case Study of the Fast-Food Industry in New Jersey and Pennsylvania," *American Economic Review* 84 (September 1994): 772-793.

[34] Clark, R. L. and N. Ogawa. (1992a). "Employment Tenure and Earnings Profiles in Japan and in the United States: Comment," *American Economic Review* 82 (1): 336-345.

[35] Clark, R. L. and N. Ogawa. (1992b). "The Effect of Mandatory Retirement on Earnings Profiles in Japan," *Industrial and Labor Relations Review* (January 1992) 45 (2) (January 1992): 258-66.

[36] Currie, Janet and Bruce C. Fallick. (1996). "The Minimum Wage and the Employment of Youth: Evidence from the NLSY," *Journal of Human Resources* 31 (2): 404-428.

[37] DaVanzo, Julie. (1976). "Why Families Move: A Model of the Geographic Mobility of Married Couples," Report No. R-1972-DOL, Santa Monica, CA: The Rand Corporation, 1976.

[38] Duncan, Greg and Bertil Holmlund. (1983). "Was Adam Smith Right after All? Another Test of the Theory of Compensating Differentials," *Journal of Labor Economics* 1 (October 1983): 366-379.

[39] Edwards, Linda N. and Margaret K. Pasquale. (2003). "Women's Higher Education in Japan: Family Background, Economic Factors, and the Equal Employment Opportunity Law," *Journal of the Japanese and International Economies* 17 (1) (March 2003): 1-32.

[40] Ehrenberg, Ronald G. and Robert S. Smith. (2005). *Modern Labor Economics: Theory and Public Policy* 9th ed., Reading, Mass: Addison Wesley.

[41] Eissa, Nada. (1995). "Taxation and Labor Supply of Women: The Tax Reform Act of 1986 as a Experiment," *NBER Working Paper*, No. 5023.

[42] Farber, Henry S. (1994). "The Analysis of Interfirm Worker Mobility," *Journal of Labor Economics* 12 (October 1994): 554-593.

[43] Farber, Henry S. (1999). "Mobility and Stability: The Dynamics of Job Change in Labor Markets," in Orley C. Ashenfelter and David Card, editors, *Handbook of Labor Economics,* Vol.3B, Amsterdam: Elsevier, 1999: 2440-2483.

[44] Friedberg, Rachel M. and Jennifer Hunt (1995). "The Impact of Immigration on Host Country Wages, Employment and Growth," *Journal of Economic Perspectives* 9 (Spring 1995): 23-44.

[45] Genda, Yuji. (1998). "Job Creation and Destruction in Japan, 1991-1995," *Journal of the Japanese and International Economies* 12 (1): 1-23.

[46] Genda, Yuji and Masako, Kurosawa. (2001). "Transition from School to Work in Japan," *Journal of the Japanese and International Economies* 15 (4) (December 2001): 465-88.

[47] Greenwood, Michael. (1997). "Internal Migration in Developed Countries," in Mark R. Rosenzweig and Oded Stark, editors, *Handbook of Population and Family Economics,* Volume 1B, Amsterdam: Elsevier, 1997: 647-720.

[48] Gruber, Jonathan. (1997). "The Incidence of Payroll Taxation: Evidence from Chilie," *Journal of Labor Economics* 15 (July 1997, Part 2): S102-S135.

[49] Gruber, Jonathan and Alan B. Krueger. (1991). "The Incidence of Mandated Employer-Provided Insurance: Lessons from Worker's Compensation Insurance," in David Bradford, editor, *Tax Policy and the Economy,* Cambridge, MA: MIT Press, 1991: 111-144.

[50] Hamermesh, Daniel S. (1979). "New Estimates of the Incidence of the Payroll Tax," *Southern Economic Journal,* 45 (February 1979): 1208-1219.

[51] Hamermesh, Daniel S. (1993). *Labor Demand,* Princeton, NJ: Princeton University Press. 1993.

[52] Hashimoto, Masanori. (1981). "Firm-Specific Human Capital as a Shared Investment," *American Economic Review,* 71 (June 1981): 475-482.

[53] Hashimoto, Masanori. (1993). "Aspects of Labor Market Adjustments in Japan," *Journal of Labor Economics* 11 (1), Part 1 (January 1993): 136-161.

[54] Hashimoto, Masanori, and John Raisian. (1985). "Employment Tenure and Earnings Profiles in Japan and the United States," *American Economic Review*, 75 (September 1985): 721-735.

[55] Hashimoto, Masanori, and John Raisian. (1992). "Employment Tenure and Earnings Profiles in Japan and the United States: Reply," *American Economic Review* 82 (1): 345-354.

[56] Heckman, James J. Lochner, Lance J. and Petra E. Todd. (2003). "Fifty Years of Mincer Earnings Regressions," IZA Discussion Paper No. 775, May 2003.

[57] Heckman, James J. LaLonde, J. Robert and Jeffrey A. Smith. (1999). "The Economics and Econometrics of Active Labor Market Programs," in Orley C. Ashenfelter and David Card, editors, *Handbook of Labor Economics,* Volume 3A, Amsterdam: Elsevier, 1999: 1865-2097.

[58] Hicks, John R. (1932). *The Theory of Wages,* London: Macmillan, 1932.

[59] Higuchi, Yoshio. (1989). "Japan's Changing Wages Structure: the Impact of Internal Factors and International Competition," *Journal of the Japanese and International Economies* 3: 480-499.

[60] Higuchi, Yoshio. (2001). "Women's Employment in Japan and the Timing of Marriage and Childbirth," *The Japanese Economic Review* 52 (2): 156-184.

[61] Hildreth, Andrew K. G. and Fumio Ohtake. (1989). "Labor Demand and the Structure of Adjustment Costs in Japan," *Journal of the Japanese and International Economies* 12 (2) (June 1998): 131-50.

[62] Holzer, Harry and David Neumark. (2000). "Assessing Affirmative Action," *Journal of Economic Literature,* 38 (September 2000): 483-568.

[63] Hutchens, Robert M. (1987). "A Test of Lazear's Theory of Delayed Payment Contracts," *Journal of Labor Economics,* 5 (October 1987, Part 2): S153-S170.

[64] Hutchens, Robert M. (1989). "Seniority, Wages, and Productivity: A Turbulant Decade," *Journal of Economic Perspectives,* 3 (Fall 1989): 49-64.

[65] Jovanovic, Boyan. (1979). "Job Matching and the Theory of Turnover," *Journal of Political Economy* 87 (October 1979): 972-990.

[66] Kalleberg, Arne L. and James R. Lincoln. (1988). "The Structure of Earnings Inequality in the United States and Japan," *American Journal of Sociology* 94 (Supplement): S121-153.

[67] Katz, L. F. and A. L. Revenga. (1988). "Changes in the Structure of Wages: the United States vs Japan," *Journal of the Japanese and International Economies* 3: 522-553.

[68] Kawaguchi, Daiji. (2006). "The Incidence and Effect of Job Training among Japanese Women," *Industrial Relations* 45 (3) (July 2006): 469-477.

[69] Kawaguchi, Daiji and Wenjie Ma. "The Causal Effect of Graduating from a Top University on Promotion: Evidence from the University of Tokyo's 1969 Admission Freeze," forthcoming in *Economics of Education Review*.

[70] Kawaguchi, Daiji and Ken Yamada. "The Impact of Minimum Wage on Female Employment in Japan," *Contemporary Economic Policy* 25 (1): (2007) 107-118.

[71] Kawashima, Yoko, and Toshiaki Tachibanaki. (1986). "The Effect of Discrimination and of Industry Segmentation on Japanese Wage Differentials in Relation to Education," *International Journal of Industrial Organization* 4 (March 1986): 43-68.

[72] Killingsworth, Mark R. (1983). *Labor Supply*, Cambridge: Camridge University Press, 1983.

[73] Kniesner, Thomas J. and John D. Leeth. (1991). "Compensating Wage Differentials for Fatal Injury Risk in Australia, Japan, and the United States," *Journal of Risk and Uncertainty* (January 1991) 4 (1): 75-90.

[74] Koike, Kazuo. (1988). *Understanding Industrial Relations in Modern Japan*, New York: St. Martin's Press, 1988.

[75] Kurosawa, Masako. (2001). "The Extent and Impact of Enterprise Training: The Case of Kitakyushu City," *Japanese Economic Review* 52 (2) (June 2001): 224-42.

[76] Lang, Kevin. (2003). "The Effect of the Payroll Tax on Earnings: A Test of Competing Models of Wage Determination," *NBER Working Paper*, No. 9537, February 2003.

[77] Lazear, Edward P. (1979). "Why Is There Mandatory Retirement?" *Journal of Political Economy* 87 (December 1979): 1261-1264.

[78] Levine, David I. (1993). "Worth Waiting for? Delayed Compensation, Training, and Turnover in the United States and Japan," *Journal of Labor Economics* 11 (4) (October 1993): 724-52.

[79] Lippman, Steven A. and John J. McCall. (1981). "The Economics of Belated Information," *International Economic Review* 22 (1) (February 1981): 135-146.

[80] Marshall, Robert C, and Gary A. Zarkin. (1987). "The Effect of Job Tenure on Wage Offers," *Journal of Labor Economics,* 5 (July 1987): 301-324.

[81] Mincer, Jacob. (1958). "Investment in Human Capital and Personal Income Distribution," *Journal of Political Economy* 66 (August 1958): 281-302.

[82] Mincer, Jacob. (1974). "Schooling, Experience, and Earnings," New York: Columbia University Press, 1974.

[83] Mincer, Jacob. (1978). "Family Migration Decisions," *Journal of Political Economy* 86 (October 1978): 749-773.

[84] Mincer, Jacob, and Yoshio Higuchi. (1988). "Wage Structures and Labor Turnover in the United State and Japan," *Journal of the Japanese and International Economies* 2 (2) (June 1988): 97-133.

[85] Mincer, Jacob and Boyan Jovanovic. (1981). "Labor Mobility and Wages," in Sherwin Rosen, editor, *Studies in Labor Markets*, Chicago: University of Chicago Press, 1981: 21-63.

[86] Mosk, C. and Y. Nakata, (1985). "The Age-wage Profile and Structural Change in the Japanese Labor Market for Males, 1964-1982," *Journal of Human Resources* 20: 100-116.

[87] Nakamura, Shinichiro. (1993) "An Adjustment Cost Model of Long-Term Employment in Japan," *Journal of Applied Econometrics* 8 (2) (April-June 1993): 175-94.

[88] Nakamura, Jiro and Atsuko Ueda. (1999). "On the Determinants of Career Interruption by Childbirth among Married Women in Japan," *Journal of the Japanese and International Economies* 13 (1) (March 1999): 73-89.

[89] Nakata, Yoshifumi and Mosk, Carl. (1987). "The Demand for College Education in Postwar Japan," *Journal of Human Resources* 22 (3) (Summer 1987): 377-404.

[90] Minetaki, Kazunori. (2004). "The Effect of Information and Communication Technology on the Japanese Economy," *Japanese Economy* 32 (1) (Spring 2004): 76-86.

[91] Nagase, Nobuko. (1997). "Wage Differentials and Labor Supply of Married Women in Japan: Part-time and Informal Sector Work Opportunities," *Japanese Economic Review* 48 (1): 29-42.

[92] Nawata, Kazumitsu and Masako Ii. (2004). "Estimation of the Labor Participation and Wage Equation Model of Japanese Married Women by the Simultaneous Maximum Likelihood Method," *Journal of the Japanese and International Economies* 18 (3) (September 2004): 301-15.

[93] Neal, Derek. (1999). "The Complexity of Job Mobility among Young Men," *Journal of Labor Economics* 17 (April 1999): 237-261.

[94] Ohashi, Isao. (2005). "Wages, Hours of Work and Job Satisfaction of Retirement-Age Workers," *Japanese Economic Review* 56 (2) (June 2005): 188-209.

[95] Ohkusa, Yasushi and Ohta, Souichi. (1994). "An Empirical Study of the Wage-Tenure Profile in Japanese Manufacturing," *Journal of the Japanese and International Economies* 8 (2) (June 1994): 173-203.

[96] Ogawa, Naohiro and John F. Ermisch. (1994). "Women's Career Development and Divorce Risk in Japan," *Labour* 8 (2) (Summer 1994): 193-219.

[97] Ogawa, Naohiro and John F. Ermisch. (1996). "Family Structure, Home Time Demands, and the Employment Patterns of Japanese Married Women," *Journal of Labor Economics*: 677-702.

[98] Ogawa, Naohiro and Robert D. Retherford. (1993). "The Resumption of Fertility Decline in Japan: 1973-92," *Population and Development Review* 19 (4) (December 1993): 703-41.

[99] Oi, Walter. (1962). "Labor as a Quasi-Fixed Factor," *Journal of Political Economy*, 70 (December 1962): 538-555.

[100] Ono, Hiroshi. (2001). "Who Goes to College? Features of Institutional Tracking in Japanese Higher Education," *American Journal of Education* 109 (February 2001): 161-195.

[101] Ono, Hiroshi. (2004). "College Quality and Earnings in the Japanese Labor Market," *Industrial Relations* 43 (3) (July 2004): 595-617.

[102] Oyama, Masako. (2006). "Measuring Cost of Children Using Equivalence Scale on Japanese Panel Data," *Applied Economic Letters* 13 (7) (June 2006): 409-415.

[103] Raymo, James M. (2003). "Educational Attainment and the Transition to First Marriage among Japanese Women," *Demography* 40 (1) (February 2003): 83-103

[104] Rosen, Sherwin. (1986). "The Theory of Equalizing Differences," in Orley C. Ashenfelter and Richard Layard, editors, *Handbook of Labor Economics,* Volume 1, Amsterdam: Elsevier, 1986: 641-692.

[105] Salop, Steven and Joanne Salop. (1976). "Self-Selection and Turnover in the Labor Market," *Quarterly Journal of Economics* 91 (November 1976): 619-628

[106] Sandell, Steven H. (1977). "Women and the Economics of Family Migration," *Review of Economics and Statistics* 59 (November 1977): 406-414.

[107] Sasaki, Masaru. (2002). "The Casual Effect of Family Structure on Labor Force Participation among Japanese Married Women," *Journal of Human Resources* 37 (2) (April 2002): 429-440.

[108] Seike, Atsushi, and H. Shimada (1994) "Social Security Benefits and the Labour Supply of the Elderly in Japan," in Y. Noguchi and D. Wise, editors, *Economics of Aging in the United States and Japan: Economic Trends,* Chicago: University of Chicago Press: 43-62.

[109] Sjaastad, Larry A. (1962). "The Costs and Returns of Human Migration." *The Journal of Political Economy* 1962, 70 (October 1962): 80-93.

[110] Spence, Michael. (1973). "Job Market Signaling," *Quarterly Journal of Economics,* 87 (August 1973): 355-374.

[111] Tachibanaki, Toshiaki. (1989). "Education, Occupation, Hierarchy and Earnings," *Economics of Education Review* 7 (2): 221-229.

[112] Tachibanaki, Toshiaki, Morikawa, Masayuki and Taro Nishimura, (1998). "Economic Development in Asian Countries, and the Effect of Trade in Asia on Employment and Wages in Japan," *Asian Economic Journal* 12 (2) (June 1998): 123-51.

[113] Tachibanaki, Toshiaki and Kojiro Sakurai. (1991). "Labour Supply and Unemployment in Japan," *European Economic Review* 35 (8) (December 1991): 1575-87.

[114] Tanaka, Yasuhide. (1996). "An Analysis of Wage Differentials by Educational Attainment Level in Japan," *Education Economics* 4 (1) (April 1996): 33-44.

[115] Tanaka, Yasuhide. (2001). "Employment Tenure, Job Expectancy, and Earnings Profile in Japan," *Applied Economics* 33 (3) (February 2001): 365-74.

[116] Thaler, Richard and Sherwin Rosen. (1976). "The Value of Saving a Life: Evidence from the Labor Market," in Nestor Terleckyi, editor, *Household Production and Consumption,* New York: Columbia University Press, 1976: 265-298.

[117] Tomiura, Eiichi. (2004). "Import Competition and Employment in Japan: Plant Startup, Shutdown and Product Changes," *Japanese Economic Review* 55 (2) (June 2004): 141-152.

[118] Topel, Robert H. (1991). "Specific Capital, Mobility, and Wages: Wages Rise with Job Seniority," *Journal of Political Economy* 99 (February 1991): 145-176.

[119] Viscusi, W. Kip. (1993). "The Value of Risks to Life and Health," *Journal of Economic Literature* 31 (December 1993): 1912-1946.

[120] Willis, Robert J. (1986). "Wage Determinants: A Survey and Reinterpretation of Human Capital Earnings Functions," in Orley C. Ashenfelter and Richard Layard, editors, *Handbook of Labor Economics,* Volume 1, Amsterdam: Elsevier, 1986: 525-602.

[121] Waldfogel, Jane, Higuchi, Yoshio and Masahiro Abe. (1999). "Family Leave Policies and Women's Retention after Childbirth: Evidence from the United States, Britain, and Japan," *Journal of Population Economics* 12 (4): 523-545.

[122] Wooldridge, Jeffrey, M. (2006). *Introductory Econometrics: A Modern Approach,* 3rd ed., South-Western Pubisher, 2006.

[123] Yamada, Tetsuji. (1990). "The Labor Force Participation of Elderly Males in Japan," *Journal of the Japanese and International Economies* 4 (1): 1-23.

[124] Yuen, Terence. (2003). "The Effect of Minimum Wages on Youth Employment in Canada," *Journal of Human Resources* 38 (3): 647-672.

[125] 浅見泰司. (1999).「住宅の広さと子供数にみる少子化現象への影響」,『住宅』, 48 (2): 32-36.

- [126] 阿部正浩. (1999).「企業ガバナンス構造と雇用削減意思決定——企業財務データを利用した実証分析」, 中村二朗・中村恵（編）『日本経済の構造調整と労働市場』, 日本評論社：75-102.
- [127] 阿部正浩・黒澤昌子・戸田淳仁. (2004).「資格と一般教育訓練の有効性——その転職成功に与える効果」, RIETI Discussion Paper Series 04-J-028, 独立行政法人経済産業研究所.
- [128] 安部由起子. (1997).「就職市場における大学の銘柄効果」, 中馬宏之・駿河輝和（編）『雇用慣行の変化と女性労働』, 東京大学出版会：151-170.
- [129] 安部由起子. (1998).「1980〜1990年代の男性高齢者の労働供給と在職老齢年金制度」, 『日本経済研究』, 36 (1998/07): 50-82.
- [130] 安部由起子. (2001).「地域別最低賃金がパート賃金に与える影響」, 猪木武徳・大竹文雄（編）『雇用政策の経済分析』所収, 第9章, 東京大学出版会.
- [131] 安部由起子・大竹文雄. (1995).「税制・社会保障制度とパートタイム労働者の労働供給行動」, 『季刊社会保障研究』, 31 (2) (1995/09): 120-134.
- [132] 天野郁夫. (1984).「就職と大学」, 慶伊富長（編）『大学評価の研究』, 東京大学出版会.
- [133] 荒井一博. (1990).「大学進学率の決定要因」, 『経済研究』, 41 (3): 241-249.
- [134] 有沢広巳. (1956).「賃金構造と経済構造」, 中山伊知郎（編）『賃金基本調査』, 東洋経済新報社：40-57.
- [135] アン ヒル, M. (1982).「女子労働力の日米比較」, 『日本労働協会雑誌』, 274.
- [136] 石田英夫・井関利明・佐野陽子. (1978). 『労働移動の研究——就業選択の行動科学』総合労働研究所.
- [137] 伊藤実. (1984).「60歳台前半層の職業変動と就業意識」, 『雇用職業研究』, 22.
- [138] 岩本康志（編）. (2001). 『社会福祉と家族の経済学』東洋経済新報社.
- [139] 氏原正治郎・高梨晶. (1971). 『日本労働市場分析』上・下, 東京大学出版会.
- [140] 上島康弘・舟場拓司. (1993).「産業間賃金格差の決定因について」, 『日本経済研究』, 43: 42-72.
- [141] 浦坂純子・大日康史. (1996).「新卒労働需要の弾力性分析——3時点間のパネル推定」, 『日本経済研究』, 32 (1996/07): 93-110.
- [142] 浦坂純子・西村和雄・平田純一・八木匡. (2002).「数学学習と大学教育・所得・昇進——『経済学部出身者の大学教育とキャリア形成に関する実態調査』に基づく実証分析」, 『日本経済研究』, 46: 22-43.
- [143] 江原武一. (1978).「大学と企業人材の育成」, 『大学論集』第6集：1-24.
- [144] 大木栄一郎. (2003).「企業の教育訓練投資行動の特質と規定要因」, 『日本労働研究雑誌』, 514: 4-14.
- [145] 大日康史. (1992).「労働力不足期における景気循環」, 『日本経済研究』, 23: 47-63.

[146] 大日康史. (2001).「失業給付が再就職先の労働条件に与える影響：Average Treatment Effect によるプログラム評価」,『日本労働研究雑誌』, 497: 22-32.

[147] 大日康史. (2002).「失業給付によるモラルハザード——就職先希望条件変化からの分析」, 玄田有史・中田喜文（編）『リストラと転職のメカニズム——労働移動の経済学』所収, 第 8 章, 東洋経済新報社：175-210.

[148] 大日康史・有賀健. (1995).「人的資本の形成と労働保蔵」,『フィナンシャル・レビュー』, 大蔵省財政金融研究所, 35: 1-26.

[149] 大沢真知子. (1993).「既婚女性の労働供給分析」,『経済変化と女子労働』第 2 章, 日本経済評論社：29-65.

[150] 大沢真知子・鈴木春子. (2000).「女性の結婚・出産および人的資本の形成に関するパネルデータ分析」,『季刊家計経済研究』, 秋号：45-53.

[151] 太田聰一. (1999).「景気循環と転職行動——1965〜94」, 中村二朗・中村恵（編）『日本経済の構造調整と労働市場』, 日本評論社：13-42.

[152] 太田聰一. (2001).「労働災害・安全衛生・内部労働市場」,『日本労働研究雑誌』, 492: 43-56.

[153] 大竹文雄. (1991).「遺産動機と高齢者の貯蓄・労働供給」,『經濟研究』, 42 (1): 21-30.

[154] 大竹文雄. (2002).「整理解雇の実証分析」, 大竹文雄・大内伸哉・山川隆一（編）『解雇法制を考える——法学と経済学の視点』, 勁草書房, 第 5 章：123-146.

[155] 大竹文雄・大日康史. (1993).「外国人労働者と日本人労働者の代替・補完関係」,『日本労働研究雑誌』, 407 (1993/12): 2-9.

[156] 大竹文雄・竹中慎二・安井健悟. (2007).「労働供給の賃金弾力性：仮想的質問による推定」, 林文夫（編）『経済制度の実証分析と設計 第 1 巻：経済停滞の原因と制度』, 勁草書房, 第 10 章：301-321.

[157] 大竹文雄・藤川恵子. (2001).「日本の整理解雇」, 猪木武徳・大竹文雄（編）『雇用政策の経済分析』, 東京大学出版会, 第 1 章：3-28.

[158] 大橋勇雄. (1995).「会社のなかの学歴社会」, 橘木俊詔・連合総合生活開発研究所（編）『昇進の経済学』, 東洋経済新報社：181-203.

[159] 大淵寛. (1968).「労働力率の変遷とその決定要因」, 南亮三郎・舘稔（編）『労働力人口の経済分析』, 勁草書房.

[160] 大淵寛. (1988).「子供の量と質, 女子の労働供給および賃金」,『人口学研究』, 11 (1988/05): 5-14.

[161] 大山昌子. (2003).「現代日本の少子化要因に関する実証研究」,『経済研究』, 54 (2) (2003/4): 137-147.

[162] 岡崎哲二. (1995).「雇用調整と企業の適応能力」, 企業行動グループ（編）『日本企業の適応力』, 日本経済新聞社：115-139.

[163] 岡村和明. (2000).「日本におけるコーホート・サイズ効果――キャリア段階モデルによる検証」,『日本労働研究雑誌』, 481: 36-50.

[164] 岡村英知. (1993).「高齢者の就業志向に関する一考察――数量化理論 II 類による分析」,『朝日大学経営論集』, 18 (1).

[165] 小川浩. (1998a).「年金が高齢者の就業行動に与える影響について」,『経済研究』49 (3): 245-258.

[166] 小川浩. (1998b).「年金・雇用保険改正と男性高齢者の就業行動の変化」,『日本労働研究雑誌』, 461: 52-64.

[167] 奥井めぐみ. (2002).「自己啓発に関する実証分析――女性若年労働者を対象として」,『新世紀の労働市場構造変化への展望に関する調査研究報告書 (2)』, 雇用・能力開発機構財団法人関西労働研究センター : 231-245.

[168] 小塩隆士・妹尾渉. (2005).「日本の教育経済学――実証分析の展望と課題」,『経済分析』, 174: 105-139.

[169] 小野旭. (1985).「最近の低経済成長と今後の雇用吸収力」, 南亮三郎・水野朝夫（編）『先進工業国の雇用と失業』, 千倉書房 : 157-188.

[170] 金子元久. (1986).「高等教育進学率の時系列分析」,『大学論集』第 16 集 : 41-64.

[171] 金子元久・吉本圭一. (1989).「高等教育機会の選択と家庭所得――選択モデルによる規定要因分析」,『大学論集』第 18 集 : 101-126.

[172] 金子能宏. (1989).「拡張された需要関数の推定と課税の死荷重の推計」,『一橋論叢』, 101 (6): 852-875.

[173] 金子能宏・田近栄治. (1989).「勤労所得税と間接税の厚生コストの計測」,『フィナンシャル・レビュー』, 15: 94-129.

[174] 川口大司. (2003).「女性の職業訓練」,『雇用と失業に関する調査研究報告書』, 雇用・能力開発機構, 財団法人関西社会経済研究所 : 248-259.

[175] 北村行伸. (2005).『パネルデータ分析』, 岩波書店.

[176] 黒澤昌子. (2002).「中途採用市場のマッチング――満足度・賃金・訓練・生産性」,『日本労働研究雑誌』, 499: 71-85.

[177] 黒澤昌子・大竹文雄・有賀健. (2007).「企業内訓練と人的資源管理策――決定要因とその効果の実証分析」, 林文夫（編）『経済停滞の原因と制度』, 勁草書房 : 265-302

[178] 黒坂佳央. (1988).「雇用調整と労働生産性変動の分析」,『マクロ経済学と日本の労働市場』, 東洋経済新報社 : 129-149.

[179] 黒田昌裕. (1973).「供給構造の相互依存関係――昭和 30 年〜昭和 40 年時系列分析」,『経済研究』, 24 (3): 266-279.

[180] 黒田昌裕・吉岡完治・清水雅彦. (1987).「経済成長――要因分析と多部門波及」浜田宏一・黒田昌裕・堀内昭義（編）『日本経済のマクロ分析』, 東京大学出版会 : 57-95.

[181] 玄田有史. (1999).「雇用創出と雇用喪失」, 中村二朗・中村恵（編）『日本経済の構造調整と労働市場』所収, 日本評論社：43-74.

[182] 玄田有史. (2001).「結局, 若者の仕事がなくなった——高齢社会の若年雇用」, 橘木俊詔・D. ワイズ（編）『日米比較：企業行動と労働市場』, 日本経済新聞社, 第 7 章：173-202.

[183] 小池和男・渡辺行郎. (1979).『学歴社会の虚像』東洋経済新報社.

[184] 小原美紀. (2001).「専業主婦は裕福な家庭の象徴か？——妻の就業と所得不平等に税制が与える影響」,『日本労働研究雑誌』, 493：15-29.

[185] 小尾恵一郎. (1968).「有業率と労働時間の関係」,『日本労働協会雑誌』, 114: 13-21.

[186] 小尾恵一郎. (1969a).「臨界核所得分布による勤労家計の労働供給分析」,『三田学会雑誌』, 62 (1): 17-45.

[187] 小尾恵一郎. (1969b).「家計の労働供給の一般図式について」,『三田学会雑誌』, 62 (8): 150-166.

[188] 小尾恵一郎. (1971).「労働供給の理論——その課題及び帰結の検証」,『金融研究資料』, 11, 日本銀行金融研究局.

[189] 小尾恵一郎. (1979).「家計の労働供給の一般理論について——供給確率と就業の型の決定機構」,『三田学会雑誌』, 72 (6): 720-745.

[190] 酒井正・樋口美雄. (2005).「フリーターのその後就業・所得・結婚・出産」,『日本労働研究雑誌』, 535: 29-41.

[191] 滋野由紀子. (1996).「出生率の推移と女子の社会進出」,『大阪大学経済学』45: 65-74.

[192] 滋野由紀子・大日康史. (1998).「育児休業制度の女性の結婚と就業継続への影響」,『日本労働研究雑誌』, 459: 39-49.

[193] 滋野由紀子・松浦克己. (2003).「出産・育児と就業の両立を目指して結婚・就業選択と既婚女性に対する育児休業制度の効果を中心に」,『季刊・社会保障研究』, 39(1): 43-54.

[194] 篠塚英子. (1979).「企業規模別にみた最近の雇用調整」,『日本労働協会雑誌』, 239 (1979/2): 2-13.

[195] 篠塚英子. (1986).「製造業における雇用調整：1971 年〜1983 年」,『日本経済研究』, 15: 61-72.

[196] 篠塚英子・石原恵美子. (1977).「オイルショック以降の雇用調整——4ヵ国比較と日本の規模間比較」,『日本経済研究』, 6, 日本経済研究センター：39-52.

[197] 島田晴雄. (1975).「年齢賃金プロファイルの日・米比較（下）——定量的観測結果とその位置づけ」『日本労働協会雑誌』, 199 (1975/10): 23-40.

[198] 島田晴雄・清家篤・古郡柄子・酒井幸雄・細川豊秋. (1981).『労働市場機構の研究』, 経済企画庁, 経済研究所研究シリーズ 37, 大蔵省印刷局.

[199] 清水谷諭・野口晴子. (2005).「保育士の賃金決定要因と賃金プロファイル——ミクロデータによる検証」,『経済分析』, 175 (2005/3): 33-49.

[200] 下野恵子・橘木俊詔. (1984).「高齢者の就業行動分析」,『季刊社会保障研究』, 19 (4): 398-413.

[201] 白波瀬佐和子. (1999).「女性の高学歴化と少子化に関する一考察」,『季刊社会保障研究』, 34 (4): 392-401.

[202] 白石栄司. (1990).「労働力需給の逼迫と労働市場の不均衡」,『日本労働研究雑誌』, 374 (1990/12): 24-39.

[203] 鈴木啓祐. (1968).「労働力の地域間移動」, 南亮三郎・舘稔 (編)『労働力人口の経済分析』, 勁草書房.

[204] 駿河輝和. (2002).「希望退職の募集と回避手段」, 玄田有史・中田喜文 (編)『リストラと転職のメカニズム』所収, 東洋経済新報社, 第 5 章: 103-123.

[205] 駿河輝和・張建華. (2003).「育児休業制度が女性の出産と継続就業に与える影響についてパネルデータによる計量分析」,『季刊家計経済研究』, 59: 56-63.

[206] 駿河輝和・七条達弘・張建華. (2000).「出産と妻の就業の両立性について——『消費生活に関するパネル調査』による実証分析」,『季刊家計経済研究』, 51: 72-78.

[207] 駿河輝和・西本真弓. (2001).「既婚女性の再就業に関する実証分析」,『季刊家計経済研究』, 2001/春: 56-62.

[208] 清家篤. (1980).「年金給付と高齢者の労働供給」,『三田商学研究』, 23 (4): 15-32.

[209] 清家篤. (1982a).「年金の収入制限と労働供給」,『日本労働研究雑誌』, 282: 14-24.

[210] 清家篤. (1982b).「賃金および雇用調整過程の分析」, 島田晴雄・細川豊明・清家篤.『経済分析』, 84: 1-106.

[211] 清家篤. (1984).「就業条件選択の自由度と主体均衡行動」,『三田商学研究』, 27 (2): 54-73.

[212] 清家篤. (1985).「在職老齢年金の就業行動にあたえる効果にかんする統御実験」, *Keio Economic Observatory Review* 6: 95-126.

[213] 清家篤. (1986).「高齢者就業の趨勢の公的年金」,『日本労働協会雑誌』, 328: 9-16.

[214] 清家篤. (1989).「高齢者の労働供給に与える公的年金の効果の測定——2 つのバイアスを除いた横断面分析」,『日本労働協会雑誌』, 359: 11-19.

[215] 清家篤. (1991).「生涯年金資産と引退行動」,『経済研究』, 42 (1): 12-20.

[216] 清家篤. (1993a).「純退職金利得からみた日本の大企業の退職金の退職抑制・促進効果」,『日本経済研究』, 25: 86-100.

[217] 清家篤. (1993b).『高齢化社会の労働市場』, 東洋経済新報社.

[218] 清家篤・島田晴雄. (1995).「日本の公的年金と高齢労働者の供給」, 野口悠紀雄・デービット・ワイズ (編)『高齢化の日米比較』, 日本経済新聞社, 第 2 章.

[219] 盛山和夫・野口裕二. (1984).「高校進学における学校外教育投資の効果」『教育社会学研究』, 39: 113-127.

[220] 高梨晶. (1965).「工業化と労働移動」,『京葉地帯における工業化と都市化：東京大学社会研究所調査報告』第 6 集, 東京大学社会科学研究所.

[221] 高山憲之・有田富美子. (1992).「共稼ぎ世帯の家計実態と妻の就業選択」,『日本経済研究』, 22: 19-45.

[222] 高山憲之・舟岡史雄・大竹文雄・有田富美子・上野大・久保克行. (1992).「公的年金と男子高齢者の労働供給」,『経済分析』, 121: 52-66.

[223] 竹内洋. (1995).『日本のメリトクラシー』, 東京大学出版会.

[224] 武内真美子. (2004).「女性就業のパネル分析配偶者所得効果の再検証」,『日本労働研究雑誌』, 527 (2004/6): 76-88.

[225] 橘木俊詔. (2002).『安心の経済学』岩波書店.

[226] 橘木俊詔・太田聰一. (1992).「日本の賃金格差」、橘木俊詔（編）『査定・昇進・賃金決定』所収, 有斐閣, 第 8 章：181-204.

[227] 橘木俊詔・下野恵子. (1994).『個人貯蓄とライフサイクル』, 日本経済新聞社.

[228] 橘木俊詔・連合総合生活開発研究所（編）. (1993).『労働組合の経済学』東洋経済新報社.

[229] 伊達雄高・清水谷諭. (2005).「日本の出生率低下の要因分析——実証研究のサーベイと政策的含意の検討」,『経済分析』, 176 (2005/6): 93-135.

[230] 田中寧. (1994).「戦後日本の大学需要の時系列分析」,『経済経営論叢』（京都産業大学）, 28 (4): 73-95.

[231] 玉田桂子・大竹文雄. (2004).「生活保護制度は就労意欲を阻害しているか——アメリカの公的扶助制度との比較」,『日本経済研究』 50 (2004/9): 38-62.

[232] 中馬宏之. (1991).「共働き世帯の Joint Retirement Decision」,『日本労働研究雑誌』, 384 (11/1991): 22-37.

[233] 中馬宏之・中村二朗. (1990).「女子パート労働賃金の決定因 ヘドニックアプローチ」,『日本労働協会雑誌』, 369 (1990/7): 2-15.

[234] 辻村江太郎. (1968).「投資と労働節約」, 有沢広巳・内藤勝.『労働市場の長期展望』, 東洋経済新報社.

[235] 辻村江太郎・黒田昌裕. (1968).「労働節約投資の効果と生産関数」,『日本労働協会雑誌』, 94 (1968/1).

[236] 照山博司. (1993).「企業別労働市場における失業と賃金, 雇用調整」,『社会科学研究』, 44: 200-232.

[237] 戸田優男・城戸康彰・若林満. (1987).「定年後の就業・非就業の規定要因——定年到達後の 5 年目のフォローアップ調査から」上・中・下,『労務研究』, 40 (8), (9), (10).

[238] 冨田安信. (1994).「女性が働き続けることのできる職場環境——育児休業制度と労働時間制度の役割」, 大阪府立大学『経済研究』, 40 (1): 43-56.

[239] 永瀬伸子. (1994).「既婚女子の雇用就業形態の選択に関する実証分析——パートと正社員」,『日本労働研究雑誌』, 418 (1994/12): 31-42.

[240] 永瀬伸子. (1997b).「女性の就業選択——家庭内生産と労働供給」, 中馬宏之・駿河輝和（編）『雇用慣行の変化と女性労働』, 東京大学出版会: 279-312.

[241] 中村二朗. (1993).「家計属性と進学行動に関する実証分析」,『経済研究』, 44 (3): 212-220.

[242] 中村二朗・大橋勇雄. (2002).「転職のメカニズムとその効果」, 玄田有史・中田喜文（編）『リストラと転職のメカニズム』, 東洋経済新報社, 第 7 章: 145-173.

[243] 西川俊作. (1965).『地域間労働移動と労働市場』, 慶應義塾大学商学会商学研究叢書.

[244] 西川俊作. (1970).「女子労働力の見通しとその問題点」,『経済評論』, 19 (1970/4): 130-141.

[245] 西川俊作. (1974).「女子労働力率の変動要因」,『日本労働協会雑誌』, 182 (1974/5): 12-21.

[246] 西川俊作・樋口美雄. (1979).「女子就業を決めるもの」,『日本労働協会雑誌』, 246 (1979/9): 13-21.

[247] 早見均. (1996).「市場開放と経済効率——平均費用関数の推定」『日本経済研究』, 31: 109-130.

[248] 原芳男・矢野眞和. (1975).「人材の独占——企業と大学」,『中央公論・経営問題夏季号』: 346-368.

[249] 樋口美雄. (1978).「家計の労働供給と消費構造」,『三田商学研究』, 21 (5): 14-37.

[250] 樋口美雄. (1979).「勤労家計の労働供給機構」,『三田商学研究』, 22 (2): 131-152.

[251] 樋口美雄. (1980).「既婚女子の労働供給と資産保育」,『三田商学研究』, 23 (3): 37-54.

[252] 樋口美雄. (1981).「女子の短時間および普通就業機会への供給確率決定図式とその計測」,『三田商学研究』, 24 (4): 52-79.

[253] 樋口美雄. (1982).「既婚女子の労働供給行動」,『三田商学研究』, 25 (4): 454-485.

[254] 樋口美雄. (1991).『日本経済と就業行動』, 東洋経済新報社.

[255] 樋口美雄. (1994a).「育児休業制度の実証分析」, 社会保障研究所（編）『現代家族と社会保障』, 東京大学出版会: 181-204.

[256] 樋口美雄. (1994b).「大学教育と所得分配」石川経夫（編）『日本の所得と富の分配』東京大学出版会: 245-278.

[257] 樋口美雄. (1995a).「『専業主婦』保護政策の経済的帰結」, 八田達夫・八代尚宏（編）『「弱者」保護政策の経済分析』, 日本経済新聞社: 185-219.

[258] 樋口美雄. (1995b).「税・社会保険料負担と有配偶女性の収入調整」, 八田達夫・八代尚宏（編）『「弱者」保護政策の経済分析』, 日本経済新聞社.

[259] 樋口美雄. (2000).「女性労働と出生力」, 厚生科学研究政策科学推進事業平成 11 年度報告書『少子化に関する家族・労働政策の影響と少子化の見通しに関する研究』第 2 章.

[260] 樋口美雄. (2001).「家計は企業リストラにどう対応しようとしているのか——所得格差・消費行動・就業行動・能力開発の変化」,『雇用と失業の経済学』, 日本経済新聞社: 180-187.

[261] 樋口美雄（編）. (2005).『日本の家計行動のダイナミズム (1)——慶應家計パネル調査の特性と居住・就業・賃金分析』, 慶應義塾大学出版会.

[262] 樋口美雄・阿部 正浩. (1992).「労働時間制度と従業員の定着率」,『経済研究』, 43 (3)：203-213.

[263] 樋口美雄・岩田正美（編）. (1999).『パネルデータからみた現代女性結婚・出産・就業・消費・貯蓄』, 東洋経済新報社.

[264] 樋口美雄・清家篤・早見均. (1987).「労働市場：男女労働力の就業行動変化」浜田宏一・黒田昌裕・堀内昭義『日本経済のマクロ分析』, 東京大学出版会, 第 16 章：263-285.

[265] 樋口美雄・中馬宏之. (1995).「雇用環境の変化と長期雇用システム」猪木武徳・樋口義雄（編）.『日本の雇用システムと労働市場』, 日本経済新聞社.

[266] 樋口美雄・早見均. (1984).「女子労働供給の日米比較」,『三田商学研究』, 27 (5): 30-50.

[267] 樋口美雄・戸田淳仁. (2005).「企業による教育訓練とその役割の変化」, 21 世紀 COE ディスカッションペーパー DP2005-002, 慶應義塾大学.

[268] 樋口美雄・山本勲. (2002).「わが国男性高齢者の労働供給行動メカニズム−年金・賃金制度の効果分析と高齢者就業の将来像」,『金融研究』, 21(別冊 2) (2002/10): 31-77.

[269] 古郡鞆子. (1982).「税制と既婚女子パートタイマーの労働供給」,『日本労働協会雑誌』, 284: 14-23.

[270] 廣嶋清志. (1981).「現代日本の育児環境と出生力」,『人口問題研究』, 158: 11-45.

[271] 牧野文夫. (1987).「女子労働の増大と男女間雇用代替」, 雇用職業総合研究所（編）『女子労働の新時代』, 東京大学出版会, 第 4 章 4 節：163-180.

[272] 松浦克己・滋野由紀子. (1995).「日本の年齢階層別出産選択と既婚女子の就業行動」,『季刊社会保障研究』, 31 (2): 165-175.

[273] 松繁寿和（編）. (2004).『大学教育効果の実証分析——ある国立大学卒業生たちのその後』, 日本評論社

[274] 松浦克己・滋野由紀子. (1996).『女性の就業と富の分配——家計の経済学』, 日本評論社.

[275] 松浦克己・滋野由紀子. (2001).『女性の選択と家計貯蓄』, 日本評論社.

[276] 松野一彦. (1984).「複数雇用機会に対する労働供給の解析及び Polytomous Probit モデルの構成」,『三田学会雑誌』, 77 (1): 77-96.

[277] 松野一彦. (1988).「離散的選択の理論による家計労働供給モデルの解析と実証」,『三田学会雑誌』, 81 (3): 476-504.

[278] 丸山文裕. (1981).「大学生の就職企業選択に関する一考察」,『教育社会学研究』, 第 36 集：101-111.

[279] 水野朝夫. (1986).「雇用調整パターンの国際比較」,『経済学論纂』(中央大学), 27 (3): 57-80.
[280] 三谷直紀. (2001)「高齢者雇用政策と労働需要」, 猪木武徳・大竹文雄 (編)『雇用政策の経済分析』, 所収, 第 11 章, 東京大学出版会 : 339-388.
[281] 宮川努・玄田有史・出島敬久. (1994).「就職動向の時系列分析」,『経済研究』, 45 (3): 248-260.
[282] 宮内環. (1991).「家計の労働供給の計量経済学的モデルとその検証」,『三田学会雑誌』, 84 (3): 572-602.
[283] 宮内環. (1993).「家計の労働供給の分析——雇用期間の諾否の選択とその確率」,『三田学会雑誌』, 85 (4): 171-194.
[284] 宮内環. (1997).「近年の労働供給分析の意義と課題」,『日本労働研究雑誌』, 447 (1997/8): 39-51.
[285] 村松久良光. (1978).「雇用調整と内部労働市場」,『季刊労働法別冊 : 労働経済学』, 総合労働研究所 : 112-122.
[286] 村松久良光. (1981).「雇用調整の決定要因」,『日本労働協会雑誌』, 262 (1981/1): 14-25.
[287] 村松久良光. (1985).「雇用関数から見た賃金の雇用への影響——展望」,『アカデミア』(南山大学), 87: 1-25.
[288] 村松久良光. (1995).「日本の雇用調整」, 猪木武徳・樋口義雄 (編).『日本の雇用システムと労働市場』, 日本経済新聞社 : 57-78.
[289] 本川明・森隆司. (1981).「高齢者の就業率変化に関する要因分析——『高年齢者就業実態調査』個票データを用いた"拡張"ロジット分析」,『労働統計調査月報』, 33 (5): 4-21.
[290] 森田陽子. (2004).「子育て費用と出生行動に関する分析」,『日本経済研究』, 48: 34-57.
[291] 森田陽子・金子能宏. (1998).「育児休業制度の普及と女性雇用者の勤続年数」,『日本労働研究雑誌』, 459: 50-62.
[292] 八代尚宏. (1998).「少子化の経済的要因とその対応」,『人口問題研究』, 54 (1): 63-76.
[293] 八代尚宏・大石亜希子. (1995).「経済環境の変化と日本的雇用慣行」,『日本労働研究雑誌』, 423 (1995/6): 38-47.
[294] 矢野眞和・島一則. (2000).「学歴社会の未来像」, 近藤博之 (編)『日本の階層システム 3 : 戦後日本の教育社会』, 東京大学出版会 : 105-126.
[295] 山上俊彦. (1996).「大都市高齢サラリーマン OB の就業行動」,『日本労働研究雑誌』, 438 (1996/10): 29-39.
[296] 山下不二男. (1968).「労働力移動と労働市場構造——昭和 30 年代における変化の実態分析」, 有沢広巳・内藤勝『労働市場の長期展望』, 東洋経済新報社, 第 12 章 : 343-368.
[297] 山田直志. (2000).「日本女性の離職行動」,『労働市場の構造変化とマチングシステム』, 財団法人統計研究会報告書 : 104-124.

[298] 山本拓. (1982).「人員・労働時間タームでの雇用調整の実証分析」,『三田学会雑誌』, 75 (1): 65-91.

[299] 吉田恵子. (2004).「自己啓発が賃金に及ぼす効果の実証分析」,『日本労働研究雑誌』, 532: 40-53.

[300] 吉田浩・水落正明. (2005).「育児資源の利用可能性が出生力および女性の就業に与える影響」,『日本経済研究』, 51: 76-98.

[301] 労働政策研究・研修機構. (2006).『企業の行う教育訓練の効果及び民間教育訓練期間活用に関する研究成果』, JILPT 資料シリーズ No.13.

[302] 脇坂明. (1990).『会社型女性――昇進のネックとライフワーク』, 同文館.

[303] 脇坂明. (1993).『職場類型と女性のキャリア形成』, 御茶ノ水書房.

[304] 脇坂明. (1995).「仕事と家庭の両立からみた女性のキャリア拡大の課題」,『日本労務学会第 24 回大会年報』.

[305] 渡辺行郎. (1982).『教育経済学の展開』, 黎明書房.

[306] 渡辺行郎. (1987).「学校歴による人材選別の経済効果」, 市川昭午（編）『教育の効果』, 東信堂: 42-61.

索 引

数字・記号

0 次同次性　39, 89, 99
401K プラン　214

アルファベット

AP_L　82

deadweight loss（死荷重）　117

MP_K　81
MP_L　81
MRRS　153
$MRS_{\ell C}$　25
$MRTS_{LK}$　82
M 字型　5

Off JT　171
OJT　171

あ 行

後払い賃金　203, 207, 211
アファーマティブ・アクション・プログラム　101
意思決定問題　13
一括均衡　167
一般的訓練モデル　174
一般的人的資本　171
移民　118
因果的効果　15, 62

か 行

解雇規制　107
外生変数　13
買手独占　124
回転　35
確定給付型年金　215
確定拠出型年金　214
家計内生産モデル　48
家計内生産労働　48
家族の形成と崩壊　52
可変調整費用　105
下方バイアス　70
観察される効果　33
観察データ　67
観察不可能な属性　68, 195
観察不可能な労働者の属性　16
完全性の仮定　23
機会集合　21
企業特殊訓練モデル　176
企業特殊人的資本　171
企業年金　214
技術的限界代替率　49
技術に関する限界代替率逓減　50
規模効果　96, 98
給与税　116
教育投資モデル　151
教育の限界収益　153
教育の限界収益率　153, 157
教育の私的限界収益率　170
教育の社会的限界収益率　170
教育―労働所得プロファイル　152
競合する理論　14
均衡賃金プレミアム　134

240　索引

勤続年数　177, 191, 193, 215
組合組織率　12
クロスセクショナルデータ　17, 76, 165
訓練の内生性　182
訓練モデル　195
経験年数　175, 191, 193
決定要因　2
限界原理　13, 28, 85, 86, 92, 93
限界代替率逓減　25
限界費用　13
限界便益　13
現在価値　147
原点に向かって凸型の無差別曲線　25
公的訓練プログラム　181
行動　14
効用　22
効用関数　23
効用最大化問題　26
効率性　114
コーナー解　29
誤差項　62
子育て支援政策　51
固定効果モデル推定　73, 76, 161, 162
固定調整費用　105
個票データ　77
コントロールグループ　64

さ　行

サーチモデル　187, 195
最低賃金法　124, 125
最適停止条件　154
差の差推定　72
差の差推定法　64, 163, 182, 183
サボタージュ防止　207
サンプルセレクションバイアス　70, 71, 159
時間制約　20

時間選好　147
識別　60
識別戦略　60
識別問題　60
シグナリングモデル　166
自己選抜モデル　203
市場の労働供給曲線　40
失業保険　194
実験群　64
実験データ　63
実質賃金　22
実証モデル　61
質的効果　30
資本サービス　80
資本需要量　83
資本の限界生産物　81
集計データ　17, 77
終身雇用制度　212
出生率　5
準固定費用　203
準固定費用モデル　107
純便益　13
条件付期待値　62
条件付分布　189
消費財に対する需要量　27
上方バイアス　70
所得効果　33
ジョブマッチングモデル　194
進学率　11
人的資本　145
推移性の仮定　23
推定バイアス　70
静学的労働供給モデル　19
生活保護制度　42
整合的である　15
生産関数　48, 81
生産財　81

生産者余剰　114
生産要素　80
正常財　32
正常生産要素　97
制約条件　13
説明される　15
セルフセレクション　182
選好　23
相関　16
相関関係　68
操業停止条件　85, 86
総合効果　33, 97, 98
操作変数推定　76
操作変数法　165
双生児データ　76, 162
相対価格　22
総費用関数　90, 92
総余剰　116
測定誤差バイアス　71, 161

た　行

代替効果　33, 95, 98
対照群　64
退職金　214
退職年齢　45
脱落変数バイアス　68
短期　83
短期の労働需要曲線　87
端点解　29
地域間労働移動　196
長期　83
長期の労働需要曲線　95
調整費用　105
調整費用モデル　104
賃金　191
賃金プレミアム　139
賃金補助金　101

提示賃金プレミアム　133
定年廃止法　213
同伴移動者　199
同伴滞在者　200
等費用線　90
等利潤曲線図　132
等量曲線図　49, 81
独占　126
トリートメントグループ　63
トレードオフ　13

な　行

内生変数　13
内点解　28
ナチュラルエクスペリメント　17, 72, 163, 183
年金制度改革　45
年功賃金制度　212
年齢―労働所得プロファイル　9, 178
能力　157
能力バイアス（脱落変数バイアス）　158

は　行

排他的　54
パネルデータ　17, 74, 161
反証可能な命題　15, 40
反証不可能な命題　40
比較静学分析　30
比較優位　54
費用　13
費用最小化　89
ファミリーフレンドリー政策　142
フリンジベネフィット　107
分離均衡　167
平行移動（シフト）　31
ヘドニック賃金関数　139

ヘドニックモデル　135
便益　13
補償賃金（格差）　139
補償賃金格差　129

ま 行

マーシャルの派生需要の法則　100
マイクロデータ　17, 77
未知の係数パラメター　62
ミンサー型賃金関数　180
無差別曲線　23
無差別曲線図　23
モニタリング　207
モラルハザード効果　194

や 行

余暇・消費財平面　21
余暇に対する需要量　27
余暇の限界効用　25
余暇の限界費用　22
余暇の消費財に対する限界代替率　25
予算制約　20
予算制約線　21
予測　30

ら 行

利己的　53
利潤最大化　89
利潤最大化問題　83
離職率　193
利他的　54
留保賃金　39
留保賃金プレミアム　131
理論モデル　13
劣等財　32
労働供給の（賃金）弾力性　40

労働供給量　27
労働サービス　80
労働市場均衡　113
労働者の安全　141
労働者の観察不可能な属性　202
労働者派遣法　110
労働者余剰　115
労働需要量　83
労働の限界生産物　81
労働の限界生産物曲線　82
労働の資本に対する技術的限界代替率　82
労働の総生産物曲線　82
労働の平均生産物曲線　82
労働力人口　2
労働力率　3

わ 行

割引率　147

大森義明（おおもり・よしあき）

1961年　神奈川県生まれ。
1983年　上智大学経済学部卒業、
1985年　同大学院経済学研究科博士前期課程修了、
1990年　ニューヨーク州立大学ストーニーブルック校大学院経済学研究科博士課程修了、Ph.D. in Economics 取得。コネティカット大学ストース校経済学部助教授などを経て、
現　在　横浜国立大学経済学部教授。専攻は労働経済学。

主な論文

"Unemployment Insurance and Job Quits," *Journal of Labor Economics*, 22(1), pp.159-188, 2004（共著），"Stigma Effects of Nonemployment," *Economic Inquiry*, 35(2), pp.394-416, 1997 など。

ホームページ
http://www.omori.ynu.ac.jp/index_jp.html

ろうどうけいざいがく
労働経済学

2008年　3月20日第1版第1刷発行
2023年12月30日第1版第12刷発行

著　者／大森義明
発行所／株式会社日本評論社
　　　　〒170-8474　東京都豊島区南大塚 3-12-4
　　　　電話 03-3987-8621（販売）、8595（編集）
　　　　振替 00100-3-16
検印省略 ⓒ 2008　Y. Omori
印刷／藤原印刷株式会社　　製本／株式会社難波製本
Printed in Japan　　ISBN 978-4-535-55566-2
装幀／山崎 登

JCOPY　〈(社)出版者著作権管理機構 委託出版物〉

本書の無断複写は著作権法上での例外を除き禁じられています。複写される場合は、そのつど事前に、(社)出版者著作権管理機構（電話 03-5244-5088、FAX 03-5244-5089、e-mail: info@jcopy.or.jp）の許諾を得てください。また、本書を代行業者等の第三者に依頼してスキャニング等の行為によりデジタル化することは、個人の家庭内の利用であっても、一切認められておりません。